주식시장을 **더** 이기는
마법의 멀티플

그린블랫의
마법공식을 능가하는
칼라일의 신마법공식

주식시장을 더 이기는
마법의 멀티플

토비아스 칼라일 지음 | 이건·심혜섭 옮김

THE ACQUIRER'S MULTIPLE

에프엔미디어

일러두기
이 책의 원제 'Acquirer's Multiple'의 의미를 그대로 살린 번역은 '기업인수배수'입니다. 그러나
이 용어가 쓰인 여러 문장과 문맥을 더 쉽게 이해할 수 있도록 '마법의 멀티플'로 옮겼습니다.

공식 너머의 지혜

홍진채
라쿤자산운용 대표, 《주식하는 마음》 저자

"초과수익을 낼 수 있는 마법 공식!" 주식 투자를 시작한 사람이라면 누구라도 한 번쯤 꿈꿔본 적이 있을 것입니다. 남들이 모르는, 따라 하기만 하면 수익이 나는 비밀스러운 공식이 있다면 아무리 많은 대가를 치르더라도 그 비법을 알아내고자 할 것입니다.

누군가는 실제로 그런 공식을 발견해서 돈을 벌고, 누군가는 그런 공식을 발견했다고 주장하며 책을 써서 알려줍니다. 보통은 두 경우가 겹치지 않습니다. 공식을 알려주면 알려줄수록 자신이 벌 수 있는 수익은 줄어들 테니까요.

'마법 공식'을 발견하여 실제로 큰돈을 벌었으면서 그 공식을 공개한 사례가 바로 조엘 그린블랫Joel Greenblatt의 《주식시장을 이기는 작은 책(The Little Book That Still Beats the Market)》입니다. 투자 서적 중에 이 정도로 간결하게 투자 원칙을 소개하고 대중적인 성공을 거둔 책은 보기 드뭅니다.

그린블랫의 '마법 공식'이 유명해지면서 수많은 사람이 마법 공식의 유효성을 입증하고자 시도하였는데요. 애석하게도 마법 공식은 시대와 장소를 달리했을 때 그다지 높은 성과를 거두지 못한 것으로 드러났습니다. 《주식시장을 더 이기는 마법의 멀티플》의 저자 토비아스 칼라일Tobias Carlisle이 대표적으로 '마법 공식'의 유효성에 대해 의문을 제기한 사람입니다.

저자 토비아스 칼라일은 기업의 경영 상태가 부진하여 시장 참여자들이 나쁘게 평가하고 있지만 실제로는 훌륭한 가치를 지니고 있는 기업에 투자하는 '딥 밸류deep value' 스타일의 투자를 선호합니다. 기업 경영에 직접 참여하여 가치를 증대시키는 '행동주의' 투자에도 일가견이 있습니다.

칼라일과 그린블랫은 모두 저서에서 워런 버핏을 인용하는데요. 워런 버핏의 투자법은 1960년대를 지나면서 크게 변화를 겪습니다. 1960년대 이전에는 그의 스승 벤저민 그레이엄에게 배운 대로 평범한 기업을 싼 가격에 사는 데 집중했습니다. 1960년대 이후에는 훌륭한 기업을 적정 가격에 사는 데 집중했습니다. 과거의 투자를 '담배꽁초 투자'라고 부르고, 이후의 투자를 '프랜차이즈 투자'라고 부릅니다.

그린블랫의 마법 공식은 워런 버핏의 두 번째 투자법인 '프랜차이즈 투자'를 정량적으로 해석한 것입니다. 현대 퀀트 모델의 용어를 쓰자면, 퀄리티 지표와 밸류 지표를 하나씩 사용한 모델입니다. 워런 버핏이 말하는 훌륭한 기업이란 높은 ROE를 장기간 유지하는 기업입니다. 그린블랫은 이를 'ROC$_{\text{Return on Capital}}$'라는 퀄리티 지표로 정의합니다. 그리고 밸류 지표는 '이익수익률$_{\text{Earnings Yield}}$'을 사용합니다. 두 지표를 기준으로 시장의 모든 종목에 대해 순위를 매긴 다음, 합산 순위가 가장 높은 20~30개 기업으로 포트폴리오를 구성하는 것이 '마법 공식 투자'입니다.

강환국 님의 저서《할 수 있다! 퀀트 투자》의 10장에서는 이 공식이 여러 나라에서 실제로 작동하는지 검증해봅니다. 앞서 언급한 대로 그 성과는 저조합니다. ROC와 밸류 지표를 둘 다 사용한 것보다, 단순히 밸류 지표만 사용한 경우의 수익률이 더 좋다고 합니다. 이 연구를 수행한 토비아스 칼라일과 웨슬리 그레이(칼라일과 함께《퀀트로 가치투자하라(Quantitative Value)》를 썼습니다)는 ROC라는 지표를 노비 마르크스가 만든 'GP/A' 지표로 대체할 것을 제안합니다. 이렇게 만든 '신마법 공식'은 대체로 좋은 성과를 보여줍니다.

토비아스 칼라일은 여기서 더 나아가, 아예 워런 버핏의 과거 스타일, 즉 벤저민 그레이엄 스타일의 '담배꽁초 투자'가 더 뛰어난 성과를 보여줄 수 있다고 주장합니다. 훌륭한 기업을 적정 가격에 사는 것보다 평범한 기업을 싼 가격에 사는 것이 더욱 유효한 투자법임을 주장하는 책이 바로 이 책,《주식시장을 더 이기는 마법의 멀티플)입니다.

저자만의 '마법 공식'을 찾아가는 과정은 상당히 흥미진진합니다. 그 과정을 함께 밟아가는 즐거움은 본문을 읽을 독자 여러분께 맡겨두기로 하겠습니다. 이 글에서는 '마법 공식'이라는 게 과연 존재할 수 있을지에 대해서 좀 더 언급해보도록 하겠습니다.

흥미롭게도 벤저민 그레이엄은 그의 명저《현명한 투자자》8장에서 '공식에 의한 투자'에 대해 부정적으로 언급합니다. 공식에 의한 투자는 한때 탁월한 성과를 냈지만, 인기를 끌던 바로 그 시기에 효과가 사라졌다고 합니다. 그는 스피노자를 인용하며 수많은 사람이 쉽게 이해하고 따라 할 수 있는 투자 기법은 그 효과가 오래가지 않는다는 교훈을 얻었다고 했습니다.

한편 그레이엄은 "성공하는 투자자가 되기 위해 비범한 통찰력이나 지성은 필요 없다. 사람들에게 필요한 것은 단순한 규율을 채택해 그것을 계속해서 지킬 수 있는 성격이다"라고도 했습니다.

실제로 엄청나게 인기를 끈 그린블랫의 마법 공식은, 유명해진 이후에는 잘 작동하지 않음이 입증되었으니 그레이엄의 지혜가 다시 한번 맞았다고 볼 수도 있습니다. 그런데도 단순한 규율을 채택하고 계속해서 지켜나가는 것이 성공 투자의 비결이라고도 하니, 우리는 헷갈릴 수밖에 없습니다.

투자의 세계에서 '공식'이 작동하기 위해서는 두 가지 조건이 필요합니다. 첫 번째, 논리적으로 타당해야 합니다. 단순히 경험적으로 잘 작동했다는 것만으로는 부족합니다. 두 번째, 정성적인 판단과 정량적인 판단이 유사해야 합니다. 같은 대상에 대해서 사람과 기계가 전혀 다른 판단을 내린다면 좋은 모델링이라고 할 수 없습니다.

이런 관점에서 그린블랫의 공식과 칼라일의 공식을 비교해볼까요? 그린블랫의 공식, 즉 ROC와 이익수익률은 논리적으로 허점이 있습니다. ROC는 회사의 자본 조달 방식, 즉 부채를 얼마나 사용했는지를 고려하지 않은 전체entity 지표입니다. 반면에 이익수익률은 당기순이익을 시가총액으로 나눈 수치로서, 기업의 자기자본만을 고려한 수치입니다. 퀄리티 지표는 기업 전체를 사용하고 밸류 지표는 주식을 사용하니 왜곡이 생길 수밖에 없습니다.

칼라일이 제안한 마법의 멀티플은 'EV/EBIT'라는 밸류 지표입니다. 분자인 EVenterprise value는 주식의 시가총액과 채권의 가액을 합한 금액이고, 분모인 EBIT 또한 이자를 차감하기 전의 이익이기 때문에, 둘 다 기업 전체를 대상으로 하는 지표입니다. 따라서 기업 전체의 퀄리티와 기업 전체의 밸류를 비교하기 때문에 논리적으로 일관성이 있습니다.

두 번째는 퀄리티를 정량화할 수 있는가의 문제입니다. 워런 버핏식으로 표현하자면 '경제적 해자economic moat'가 있는 기업에 장기투자하는 것이 버핏의 투자법인데요. 본문에서 저자도 언급하지만, 해자를 보유한 기업은 드물고 해자가 오래 지속되지도 않습니다. 버핏은 그 스스로가 너무나 뛰어난 투자자이기 때문에 해자를 발견해낼 수 있지만, 기업의 경영진에 대해서 버핏이라는 '천재 투자자'가 내리는 판단을 한 해의 ROC라는 단순한 하나의 지표로 대체하는 것은 어불성설입니다. 오히려 단지 한 해의 ROC가 높다는 것은 저자의 주장대로 평균회귀가 발생하기 쉽기도 하고, 사람들이 높은 ROC에 열광하여 고평가되어 있을 가능성이 높기도 합니다.

따라서 칼라일은 퀄리티 지표를 포기하고 아예 싸게 사는 쪽에만 초점을 맞춘 듯합니다. 회사의 정성적인 '해자'에 대한 판단을 공식으로 모방하기에는 한계가 있습니다. 모델링이 잘못되었으니 컴퓨터의 뛰어난 연산 능력을 활용한다 하더라도 좋은 결과가 나오기 어렵지요. 그러나 밸류 지표라면 단순명쾌하기 때문에 높은 연산 능력만으로도 '이기는 게임'을 할 수 있을 것입니다.

행동주의 투자를 제대로 보게 하는 옮긴이의 탁월한 해설

한편 옮긴이인 심혜섭 변호사가 쓴 해설은 이 책을 완전히 새롭게 읽는 재미를 줍니다. 저자 또한 행동주의 투자자로서 본문 후반부에 행동주의 투자에 대해 언급합니다. 옮긴이의 해설은 본문 전체를 행동주의 투자의 관점에서 다시 한번 생각해보도록 합니다.

저는 그동안 여러 매체에서 전통적인 '가치투자' 기법의 문제점에 대해서 자주 언급한 바 있습니다. '기업에는 고유의 내재가치가 있으며, 그 가치를 잘 계산하여 가치보다 가격이 쌀 때 주식을 사서 가격이 가치를 반영할 때 팔면 된다'라는 기법을 '가치투자'라고 정의합시다. 이 기법에는 가치를 어떻게 계산할 것이냐의 문제도 있지만, 남들이 그 가치를 언제 어떻게 알아줄 것이냐라는 심각한 문제가 있습니다(이 이슈에 대해서는《버핏클럽 issue 3》에서 자세히 다루었습니다).

저자 토비아스 칼라일이 지향하는 '딥 밸류' 스타일의 투자는 최종적으로 주주들이 분개하여 행동에 나서면서 저평가 정도가 해소되는 경우가 많습니다. 주주들이 행동에 나설 수 있는 이유는 주주의 권리가 법으로 지켜지고 있기 때문입니다.

옮긴이는 변호사이자 행동주의 투자자로서, 한국에서 '딥 밸류' 스타일의 투자가 왜 어려운지를 상세히 설명합니다. 옮긴이는《드래곤볼》에 비유하여 한국 시장에서의 가치투자를 '중력 10배 계왕성'에서 싸우는 것과 같다고 합니다. 전적으로 공감하는 바입니다.

한국은 지배주주가 아닌 외부 주주의 권리를 지킬 수 있는 요소가 적으며, 이에 대한 대중적인 공감대도 부족합니다. 기업의 경영진이 주주 전체가 아니라 특정 지배주주의 이익을 위하여 움직이고, 기업 가치를 상승시키려 시도하는 주주를 '투기자본'으로 몰아가는 행태 때문에, 회사에 대한 감시 기능은 국가에 거의 전적으로 맡겨져 있습니다. 그러다 보니 주주들은 기업의 장기 비전을 공유하며 함께 성장해나가기보다는, 단기적인 매매를 반복하거나 오히려 지배주주의 이익에 편승하고자 하는 행태를 보입니다. 주식 투자자를 투기꾼으로 몰아가니까 주식 투자자는 투기만 하게 되는,

일종의 '자기실현적 예언'이 여기서도 발현되는 것이지요.

다만 여기에도 변화의 조짐은 있습니다. 근래 들어 주식 투자자의 저변이 확대되고, 개인 투자자도 상당히 많은 공부를 하면서 주식 투자를 하고 있습니다. 다들 PER이 무엇인지 정도는 알고 있고, 기업의 재무제표를 뜯어보면서 투자를 하는 사람들도 매우 많습니다. 이 정도로 대중적인 이해도가 높아지다 보면, 기업의 가치를 상승시키는 데 주주가 어떻게 기여할 수 있는지에 대한 인식도 생겨날 수 있으리라 생각합니다.

한국 자본시장의 선진화에 크게 기여할 수 있는 이 책이 출간됨을 진심으로 축하드립니다. 행동주의 투자자들, 그리고 소액주주들의 건승을 기원하며 글을 마칩니다.

가치투자엔 커리큘럼이 없다

"주식·펀드 경험이 있었습니까?"

"일절 없었습니다. 주식·펀드 다 처음"*

— 문재인 대통령과 농협은행 상담직원의 대화

1983년 일본에서 연재를 시작한 만화《맛의 달인》은 지로와 유우코의 '완벽한 메뉴' 그리고 우미하라의 '최고의 메뉴'의 대결을 뼈대로 한다. 이 만화 첫 회에서 지로와 유우코의 상사인 신문사 사장 오오하라는 완벽한 메뉴를 기획하는 의도에 대해 이렇게 설명한다.

인류의 문화는 먹는 문화이기도 해. 예를 들면 루이 왕조가 남

---

* 〈연합뉴스〉, 文대통령, 생애 첫 펀드 '필승코리아' 가입…"산업경쟁력 중요"(종합), 2019년 8월 26일 자

긴 만찬회 메뉴……. 옛날 왕들의 대연회 메뉴 등에는 그 당시 문화의 진수가 숨겨져 있는 거야. (중략) 그래서 인류문화의 종착지일지 모를 최고의 메뉴를 만들고 싶다!

변호사로서 많은 법조인을 만난다. 사람을 서열로 구분하는 이, 선과 악 혹은 정의와 부정의로 구분하는 이, 권력을 지향하거나 혐오하는 이들을 남들보다 조금 많이 본다. 이들은 공통점이 있다. 대개 투자와 도박을 구분하지 않고, 점잖은 사람은 투자에 관심을 가져서는 안 되는 것으로 여긴다. 어려운 법학을 공부한 만큼 투자 정도야 언제든 마음만 먹으면 쉽게 배울 수 있는 것으로 여기는 특징도 있다.

나는 주식 투자로 어느 정도 이익을 얻었다. 큰 이익도 있었고, 소소한 이익도 있었다. 다행히 큰 손해는 없었다.

하지만 이익과는 무관하게, 투자하면서 기쁘거나 즐겁진 않았다. 분석하느라 힘들었고, 오르지 않는 주가로 우울했다. 계좌에 평가이익이 있을 때보다 평가손해가 찍혀 있을 때가 훨씬 많았다. 그 기업 회계의 정직성을 도무지 믿을 수 없거나, 지극히 고평가라고 생각했던 종목이 더 오르는 것을 보고 박탈감도 들었다. 큰 노력을 기울인 주식은 안 오르고, 대충 구입해서 살던 아파트의 가격이 잘 오르기도 했다.

법률가가 아닌 투자자의 관점에서 상법과 자본시장법, 공정거래법, 형법, 세법 등을 다시 배워야만 했다. 의사소통이 안 되는 대주주를 만나 좌절해야 했고, 다른 소수주주조차도 무관심한 소수주주권을 홀로 시간과 노력을 들여가며 행사하며 무력감도 느껴야 했다. 소수주주권을 행사해 소송도 했었다. 패배할 때가 많았다. 패배도 패배지만 지배주주 측의 비난이 뼈아팠다. 단기적인 수익을 추구하는 투기꾼이라는 굴레를 씌우려는 비난이 많았다. 버핏을 따르는 가치투자자라는 자부심에 생채기를 내는 공격이었다.

나는 고통과 우울함을 이익과 교환했다. 기쁨과 환희를 맛보고 싶으면 강원랜드에 가야 한다는 생각이다. 대신 이익은 없을 것이다.

하지만 아주 고통만 있었던 건 아니다. 다른 측면에서 기쁨을 찾았다. 배움에 대한 즐거움이다. 세상을 넓게 이해하고, 부족한 자신을 인정할 수 있어서 즐거워졌다. 나이가 들면 무언가를 목표로 체계적인 독서를 하는 경우가 드물다. 그러나 투자 덕분에 그런 기회를 얻었다. 대학교까지 좋은 노동자, 좋은 관료, 좋은 전문가가 되기 위한 공부를 했었다. 지금은 자본가가 되기 위한 공부를 해서 기쁘다. 이런 공부는 원래 인류 중 소수만이 누릴 수 있는 특권이었다. 영감을 주는 투자자도 많이 만났다. 때로는 슬프지만 다른 측면에서 보면 기묘하고 모순적이며 우스운 경험도 많이 얻었다. 다른 무엇과도 바꿀 수 없는 소중한 추억이다.

커리큘럼이 없는 공부

타임아웃이 없는 시합의 재미를 가르쳐 드리지요.

— 아다치 미츠루, 《H2》

음식? 나도 맛있는 음식을 좋아한다. 여행을 가면 좋은 식당에 꼭 들른다. 훌륭한 음식을 먹으면 존경이 일고 감동을 한다. 하지만 투자에 비하면 문화의 정수라고 하기에 부족하다. 투자의 세계엔 머리 좋은 많은 이가 치열히 참여한다. 수많은 아이디어가 서로 부딪히고 대결한다. 투자의 세계는 일종의 생태계와 같다. 더 효율적인 자본이 살아남는다. 물론 단기적으로는 운이 따른다. 하지만 투자는 타임아웃이 없는 게임이다. 무한 반복이 특징이다. 이 때문에 반복을 계속하면 운만으로는 살아남기 어렵다. 무엇이 더 효율적인 아이디어인지 결국은 증명된다. 옳고 그름을 증명할 길이 없는 선과 악, 정의와 부정의를 논하는 것과는 차원이 다르다. 공부해야 할 범위도 넓다. 경제, 경영은 물론이거니와 법률, 심리, 지리, 역사, 생물, 물리, 문학 등도 공부해야 한다. 이 공부는 커리큘럼도 없다.

어느 나라의 주식시장엔 그 나라의 역량이 응축되어 있다. 현대 전쟁에선 대량살상을 피할 수 없게 되었다. 이 때문에 물리적인 전쟁은 일어나기 쉽지 않다. 경제 전쟁이 더욱 중요하다. 전쟁에서의 보급만큼, 경제 전쟁에서도 자본이 중요하다. 훌륭한 자본시장에선 더 많은 자본이 더 쉽게 모이고, 경영자와 주주 간의 이해관계가 더 일치하며, 자본이 효율적으로 분배된다. 자본시장이 강력하면 위기를 쉽게 극복할 수 있다. 테슬라는 좋은 아이디어와 계속 보급되는 자본이 결합하였기에 망하지 않았다. 애플, 아마존, 구글 역시 마찬가지다.

문재인 대통령은 평생 투자를 해보지 않았다고 한다. 특별한 일은 아니다. 법조계의 많은 어르신이 대개 그렇다. 그래도 일본과의 경제 전쟁에서 승리하기 위해서는 자본이 필요하다는 것을 알고 필승코리아 펀드에 가입했다.

우리나라의 주식시장에도 우리나라의 역량이 응축되어 있다. 오랫동안 박스피(상자에 갇힌 듯 답답한 주가 흐름)를 벗어나지 못한 데는 이유가 있다. 기업에 돈이 많이 쌓여 있는데도 그 돈이 생산적인 곳으로 흐르지 못하는 데에도 이유가 있다. 코리아 디스카운트 현상은 쉽게 사라지지 않는다. 사람들은 부동산을 건전한 투자처라고 생각하고 주식을 경시한다. 얼마 안 되는 주식 투자자 중에서도 가치투자자는 소수다. 이 현상에도 다 이유가 있다.

문제는 이런 상황이 지속되면 자본시장에 자본이 모이기 어렵다는 점이다. 생산적인 아이디어와 자본이 결합하기 쉽지 않다. 경제 전쟁에서의 승리는 바라기 어렵다.

가치투자는 벤저민 그레이엄 이후 자본시장이라는 생태계에서 점점 더 높은 비중을 차지하는 강력한 아이디어가 되었다. 가치투자를 선택한 사람들이 더 오랜 기간 시장에서 살아남았다. 많은 이가 부자가 되었다. 주류가 된 가치투자 아이디어는 분화하고 더욱 진화했다. 오늘날에도 가치투자라는 범주 안에서 더 나은 아이디어가 늘 경쟁한다. 매년 새롭게 출판되는 많은 책이 증거다.

하지만 우리나라는 다르다. 가치투자가 알려진 지 20년이 되었지만, 가치투자를 통해 큰 부를 일군 사람을 보기 드물다. 존경받는 사람 혹은 펀드도 찾기 어렵다. 타임아웃이 없는 반복 게임에서 승리한 자산운용사도 딱히 알려지지 않았다.

반면 만년 저평가 종목을 들고 오랜 기간 물려 있으며, 그때 아파트를 사지 않았다고 서로를 탓하며 부부 갈등을 겪는 가치투자자는 수월히 찾을 수 있다. 우리나라 자본시장 생태계에서 가치투자는 효용을 의심받는다. 가치투자자들은 고집이 세거나 현실을 모르는 사람 취급받기에 십상이다. 가치투자를 다룬 책도 많지 않다. 서점의 매대만 봐도 알 수 있다. 주식 투자서는 부동산을 다룬 많은 책에 비하면 초라할 정도로 적다. 그중에서도 가치투자를 다룬 책은 더욱 드물다.

사실 가치투자야말로 효용이 큰 전략이다. 우리나라에서도 가치투자의 원리는 분명 작동한다. 장기적으로는 결국 널리 인정받는 전략이 되리라 믿는다. 다만 몇 가지 함정이 있다.

나는 법률을 생계의 수단으로 배웠고, 투자는 투자대로 배웠다. 법률이 투자에 도움이 될 줄은 투자 시작 무렵엔 꿈도 꾸지 못했다. 나중에야 법과 제도, 관행 그리고 사회의 역량과 투자가 별개가 아님을 알았다. 미국의 최신 가치투자 이론을 들여오든, 고전을 반복해서 외우든, 일반적인 투자자들로서는 한계가 있는 이유도 알았다. 우리나라 자본시장에 존재하는 함정에 빠지지 않기 위해서는 독자적으로 생각하며 해외의 가치투자 이론을 비판적으로 읽는 노력이 필요했던 것이다.

이 책은 가치투자를 다루는 미국의 많은 책 중에서도 정통, 본류에 속하는 책이다. 적은 분량에도 불구하고 내용이 훌륭하다. 가치투자의 본질과 핵심을 깊이 있게 탐구하는 저자의 다른 책《심층 가치》의 내용을 중심으로 요약한 것이기 때문이다. 오랫동안 가치투자를 실천하고 고민해온 투자자뿐만 아니라, 투자에 막 뛰어든 초보자에게도 권할 만하다.

다만 우리나라의 법과 제도, 관행, 역량이 미국과 다르기에 이 책에 약간의 해설을 추가했다. 자본시장 생태계에 뛰어든 초보자가 쉽게 퇴출당하는 것을 원치 않는다. 우리나라의 자본시장에서도 가치투자가 우월한 아이디어, 승리하는 아이디어로 남길 바란다. 그래야 자본이 효율적, 생산적인 방향으로 흐를 수 있다. 자본시장이 성장하면 모든 국민이 부유해진다. 경제 전쟁에서도 승리할 수 있다.

선조들은 고전을 배울 때 현실에 맞도록 주석을 달며 읽었다. 이 책에 우리나라의 현실에 맞추어 일종의 주석을 달았다. 투자 공부엔 커리큘럼이 없지만, 가치투자의 정통에 속한 이 책과 나름의 해설이 만나면, 커리큘럼 없는 공부의 디딤돌 정도는 될 수 있다고 생각한다.

이 책의 목적은 초보자들을 위해 쉽게 가치투자 아이디어를 전수하는 것이다. 해설 과정에서 그 의도를 해치지 않기 위해 노력했다. 법과 제도는 원래 논의하기 지루하다. 도움이 되는 메시지는 대개 따분하다. 이 책을 읽고 우리 사회가 뭔가 코미디처럼 느껴진다면, 쉽게 쓰려는 그런 의도 때문이다.

심혜섭

대중이 왼쪽으로 가면
당신은 오른쪽으로 가라

"행운이 따르면 더 좋겠지만, 그래도 빈틈없이 해두자.

그래야 행운이 왔을 때 놓치지 않을 테니."

— 어니스트 헤밍웨이, 《노인과 바다》(1952)

이 책은 가장 강력한 투자 아이디어인 역발상을 쉽고 간결하게 설명한다.

역발상이란 무엇일까?

대중이 왼쪽으로 가면, 가치투자자들은 오른쪽으로 간다. 이것이 역발상 투자다.

이유는 분명하다. 유리한 가격에 거래하려면 대중이 살 때 팔아야 하고, 대중이 팔 때 사야 하기 때문이다. 대중이 팔면 주가가 하락한다. 주식이 저평가된다는 말이다. 그러면 유리해진다. 손실 가능성은 감소하고, 수익 가능성은 증가한다. 내 판단이 빗나가도 손실이 크지 않으며, 내 판단이 적중하면 큰 수익을 낼 수 있다.

저평가 주식들은 대개 저평가될 만한 이유가 있다. 흔히 사업 전망이 어둡다. 그런데도 저평가 주식을 사는 이유는 무엇일까? 주식시장에는 (주가가 평균으로 돌아간다는) 평균회귀 원리라는 강력한 힘이 작용하기 때문이다.

평균회귀 원리에 의해서 저평가 주식은 상승하고, 고평가 주식은 하락한다. 빠르게 상승하던 고수익 기업의 주가는 하락하고, 하락하던 적자 기업의 주가는 다시 상승한다. 평균회귀 원리는 주식시장은 물론, 각 산업과 경제 전반에 작용한다. 경기순환과 같아서, 호황 뒤에는 불황이 오고, 불황이 지나면 호황이 온다.

일류 투자자들은 이 사실을 안다. 그래서 시류의 변화를 감지한다. 대중이 상승 추세가 영원히 이어진다고 믿을 때, 심층 가치 투자자와 역발상 투자자들은 하락 추세에 대비한다.

평균회귀는 두 가지 중대한 영향을 미친다.

1. 소외된 저평가 주식에는 흔히 초과수익을 안겨주지만, 인기 고평가 주식에는 저조한 실적을 안겨준다.
2. 고성장 기업들은 성장률이 둔화하고, 고수익 기업들은 수익성이 악화한다. 반면 저성장 기업들은 성장률이 상승하고, 저수익 기업들은 수익성이 개선된다. 죽어가던 기업들은 회생하여 다시 성장한다.

억만장자 워런 버핏Warren Buffett의 투자 방식을 보자. 버핏은 저평가 주식을 매수하는 가치투자자다. 그러나 그는 고수익이 지속되는 주식만 매수한다. 그는 "평범한 기업을 싼값에 매수하는 것보다, 훌륭한 기업을 적정 가격에 매수하기"를 선호한다.

억만장자 펀드매니저 조엘 그린블랫Joel Greenblatt은 훌륭한 기업을 적정 가격에 매수하는 버핏의 전략을 분석해보았다. 버핏의 전략은 초과수익을 냈다. 그린블랫은 2006년 저서 《주식시장을 이기는 작은 책(The Little Book That Still Beats the Market)》에서 이 사실을 언급했다. 이 책은 투자 분야에서 가장 성공적인 책 중 하나로 꼽힌다.

나도 그린블랫의 책을 검증해보았는데, 그의 분석이 옳았다. 훌륭한 기업을 적정 가격에 매수하는 버핏의 전략은 초과수익을 냈다. 그런데 더 놀라운 사실이 있다. 평범한 기업을 싼 가격에 사면 초과수익이 더 나온다.

이 책에서는 평범한 기업을 싼 가격에 매수하는 방법을 제시한다. 그리고 이 전략이 훌륭한 기업을 적정 가격에 매수하는 버핏의 전략보다 나은 이유도 쉽게 설명한다.

2012년 나는 이 검증에 대한 글을 썼고, 2014년 내 저서 《Deep Value(심층 가치)》에서도 다시 언급했다. 이 사실은 가치평가와 기업 지배구조를 다루는 고가의 전문 서적에서도 널리 인정받고 있다. 그러나 나는 아마추어 투자자들도 이해할 수 있는 쉬운 책을 쓰고 싶었다.

이 책은 이 전략(평범한 기업을 싼 가격에 매수하는 전략)을 설명하는 휴대용 지침서에 해당한다. 이른바 역발상 투자 개념을 확산시키려고 쓴 책이다. 나의 저서 《Deep Value(심층 가치)》, 《퀀트로 가치투자하라(Quantitative Value)》, 《집중투자(Concentrated Investing)》에서 핵심 아이디어를 뽑아 정리했다. 즉, 핵심 아이디어를 단순화하여 요약했으며, 설명을 덧붙였다.

내 강연 원고도 이 책의 토대가 되었다. 하버드대학교, 캘리포니아 공과대학교Cal Tech, 구글, 뉴욕증권분석가협회New York Society of Security Analysts, 로스앤젤레스 CFAChartered Financial Analyst협회 등에서 한 강연이다.

내 분석은 여러 간행물에 실렸다. 〈하버드 비즈니스 리뷰Harvard Business Review〉, 〈기업금융실무저널The Journal of Applied Corporate Finance〉, 부스Laurence Booth와 클리어리Sean Cleary 공저 《Introduction to Corporate Finance(기업금융개론)》 2개 판, 《가치투자 실전 매뉴얼(Manual of Ideas)》 등이다. 나는 블룸버그 TV 및 라디오, 야후 파이낸스, 스카이 비즈니스, 내셔널 퍼블릭 라디오NPR 등에서도 이 아이디어를 논의했다.

그러나 내 말을 불신하는 사람들이 압도적 다수였다. 이유는? 사람들의 직관에 어긋나는 아이디어였기 때문이다. 세상이 흘러가는 이치와 어긋난다고 생각한 것이다. 하지만 소수는 이 아이디어에 직관적으로 적극 동의했다.

이 책은 변호사, CFA, IT 천재, 하버드 졸업생이 아니어도 읽을 수 있다. 1984년 버핏은 이렇게 썼다. "놀랍게도 사람들은 1달러짜리 지폐를 40센트에 사는 개념을 즉시 이해하거나 전혀 이해하지 못하거나, 둘 중 하나였습니다. 한 친구는 경영학을 정식으로 배우지 않았는데도, 가치투자 기법을 곧바로 이해하고서 5분 만에 적용했습니다."[1]

이 책에서 나는 데이터와 추론을 제시한다. 억만장자인 심층 가치 투자자들이 실제로 종목을 선정하는 과정도 살펴본다. 워런 버핏, 칼 아이칸Carl Icahn, 대니얼 롭Daniel Loeb, 데이비드 아인혼David Einhorn 이 그런 인물이다.

그리고 여러 대가들의 전략도 살펴본다. 버핏과 그의 스승 벤저민 그레이엄Benjamin Graham, 기타 역발상 투자인 억만장자 트레이더 폴 튜더 존스Paul Tudor Jones, 억만장자 벤처 자본가 피터 틸Peter Thiel, 글로벌 거시경제 투자자 마이클 스타인하트Michael Steinhardt 등이다.

이 책은 두 시간이면 읽을 수 있다. 주식시장 종사자가 아니어도 상식을 갖춘 사람은 누구나 읽을 수 있도록 청소년, 가족, 친구들을 위해서 썼다. 쉽게 썼다는 말이다. 주식시장 용어도 최대한 단순하게 정의했다. 이해를 도우려고 차트와 그림도 많이 사용했다. 장담하건대, 평범한 주식을 싼 가격에 매수하면 초과수익은 물론, 훌륭한 주식을 적정 가격에 매수할 때보다 더 높은 수익을 얻을 수 있다.

차례 |

THE ACQUIRER'S MULTIPLE

1장

억만장자들의 역발상 투자 방식

"초과수익을 얻으려면
시장 흐름을 따라가서는 안 된다."

조엘 그린블랫

톡스 앳 구글Talks at Google(저자들을 초빙해서 강연을 듣는 구글의 팟캐스트)

2017년 4월 4일

억만장자들은 역발상 투자를 한다. 대중이 왼쪽으로 가면, 이들은 오른쪽으로 간다.

대중이 주식을 팔면, 억만장자들은 주식을 산다. 대중이 주식을 사면, 억만장자들은 주식을 판다.

억만장자들은 주가가 하락할 때 주식을 산다.

이익이 감소하거나,

적자가 발생하거나,

사업에 실패하거나,

파산에 직면해서,

주가가 심하게 저평가되었을 때에만 주식을 산다.

억만장자 가치투자자 워런 버핏이 유명한 말을 했다. "남들이 탐욕스러울 때에는 두려워하고, 남들이 두려워할 때에만 탐욕스러워야 합니다." 다시 말해서 대중이 왼쪽으로 가면, 버핏은 오른쪽으로 간다.

버핏과 마찬가지로, 억만장자 기업 사냥꾼 칼 아이칸도 가치투자자이다. 그는 '모든 역발상 투자자들을 능가하는 역발상 투자자'로 인정받는 인물이다.[2] UBS의 투자은행 부문 최고책임자였던 켄 모엘리스Ken Moelis는 아이칸에 대해 이렇게 평가했다. "그는 낙관할 이유도 전혀 없고 낙관론자도 전혀 없는 최악의 상황일 때 매수하는 사람이다."[3] 아이칸은 그렇게 행동하는 이유를 이렇게 설명한다.[4]

대중의 일치된 생각은 대부분 빗나갑니다. 그래서 대중을 따라가면 모멘텀을 놓치게 됩니다. 나는 매력이 없어서 소외된 기업들을 매수합니다. 업종이 통째로 소외된 경우라면 더 좋습니다.

대중이 왼쪽으로 가면, 아이칸은 오른쪽으로 간다.

억만장자 트레이더 폴 튜더 존스도 유명한 역발상 투자자이다. 잭 슈웨거Jack D. Schwager의 《시장의 마법사들(Market Wizards)》에서 그는 말했다.

흔히 신고가를 줄줄이 기록하면서 시장이 가장 좋아 보일 때가 매도하기에 가장 좋은 시점이다. 훌륭한 트레이더가 되려면 역발상 투자자가 되어야 한다.

대중이 왼쪽으로 가면, 폴 튜더 존스는 오른쪽으로 간다.

억만장자 투자자 피터 틸은 자신이 선택한 종목을 아래와 같이 '스위트 스팟sweet spot'으로 표현했다.

스위트 스팟: 나빠 보이는 좋은 아이디어

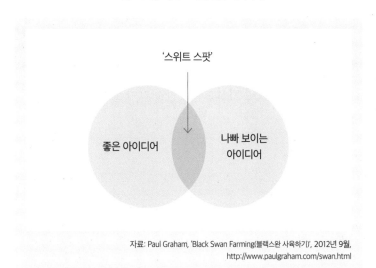

자료: Paul Graham, 'Black Swan Farming(블랙스완 사육하기)', 2012년 9월,
http://www.paulgraham.com/swan.html

틸이 말하는 '스위트 스팟'이란, 대중에게는 나쁜 아이디어로 보이는 좋은 아이디어를 뜻한다. 대중이 왼쪽으로 가면, 틸은 오른쪽으로 간다. 억만장자 글로벌 거시경제 투자자 마이클 스타인하트Michael Steinhardt는 1995년까지 30년 동안 고객들에게 약 500배 수익을 안겨주었다. 자서전에 의하면, 그는 인턴직원에게 다음과 같이 말했다.[5]

나는 인턴직원에게 2분 안에 네 가지를 말할 수 있어야 한다고 지적했다. (1)아이디어, (2)시장의 일치된 견해, (3)자신의 독자적인 견해, (4)촉발 사건trigger event. 이는 대단한 능력이다. 자신의 독자적인 견해가 없는 경우라면 나는 흥미를 느끼지 못하므로, 투자를 막는다.

스타인하트가 말하는 '자신의 독자적인 견해'란, 대중과 다른 견해를 뜻한다. 대중이 왼쪽으로 가면, 스타인하트는 오른쪽으로 간다. 억만장자 글로벌 거시경제 투자자 레이 달리오Ray Dalio는 말한다.[6]

투자에 성공하려면 독자적으로 생각해야 한다. 대중의 견해는 이미 가격에 반영되어 있기 때문이다. 우리의 견해는 대중의 견해와 달라야 한다.

대중이 왼쪽으로 가면, 우리는 오른쪽으로 가야 초과수익을 얻는다는 말이다.

억만장자 부실채권 투자자 하워드 막스Howard Marks는 말한다. "우수한 실적을 얻으려면 견해가 대중과 달라야 하며, 그 견해가 정확해야 한다."[7] 벤처 자본가 앤디 래클레프Andy Rachleff는 하워드 막스의 생각을 2*2 매트릭스로 표현한다.

가로축에서, 우리는 '대중의 견해'를 선택할 수도 있고, '독자적인 견해'를 선택할 수도 있다. 세로축에서, 우리의 선택은 옳을 수도 있고 그를 수도 있다.[8]

초과수익: 독자적인 견해이면서 옳은 견해

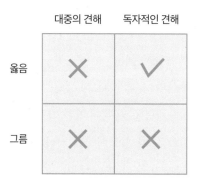

자료: Andy Rachleff, 'Demystifying Venture Capital Economics(벤처캐피털 경제학 해설)',
https://blog.wealthfront.com/venture-capital-economics/

우리의 선택이 그르면, 당연히 돈을 벌지 못한다. 초과수익을 얻으려면, 반드시 '독자적인 견해'이면서 '옳은 견해'를 선택해야만 한다.

'대중의 견해'를 선택하거나 '옳지 않은 견해'를 선택하면 초과수익을 얻지 못한다.

초보자들은 이해하기 어렵겠지만, '대중의 견해'를 선택하면, 그것이 '옳은 견해'이더라도 초과수익을 얻지 못한다. 대중이 좋게 평가한 주식을 사면, 그 주식이 실제로 좋은 주식이더라도 초과수익을 얻지 못한다는 말이다. 왜 그럴까? 대중의 기대가 잔뜩 반영된 높은 가격에 주식을 샀기 때문이다. 따라서 그 주식이 대중의 기대를 충족시키더라도, 초과수익은 얻지 못한다.

대중을 따라가면 초과수익을 얻지 못한다. 초과수익을 얻으려면, 대중이 왼쪽으로 갈 때 우리는 오른쪽으로 가야 한다. 대중이 팔 때 사야 낮은 가격에 살 수 있고, 대중이 살 때 팔아야 높은 가격에 팔 수 있기 때문이다.

낮은 가격이란, 주식의 내재가치보다 낮은 가격을 뜻한다. 하락 잠재력은 작고 상승 잠재력은 커서 유리한 가격이라는 의미다. 하락 잠재력이 작다는 말은, 가격에 최악의 시나리오가 이미 반영되어 있다는 뜻이다. 그러면 우리 판단이 빗나가도 큰 손실을 보지 않는다. 상승 잠재력이 크다는 말은, 우리 판단이 중간 수준만 되어도 이익을 얻는다는 뜻이며, 우리 판단이 적중하면 커다란 이익을 얻는다는 의미이다.

대중과 다른 '독자적인 견해'를 선택하는 것만으로는 부족하다. 그 견해가 옳아야 한다. 스타인하트는 말한다. "대중의 견해는 빗나가고, 우리가 선택한 독자적인 견해가 옳을 때, 마침내 대박이 터진다. 대박은 자주 터지지 않는다. 그러나 한 번 터지면 엄청난 돈을 벌게 된다."[9]

억만장자 가치투자자 세스 클라먼Seth Klarman은 말한다. "가치투자의 핵심은 역발상 기질과 치밀한 계산이다."[10] 분석을 해야 한다는 말이다. 대중이 파는 주식을 사는 것만으로는 부족하다. 그 주식이 살 만한 것인지 파악해야 한다. 그래서 기업의 펀더멘털 fundamental(기본 상태)을 들여다보아야 한다.

기업의 펀더멘털은 무엇일까? 버핏의 스승 벤저민 그레이엄은 주식이 기업 일부에 대한 소유권이라고 가르쳤다. 주식은 종목 코드가 아니다. 기업의 소유주처럼 생각하려면 다음 세 가지를 알아야 한다.

1. 기업이 어떤 사업을 하는가? 어떤 방식으로 돈을 버는가?
2. 기업의 재산 상태는 어떠한가? 자산은 얼마이고, 부채는 얼마인가?
3. 경영자는 누구이고, 대주주는 누구인가? 경영자는 역할을 잘 수행하는가? 대주주는 기업에 관심을 기울이고 있는가?

투자자들은 가끔 기업과 사업을 혼동하기도 한다. 기업과 사업은 다르다. 기업은 법인法人, legal entity으로서, 법률에 의하여 권리능력이 인정된 단체이다. 기업은 자산을 소유하고, 직원을 고용하며, 계약을 체결한다. 소송을 제기할 수도 있고, 소송을 당할 수도 있다. 사업은 상품이나 서비스를 판매하여 이익을 얻는 활동이다. 주주는 기업의 일부를 소유하고, 기업은 사업과 자산을 소유한다.

사업의 가치는 높을 수도 있고, 제로일 수도 있으며, 적자가 누적되면 마이너스가 될 수도 있다. 기업의 가치 역시 높을 수도 있고, 부채가 자산보다 많으면 마이너스가 될 수도 있다. 흔히 투자자들은 (사업의 성과인) 이익에 주목하지만, 현금을 포함한 자산은 무시한다.

대개 주가가 낮은 주식에는 그럴 만한 이유가 있다. 사업 실적이 나쁘거나 경영이 부실하다. 매력이 넘치거나, 빠르게 성장하거나, 수익성이 좋은 기업은 주가가 높다. 반면 성장세가 둔화하거나, 이익이 감소하거나, 적자를 내거나, 파산이 임박한 기업은 저평가된다. 이런 악재가 있는데도 저평가 주식을 사는 이유는 무엇일까? 이유는 세 가지다.

1. 보유 자산의 가치가 높을 수도 있다. 흔히 대중은 기업이 보유한 현금 등 자산은 무시한 채, 단지 사업 실적이 나쁘다는 이유로 주식을 판다.
2. 부실하거나 따분하거나 형편없어 보이던 사업이, 실제로는

양호할 수도 있다.

3. 외부 투자자가 기업을 인수하거나 회생시킬 수도 있다. 사모 펀드나 행동주의 투자자가 그런 외부 투자자에 해당한다. 외부 투자자 대신 주주들이 직접 행동에 나설 수도 있다. 주주들은 주주총회에서 의결권을 행사함으로써 소유주의 권리를 주장할 수 있다. 의결권을 충분히 확보하면 주주들이 기업의 부실한 정책을 바꿀 수 있다.

위 세 가지 이유로, 치밀하게 계산하는 역발상 투자자들은 기회를 만들어낼 수 있다. 그래서 우리는 대중의 견해를 무시한 채, 실적이 나쁘거나 경영이 부실한 기업에도 투자할 수 있다. 소외되어 저평가된 기업들을 대중이 헐값에 내던질 때, 역발상 투자자들은 값진 기회를 잡을 수 있다.

역경에 처한 기업은 저평가된다. 대중이 과잉반응하기 때문이다. 사업이 따분해도 대중은 못 견딘다. 대개 실적이 부실하거나 따분하거나 형편없어서 저평가된 기업에는 시간이 약이다. 시간이 충분히 흐르면, 대부분 기업은 전보다 실적이 개선된다. 부실해 보이지만 자산이 많은 기업에 투자하는 것도 좋다. 실적이 개선되면 큰 수익을 낼 수 있다.

시간이 흐르면 실적이 개선될지 어떻게 아는가? 알 수 없다. 다만 개선되는 기업이 많다는 점만은 분명하다. 시장에 평균회귀mean reversion라는 강력한 힘이 작용하기 때문이다.

평균회귀 원리: 모든 것은 결국 평범함으로 귀결한다

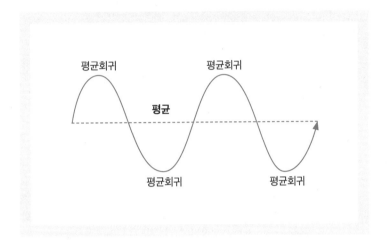

추정Extrapolation: **추세가 나타나면 사람들은 추세가 계속 이어진다고 추정한다**

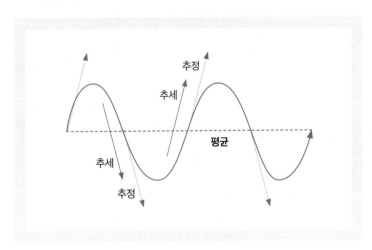

평균회귀에 의해서 저평가 주식은 상승하고, 고평가 주식은 하락한다. 폭등했던 고성장 고수익 기업의 주가는 다시 하락하고, 폭락했던 역성장 적자 기업의 주가는 다시 상승한다.

평균회귀는 주식시장은 물론, 산업과 경제 전반에도 작용한다. 그래서 경기순환에 의해 호황과 불황이 반복되고, 주식시장에는 고점과 저점이 형성된다.

사람들은 평균회귀를 예상하지 못한다. 대신 추세가 계속 이어진다고 본능적으로 추정한다. 어떤 주식은 항상 겨울만 맞이하고, 어떤 주식은 항상 여름만 누릴 것이라고 생각한다. 그러나 여름은 결국 가을로 바뀌고, 겨울은 봄으로 바뀐다.

역발상 투자의 비밀은, 주식의 계절이 언제 바뀔지 모른다는 사실이다. 계절이 언제 바뀔지 예측할 수 있다면, 우리는 곧바로 패턴을 찾아낼 것이다. 그러나 주식의 계절은 무작위로 바뀐다.

평균회귀는 왜 발생할까? 왜 고성장 고수익 주식은 다시 하락하고, 역성장 적자 주식은 다시 상승할까? 벤저민 그레이엄은 평균회귀가 '투자의 미스터리'라고 설명했다.[11] 다소 겸손한 표현이었다. 미시경제학에서 제시하는 간단한 답은 '경쟁' 때문이다.

고성장 고수익 사업에는 경쟁자들이 몰려들고, 그러면 사업의 성장성과 수익성이 잠식된다. 사업에서 손실이 발생하면 경쟁자들이 떠나고, 그러면 경쟁이 감소하여 남은 기업들은 다시 고성장 고수익을 누리게 된다. 억만장자 가치투자자 제러미 그랜섬Jeremy Grantham은 이익에도 평균회귀가 작용한다고 말한다.[12]

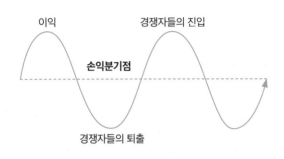

경쟁: 고성장 고수익 사업에는 경쟁자들이 몰려든다

이익률은 십중팔구 평균회귀 원리가 가장 잘 작동하는 분야다. 이익률에 평균회귀가 작동하지 않으면, 자본주의에 심각한 문제가 발생한다. 이익률이 높은 사업에 경쟁자들이 몰려들지 않으면, 문제가 발생하여 시스템이 제대로 기능하지 못한다.

버핏도 이 주장에 동의한다. 그는 높은 이익률이 장기간 유지될 수 있다고 믿는다면 지나치게 낙관적인 생각이라고 지적했다.[13]

기업의 이익률을 떨어뜨리는 건재한 요소 하나가 경쟁입니다.

경쟁자들이 몰려들거나 빠져나감에 따라, 기업의 이익률에 평균회귀가 작동한다. 그러면 저평가 주식과 고평가 주식에는 어떻게 평균회귀가 작동할까? 펀더멘털 투자자와 가치투자자들이 활동하기 때문이다.

자산과 이익이 저평가된 주식에 투자자들이 몰려든다. 가치투자자와 펀더멘털 투자자들이 주식을 사기 시작하면 주가가 상승한다. 자산과 이익이 고평가된 주식에서는 투자자들이 빠져나간다. 가치투자자와 펀더멘털 투자자들이 주식을 팔면 주가가 하락한다.

평균회귀는 두 가지 측면에서 투자에 중요하다.

펀더멘털: 저평가 주식에 투자자들이 몰려든다

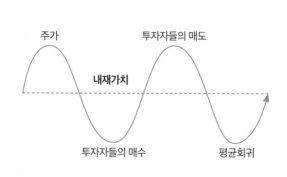

1. 소외된 저평가 주식은 초과수익을 내는 경향이 있다. 더 저평가될수록 수익률도 더 높아진다. 시장가격과 내재가치의 차이를 가치투자자들은 안전마진margin of safety이라고 부른다.

   안전마진이 클수록 수익률도 높아진다. 그래서 우리는 "떨어지는 칼날은 절대 잡지 말라"는 격언을 무시한다. 소외된 저평가 주식은 안전마진이 커서, 인기 많은 고평가 주식보다 위험이 작기 때문이다.

2. 고성장 고수익 사업은 성장이 둔화하거나 수익성이 악화하는 경향이 있다. 반면 역성장 적자 사업은 개선되는 경향이 있다.

흔히 투자자들은 성장성이나 수익성을 과대평가하여 지나치게 높은 가격에 사는 실수를 저지른다. 이들은 높은 성장성이나 수익성이 계속 유지된다고 추정하고 주식을 산다. 그러나 기대했던 성장성이나 수익성이 실현되더라도, 얻는 것은 시장수익률에 불과하다. 반면 기대했던 실적이 나오지 않으면, 가격이 폭락한다.

가치투자자들은 그 반대로 거래한다. 이들은 성장성이나 수익성이 과소평가되어 저평가된 주식을 낮은 가격에 산다. 이런 주식에서 초과수익이 나올 수 있다. 최악의 시나리오가 가격에 반영된 주식은 실적이 개선되면 엄청난 수익을 안겨준다.

발생 시점은 알 수 없지만, 가치투자자들은 평균회귀가 언젠가 발생한다고 기대한다.

안전마진: 안전마진이 클수록 수익률도 높아진다

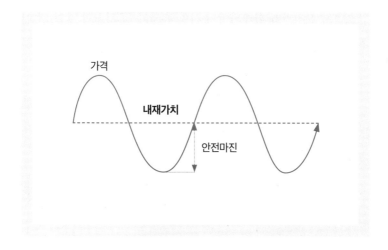

과잉반응: 이익을 과대/과소 평가한다

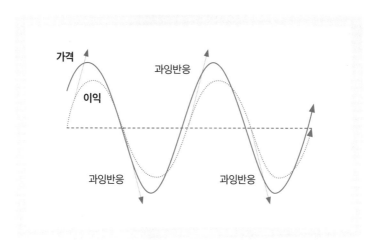

가치투자자들은 최악의 시점에 주식을 매수한다. 계속 이익이 감소하거나 적자가 확대되어 주식이 휴지가 될 것처럼 보일 때 매수한다. 이런 시점에는 주식이 저평가되어 있으므로, 안전마진이 크다.

세스 클라먼은 말한다. "불확실성이 높을 때에는 주가가 하락한다. 그러나 불확실성이 해소된 시점이라면 주가는 이미 상승했을 것이다."[14]

가치투자자들은 최상의 시점에 주식을 매도한다. 이익이 많아서 주가가 급등하고, 이런 추세가 영원히 이어질 것처럼 보이는 시점에 매도한다. 주가가 치솟는 최상의 시나리오에서 말이다. 이때는 주가가 높아서 안전마진이 없다. 그래서 매도할 시점이다.

대중은 주가 상승 추세가 이어질 것으로 기대할 때, 가치투자자들은 주식을 매도한다.

마법의 공식

"주식시장에서 모두가 낙관할 때 사면 매우 비싼 가격을 치르게 된다."

— 워런 버핏, 〈포브스Forbes〉(1979)

버핏은 저평가 주식을 매수한다. 지속적으로 많은 이익을 내는 소수의 주식만 매수한다. 그는 이를 "훌륭한 기업을 적정 가격에

최악의 시나리오: 매수 시점

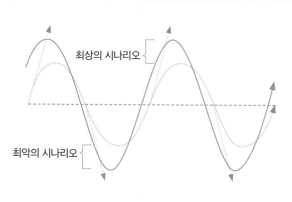

최상의 시나리오

최악의 시나리오

역발상 투자: 가치투자자는 평균회귀를 기대한다

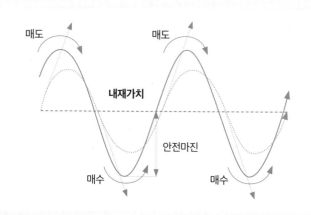

매도

매도

내재가치

안전마진

매수

매수

매수한다"라고 표현하며, "평범한 기업을 싼 가격에 매수하는" 전략(나중에 추가 설명)보다 선호한다.

조엘 그린블랫은 훌륭한 기업을 적정 가격에 매수하는 버핏의 투자 전략을 약식으로 분석했다. 그린블랫은 저서《주식시장을 이기는 작은 책》에서 이 전략이 초과수익을 낸다고 밝히면서, '마법공식Magic Formula'이라고 불렀다.

그린블랫이 저서에서 밝힌 분석 방식을 여기서 다시 간략하게 설명하겠다(7장에서 더 자세히 설명한다). 나는 그린블랫의 분석에 동의한다. 오른쪽 차트에서 보듯이, 버핏의 전략은 초과수익을 낸다.

그린블랫의 말대로, 마법 공식에서 초과수익이 나온다. 그러면 여기서 초과수익이 나오는 실제 이유는 무엇일까? 그런데 놀라운 사실이 있다. 평범한 기업을 싼 가격에 매수하면 초과수익이 더 나온다. 나는 이 전략을 '마법의 멀티플Acquirer's Multiple'이라고 부른다. 이는 수익성에 상관없이 가장 저평가된 주식을 매수하는 전략이다(나중에 더 자세히 설명한다).

이 분석에서는 마법의 멀티플의 실적이 마법 공식보다 좋다. '평범한 기업을 싼 가격에 매수'하는 전략이 '훌륭한 기업을 적정 가격에 매수'하는 전략보다 유리하다는 뜻이다. 수익성보다 안전마진(시장가격과 내재가치의 차이)이 더 중요하기 때문인 듯하다.

훌륭한 기업들의 높은 수익성에는 평균회귀가 작용하므로, 시간이 흐르면 마법 공식의 수익률도 둔화한다. 반면 마법의 멀티플에 포함되는 기업들은 수익성이 다양하므로, 평균회귀가 큰 영향

마법 공식과 S&P 500에 1만 달러씩 투자(1973~2017년)

시가총액이 5,000만 달러 이상인 30개 종목

마법 공식
760만 달러

1만 달러

S&P 500
20만 5,481달러

을 주지 않는다. 그러나 사업이 개선됨에 따라 가격이 내재가치로
회귀한다.

그러면 버핏의 생각이 틀렸다는 말인가? 훌륭한 기업을 적정
가격에 매수하는 버핏의 전략은 수익성의 평균회귀 탓에 효과가
없다는 뜻인가? 그렇지 않다.

버핏은 이른바 경제적 해자moat(경쟁우위)가 있어서 수익성이 지
속되는 주식을 매수한다. 해자의 원천은 다양하다. 생산원가가 낮
거나, 가격 인상 능력이 있거나, 경쟁자보다 더 많이 판매할 수 있
다면 해자를 보유한 셈이다.

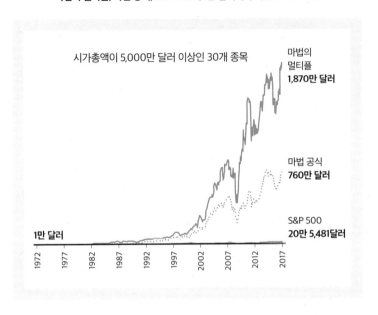

마법의 멀티플, 마법 공식, S&P 500에 1만 달러씩 투자(1973~2017년)

시가총액이 5,000만 달러 이상인 30개 종목

마법의
멀티플
1,870만 달러

마법 공식
760만 달러

1만 달러

S&P 500
20만 5,481달러

예컨대 특허도 해자가 된다. 특허는 일정 기간 발명품을 배타적으로 생산, 판매할 권리이다. 특허를 보유한 기업은 독점권을 이용해서 높은 가격을 유지하면서 이익을 극대화할 수 있다.

유명 브랜드도 해자가 된다. 코카콜라는 다른 콜라보다 높은 가격으로 판매할 수 있다. 그러므로 독점은 아니지만 경쟁자보다 더 많은 이익을 낼 수 있다.

문제는 높은 수익성을 계속 유지할 수 있는 기업을 찾기가 어렵다는 사실이다. 수익성 높은 기업들 대부분은 시간이 흐르면 수익성이 둔화한다. 해자 보유 기업을 찾는 방법은 나중에 체계적으로 살펴보기로 한다. 그러나 해자 보유 기업을 찾기는 쉽지 않다. 그 이유는 세 가지다.

1. 해자를 보유한 기업은 드물다. 대부분 기업에는 해자가 없다. 호황기에는 진정한 해자를 보유한 기업을 구분하기가 어렵다.
2. 해자가 높은 수익성을 보장하지는 않는다. 코카콜라는 다른 콜라보다 높은 가격에 판매할 수 있다. 그러나 사람들의 입맛이 바뀌면 코카콜라의 수익성은 둔화할 것이다.
3. 해자는 영구히 지속되지 않는다. 신문사들도 한때 해자를 보유하고 있었다. 과거에는 지역에서 광고를 하려면 지역 신문을 이용할 수밖에 없었다. 그러나 인터넷이 등장하자 상황이 바뀌었다. 이제는 누구든 구글이나 페이스북으로 광고할 수 있다.

버핏은 아마도 역사상 가장 뛰어난 분석가이다. 탁월한 기억력, 숫자 감각, 평생에 걸친 분석이 돋보이는 인물이다. 그에게는 지속되는 해자를 찾아내는 육감이 있다. 하지만 그가 처음부터 훌륭한 기업을 적정 가격에 매수했던 것은 아니다.

처음에 그는 역발상 가치투자자였다. 그러나 부자가 되자, 훌륭한 기업을 적정 가격에 매수하는 방식으로 투자 전략을 전환했다. 2장에서는 버핏의 초기 투자 전략을 살펴보기로 한다.

THE ACQUIRER'S MULTIPLE

2장

청년 버핏의
헤지펀드

"저는 1950년대의 수익률이 제일 높았습니다.
다우존스지수보다 훨씬 높았죠. 숫자 좀 보세요.
(중략) 지금도 100만 달러만 운용한다면 연 50%
정도의 수익은 낼 수 있을 겁니다. 장담합니다."

워런 버핏
〈블룸버그 비즈니스 위크Bloomberg Businessweek〉,
1999년 7월 5일

이 기업은 쇠락하고 있었다. 아주 크고 아주 자세한 종이 지도
를 만드는 기업이었다. 지도가 어찌나 컸는지 조그만 도시 하나를
나타낸 지도의 무게가 23킬로그램이나 되었다. 지도 업데이트가
필요해지면 기업은 우편으로 스티커를 보내주었다. 스티커를 오래
된 부분에 덧대어 붙이면 업데이트가 된다. 기업은 75년의 업력을
가지고 있었다. 이십 년 전엔 독점적인 지위여서 벌어들이는 이익
이 일 년에 700만 달러 이상이었다. 하지만 기술이 발전했다. 거래

처들이 합병하고 지도 구입 예산을 줄임에 따라 고객 기반이 쪼그라들었다. 이익이 80% 이상 격감해서 일 년에 100만 달러도 되지 않았다. 8년 동안 5번이나 배당을 줄여야만 했다. 27세의 청년 워런 버핏은 이런 기업이 좋았다.

기업의 이름은 샌본 맵Sanborn Map이다. 샌본 맵은 6,000만 달러의 현금과 투자자산을 보유하고 있었다. 현금과 투자자산을 주식 수로 나누면 그 가치가 1주당 65달러나 되었다. 주가는 45달러에 불과했다. 버핏은 헤지펀드를 운영하면서 투자자들에게 편지를 보냈다. 편지에서 버핏은 주당 45달러의 주가는 주당 기업 가치가 사실상 '–20달러'로 여겨지거나, 그게 아니라면 투자자산의 가치가 1달러당 69센트(45달러/65달러=0.69)에 불과하다는 이야기이며, 게다가 지도 사업은 공짜라는 것이나 마찬가지라고 설명했다. 저평가가 분명했다. 벤저민 그레이엄식의 정통 가치투자란 이런 것이었다.

벤저민 그레이엄은 버핏에게 간단하면서도 강력한 투자 아이디어를 전수했다. 바로 1달러를 50센트에 사라는 것이었다. 버핏은 이 아이디어에 걸맞은 주식을 찾았다. 쉬운 일이 아니었다. 현실의 1달러는 50센트에 팔리지 않는다. 만약 팔린다면 위조지폐다. 하지만 그레이엄은 그런 사례를 가르쳐주었다.

1달러를 소유한 기업의 주식이 50센트에 팔리는 경우가 그런 사례다. 이 기업의 주식을 사면 1달러를 50센트에 사는 셈이다. 정말 좋은 투자 아이디어임이 분명했다. 하지만 문제가 있다. 주주는 이 1달러에 대한 지배권을 행사할 수 없다. 경영진이 지배권을 행사한다. 주주로서는 경영진이 1달러를 잘 관리하는지 감시할 필요가 있었다.

버핏은 샌본 맵에서 1달러가 69센트에 거래되고 있다는 것을 알아챘다. 그러면 어떤 방법으로 1달러를 지켜낼 수 있을까? 버핏의 헤지펀드는 유통주식을 가능한 한 많이 매수했다. 순식간에 샌본 맵 발행 주식 105,000주 중 46,000주를 보유하게 되었다. 비율로는 43.8%에 달했다. 이제야 버핏의 헤지펀드는 지배권을 행사할 수 있게 되었다. 버핏은 이사회에 주당 65달러의 주주환원을 요구했다. 그러나 이사회가 이를 거절했다.

버핏은 신속히 행동했다. 의결권을 사용해서 스스로 샌본 맵의 이사가 된 것이다. 버핏이 이사가 된 후 열린 첫 번째 이사회에서, 다른 이사들에게 왜 샌본 맵의 주가가 너무도 싼지 설명했다. 하지만 이사들은 주주를 위해 일하고 있지 않았다. 주요 거래처를 위해 일하고 있었다. 이사들은 스스로 주식도 거의 보유하지 않은 채 오로지 거래처에 지도를 싸게 공급하는 데만 관심을 두었다. 버핏은 이사가 되기 전에 했던 주장을 반복했다. 투자자산을 매각하고 그 자금을 주주들에게 환원해야 한다고 말했다. 이사들은 요지부동이었다.

다음에 열린 이사회에서 버핏은 샌본 맵의 투자자산을 주주들에게 지급하고 그 대가로 주주들로부터 자사주를 매입하자는 제안을 했다. 버핏의 헤지펀드는 43.8%의 지분을 가지고 있었다. 버핏의 제안을 계속 거절한다면 의결권 대결을 피할 수 없었다. 그러면 버핏이 이길 게 뻔했다. 결국 이사들은 버핏의 제안을 수용했다. 1,600명 주주 중 절반, 주식 수로는 72%의 지분을 가진 주주들이 자사주 매입을 위한 공개매수에 응했다. 주주들은 현금 대신 65달러의 가치가 있는 투자자산을 받았다. 샌본 맵의 주가가 주당 45달러였던 것을 생각하면 무려 44.4%의 수익이 생긴 셈이다.

샌본 맵은 버핏이 벌인 투자의 전형이다. 대중이 왼쪽으로 갈 때 버핏이 오른쪽으로 간 좋은 예다. 투자자들은 샌본 맵을 쇠락하는 지도 기업으로만 생각했다. 하지만 버핏은 80%가 넘는 이익 감소 너머에 있는 주당 65달러의 현금과 투자자산을 바라봤다.

버핏의 헤지펀드 전략

"작은 규모를 운용할 때 담배꽁초 전략은 잘 통했습니다. 1950년대에는 수십 개의 담배꽁초 주식에 투자했죠. 덕분에 상대적이든 절대적이든 어떤 기준으로 평가하든 간에 인생에서 가장 수익률이 높았습니다."

— 워런 버핏, 〈버크셔 해서웨이 주주 서한〉(1989)

버핏은 종종 1950년대에 수익률이 제일 높았다고 이야기했다. 1956년 버핏은 이른바 버핏투자조합이라고 불리는 헤지펀드를 시작했다. 당시의 투자는 어땠을까? 버핏은 그레이엄의 가르침을 충실하게 따르며 50센트에 팔리는 1달러짜리 주식을 찾았다.

50센트에 팔리는 1달러짜리 주식은 담배꽁초라고도 불렀다. 버핏은 "길가에 떨어져 있는, 한 번 정도 빨 수 있는 담배꽁초로는 많은 연기를 들이켤 수 없을지도 모르죠. 하지만 '싸게 사기에' 한 번 빠는 만큼의 수익은 반드시 납니다"라고 말했다.[15] 샌본 맵은 버핏이 1958년에 한 담배꽁초 투자였다. 1956년에도 버핏은 담배꽁초를 발견했다. 뎀스터 밀Dempster Mill이었다.

버핏은 샌본 맵과 비슷한 시기에 뎀스터 밀 매수를 시작했다. 뎀스터 밀은 풍차, 펌프, 탱크 그리고 다양한 농업용품, 비료용품 등을 만드는 기업이었다. 뎀스터 밀도 어려움을 겪고 있었다. 영업이익이 거의 나지 않았다. 팔리는 것보다 더 많은 풍차를 생산했다. 작은 기업치고는 너무도 많은 재고를 떠안고 있었다.

투자자들은 뎀스터 밀의 낮은 이익만을 바라봤다. 그러고는 운전자산의 절반 정도밖에 안 되는 헐값에 주식을 팔아치웠다. 이 운전자산에는 산더미처럼 쌓인 재고도 포함된다. 하지만 버핏은 뎀스터 밀의 순운전자산(현금, 매출채권과 재고자산에서 부채를 뺀 것)이 주당 35달러에 달한다고 평가했다. 순유형자산(유형자산에서 부채를 뺀 것)은 가치가 더 높아 주당 50달러에서 75달러에 달한다고 보았다. 버핏은 이 주식을 주당 16달러에 살 수 있었다. 사업 자체는 별 볼 일 없었다. 하지만 엄청나게 많은 재고를 줄일 수만 있다면, 투자자로서는 이익을 얻을 수도 있었다.

버핏이 1956년에 주식을 사기 시작할 때 주당 가격은 16달러에 불과했다. 버핏은 주요 주주들의 지분을 통째로 사기도 하면서 5년 동안 계속 주식을 매수했다. 평균 매수 가격은 주당 28달러였다. 버핏이 1962년에 쓴 서한에 의하면 "해당 산업의 업황이 좋지 않은 데다가 경영까지 엉망이기에" 뎀스터 밀은 저평가되었다고 했다.[16] 경영자들은 재고자산의 문제를 무시하고 있었다. 결국 뎀스터 밀의 채권은행은 대출을 회수하고 회사를 문 닫게 하겠다고 위협하기 시작했다. 버핏은 신속히 움직여야 했다.

샌본 맵과 같은 방식이었다. 버핏은 지배주주로서 이사회를 장악했다. 재고를 떨이하고 다른 자산도 내다 팔았다. 뎀스터 밀에는 매각되는 자산만큼 현금이 쌓였다. 주식에 투자할 자금까지도 마련할 수 있었다.

문제를 다 해결할 무렵, 버핏은 뜻밖의 주목을 받았다. 도시에 하나밖에 없는 공장을 매각하려 한다는 소문이 퍼지면서 네브래스카주 베아트리체 시민들이 들고일어난 것이다. 지역 신문은 대대적으로 공장을 살리자는 캠페인을 벌였다. 버핏은 압박을 견디지 못했다. 공장을 설립자의 손자에게 매각할 수밖에 없었다. 지역 신문은 사이렌을 울리며 승리를 자축했다.

베아트리체 시민들이 전투에서 이겼을지는 모른다. 하지만 버핏은 전쟁에서 승리했다. 버핏의 헤지펀드는 2,000만 달러에 달하는 이익을 얻었다. 투자 원금의 3배에 달하는 이익이었다. 대중이 왼쪽으로 갈 때 오른쪽으로 간 성과다.

버핏은 자신이 뎀스터 밀에 투자했다는 사실을 밝혔던 바로 그

편지에서 본인이 사용하는 투자 전략을 설명했다. 아래와 같은 세 가지였다.

1. 단순 주식 투자
2. 워크아웃
3. 경영 참여

단순 주식 투자는 평범하게 저평가된 주식에 투자하는 것이다. 버핏은 가치와 비교해 가격이 많이 내렸을 때 주식을 사서, 가격이 오르면 팔았다.

워크아웃은 어떤 특별한 상황에 놓인 주식에 대한 투자를 의미한다. 이런 주식은 시장의 출렁임에 따라 오르내리지 않는다. 다른 특별한 힘이 작용하기에 마치 로켓 썰매처럼 크게 움직일 수도 있다. 이런 힘은 기업의 중요한 의사결정 때문에 생긴다. 이례적인 수준의 주주환원, 자사주 매입, 기업의 매각이나 청산 등이 그것이다.

만약 버핏이 단순 주식 투자 전략을 염두에 두고 투자한 주식이 아주 오랫동안 저평가된 채 머물러 있으면, 이 주식은 경영 참여 전략의 대상이 될 수도 있다. 버핏은 지배권을 획득할 수 있을 때까지 계속 주식을 살 것이기 때문이다. 뎀스터 밀도 처음에는 단순 주식 투자로 시작한 경우다. 가격이 움직이지 않으면 버핏이 움직인다.

버핏은 5년 동안 뎀스터 밀의 지배권을 가질 수 있을 만큼 많은 주식을 매수했다. 이사회를 장악한 버핏은 뎀스터 밀의 가치를 개선하기 위한 여러 노력을 기울였다. 결국 뎀스터 밀의 가치는 주당 50달러에서 72달러, 그다음 80달러까지 상승했다. 버핏의 평균 매수 가격은 주당 28달러에 불과했다. 가치 개선으로 인한 이익은 엄청났다.

지배권을 획득하기 전에 단순 투자 주식이 오른다면, 버핏은 주식을 판다. 반대로 오르지 않거나 떨어진다면, 버핏은 주식을 더 산다. 지배권을 가지는 건 버핏에게 매우 중요하다. 그래야만 그 주식의 운명을 뜻대로 할 수 있기 때문이다. 주식은 그냥 오르거나 버핏이 지배권을 취득해 오르게 만들거나 두 가지 경우만 있을 뿐이다. 이 전략은 잘 먹혔다. 둘 중 하나의 전략을 사용해 버핏은 부지런한 노새처럼 계속해서 시장보다 높은 수익을 올렸다.

편승하기

버핏은 지배권을 가지려고 하는 다른 투자자의 꽁무니도 즐겨 쫓았다. 1961년의 서한에서, 버핏은 이걸 '편승하기 전략'이라고 불렀다. 버핏은 단순 주식 투자를 할 때도 종종 이 전략을 사용했다.[17]

종종 단순 주식 투자를 하며 편승하기 전략을 사용할 수도 있습니다. 어떤 주주 집단이 지배권을 취득해 수익성이 낮거나 효율적이지 않은 자산을 재배치하려고 시도할 것으로 예상되는 경우 그렇습니다. 샌본 맵과 뎀스터 밀에서 우리는 직접 그런 일을 했습니다. 이런 일은 우리가 취해도 되고 남이 해도 됩니다. 결과는 똑같습니다. 당연히 이때 기업의 가치는 충분히 저평가되어 있어야 하고, 지배권을 취득한 주주가 어떻게 하는지도 신경 쓸 필요는 있습니다.

편승하기 전략으로 단순 투자를 한 주식은 직접 경영 참여를 하는 경우와는 달리 좀 덜 신경을 써도 된다. 지배주주는 만약 버핏이라면 했을 법한 일, 즉 수익성이 없거나 불필요한 자산을 매각하거나 자사주를 매입하거나 하는 등의 일을 부지런히 알아서 할 것이기 때문이다. 물론 버핏은 주식이 충분히 저평가된 상태여야 한다는 것을 당연히 전제로 했다. 저평가된 상태에서 주주환원을 해야 한다는 것이다. 버핏은 스스로 생각하기에 '지배주주라면 얻었을 공정한 가치'로 주식을 팔 수 있기만 하면 어쨌든 좋았다.[18]

버핏은 저평가된 주식에서는 언제라도 조용한 주주들이 행동에 나설 수 있다고 생각했다. 저평가도 정도가 있기에 언젠가는 한계점tipping point에 도달하기 마련이다. 이때 조용한 대주주 중 하나가 한계점에 이르러 버핏이 바라는 일들을 한다면, 그 주식은 순식간에 제 가치를 찾을 것으로 생각했다.

주식이 저평가되어 있고 이 저평가된 주식을 매수하는 동안, 버핏은 어느 정도 기다리는 편이었다. 하지만 영원히 기다릴 수는 없는 법이다. 잠자는 다른 주주가 한참 동안 깨어나지 않을 수도 있다. 이런 상황이 계속된다면, 버핏은 천천히 지분을 늘리고 곧이어 지배권을 취득했다.

버핏은 다른 사람이 대신 이런 일을 하는 것을 좋아했다. 하지만 아무도 나서지 않고, 기업이 계속해서 주주의 이익을 침해하고 있다면, 버핏이 직접 행동하는 수밖에 없었다. 버핏은 지배권을 취득할 수 있기에 본인이 윈-윈 포지션에 있다는 것을 잘 이해하고 있었다. 주가가 오르면 돈을 벌고, 떨어지더라도 더 많이 매수한 다음 원인을 치유해 돈을 버는 포지션이다.[19]

우리는 의지가 있고 자본도 있기에 지배권을 취득할 수도 있습니다. 단순 주식 투자를 하다가 지배권을 취득할 수 있기에 우리는 두 가지 전략을 염두에 둘 수 있습니다. 어떤 주식에 대한 시장의 평가가 바뀌어 주가가 그냥 오를 수도 있습니다. 한편 시장의 평가가 바뀌지 않는다면 우리는 지배권을 취득할 때까지 주식을 더 많이 매수할 것입니다. 그러면 시장이 알아서 평가하기를 기다리지 않아도 됩니다. 스스로 상황을 주도할 수 있게 됩니다.

버핏은 헤지펀드를 운용하면서 윈-윈 전략을 사용했다. 효과는 엄청났다. 12년 동안 연평균 31%에 달하는 수익을 올렸다. 아래 그림과 다음 페이지의 표는 버핏투자조합의 수익률을 나타낸 것이다.

수수료와 펀드 지분을 더해 버핏은 26세 당시 10만 달러이던 자산을 38세 무렵 2,500만 달러로 불렸다.

버핏은 1969년 헤지펀드를 접는다. 버핏은 살 만한 저평가된 주식을 충분히 찾을 수 없었다. 헤지펀드가 너무 커진 것이다. 헤지펀드의 규모는 1억 달러가 넘었다. 버핏은 적어도 300만 달러를 특정 주식에 투자해야 다소나마 차별적인 성과를 낼 수 있다고 말

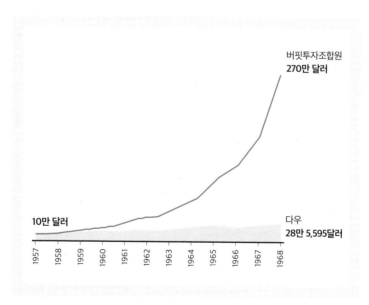

버핏 헤지펀드(버핏투자조합) 대 다우존스(1957~1968년)

버핏투자조합원
270만 달러

10만 달러

다우
28만 5,595달러

1957 1958 1959 1960 1961 1962 1963 1964 1965 1966 1967 1968

버핏투자조합의 성과(1957~1968년)

연도	버핏투자조합	다우 존스
1957	10.4%	-8.4%
1958	40.9%	38.5%
1959	25.9%	20.0%
1960	22.8%	-6.2%
1961	45.9%	22.4%
1962	13.9%	-7.6%
1963	38.7%	20.6%
1964	27.8%	18.7%
1965	47.2%	14.2%
1966	20.4%	-15.6%
1967	35.9%	19.0%
1968	58.8%	7.7%
평균	31.6%	9.1%

했다. 이 말은 적어도 시가총액이 1억 달러인 주식이 있어야 하고, 심지어 저평가되기까지 해야 한다는 소리다.

1969년, 주식시장은 붐을 이루고 있었다. 저평가되었으면서도 충분히 시가총액이 큰 주식은 존재하지 않았다. 어떤 주식이 저평가되었다면 충분히 크지 않았다. 충분히 크다면 저평가되어 있지 않았다. 버핏은 이제 펀드를 접을 시기라고 이야기했다. 투자자들은 현금과, 펀드가 보유한 것 중 비중이 가장 큰 기업의 주식을 받았다. 버핏이 1962년 발견했을 때에는 저평가된 기업이었는데 펀드 보유 비중이 점점 커져서 지배권을 취득해야 하는 대상이 된 기업의 주식이었다. 버핏은 오늘날까지도 이 기업을 지배하고 있다.

3장

버크셔 해서웨이 대공격

"초창기에 버핏과 나는 가끔 시장에서 주식을 사들여 경영권을 인수했습니다. 이제는 그렇게 하지 않습니다. 수십 년 전 초창기나 그랬지요. 버크셔 해서웨이도 버핏이 시장에서 주식을 사들여 경영권을 인수한 사례입니다."

찰리 멍거
《집중투자》

댄 코윈Dan Cowin은 32세 친구 버핏에게 연락했다. 주식을 추천하려 한 것이다. 자신도 가치투자자였던 코윈은 버핏에게 매사추세츠주의 뉴베드퍼드에 있는 버크셔 해서웨이라는 섬유 기업을 추천했다. 버크셔는 청산가치(기업이 영업을 중단하고 자산을 팔아치웠을 때 남는 가치)의 3분의 1 가격에 거래되고 있었다.

코윈은 청산가치를 2,200만 달러, 주당 19.46달러로 평가했다. 버크셔의 주가는 7.5달러였다. 사실 버핏은 버크셔를 이미 알고 있었다. 저평가는 확실했다. 그렇다면 어떻게 저평가를 해소할 수 있을까?

코원은 아마도 어렵지 않게 버크셔에 주식을 되팔 수 있을 것이라고 이야기했다. 버크셔의 사장인 시베리 스탠턴Seabury Stanton은 2년 정도마다 내부 현금으로 자사주를 매입했다. 그러니 스탠턴이 다음 자사주 매입을 하기 전에 주식을 사서 회사에 되팔 수 있으리라 생각한 것이다.

자사주 매입이 지연되더라도, 버핏은 버크셔를 인수해 자산을 매각할 수도 있다. 코원은 버핏이 최근 샌본 맵과 뎀스터 밀에서 그런 일을 해냈다는 걸 알고 있었다. 버크셔라고 못 할 리는 없다. 버핏은 1962년 12월 12일, 버크셔의 주식을 사기 시작했다. 처음 2,000주의 매수 가격은 주당 7.5달러였다. 버핏은 브로커에게 주식이 나오는 족족 사달라고 주문했다.

1963년 버핏의 헤지펀드는 버크셔의 최대주주가 되었다. 하지만 버핏은 되도록 정체를 숨기고 싶었다. 버핏은 코원에게 버크셔의 이사회에 들어가 정찰해달라고 부탁했다. 코원은 금세 시베리 스탠턴과 다른 이사들의 사이가 좋지 않다는 걸 알아냈다.

첫째, 시베리는 동생인 오티스 스탠턴Otis Stanton과 사이가 나빴다. 오티스는 시베리가 차기 경영자로 시베리의 아들 잭을 지목한 게 싫었다. 역량이 부족하다고 생각했기 때문이다. 차기 경영자는 부사장인 켄 체이스가 되는 게 합당하다고 생각했다.

둘째, 시베리는 이사회의 의장과도 사이가 나빴다. 의장은 거의

30년 동안 버크셔에 재직하고 있었다. 시베리는 다른 사람들이 사업을 계속하기를 주저할 때 개인 자금 수백만 달러를 투자했기에 자기 자신을 기업을 위기에서 구해낸 영웅이라고 생각했고, 앞으로도 투자를 계속해야 한다고 생각했다. 의장은 시베리의 생각에 의문을 품고 있었다.

의장의 조카는 하버드 경영대학원에서 버크셔에 대한 논문을 쓰면서 기업의 미래를 비관하게 되었다. 보유 주식도 전량 매도해 버렸다. 의장 역시 조카의 논문을 읽었다. 그리고 투자를 계속하려는 시베리의 계획에 반대했다. 하지만 시베리는 굴하지 않았다.

시베리는 수백만 달러를 더 투자했다. 아무런 소용이 없는 투자였다. 매사추세츠주의 섬유산업은 몰락하고 있었다. 어떤 방법도 허사였다. 시베리는 절망했고 폭음을 하기 시작했다. 코윈은 이 사실을 버핏에게 알렸다. 공격할 타이밍이 되었다. 버핏은 더 많은 주식을 매수했다.

시베리는 버핏이 주식을 매수하는 게 두려웠다. 여러 차례 주식을 되사줄 것처럼 하기도 했다. 버핏이 애초 의도한 반응이었다. 가장 마지막으로 한 자사주 매입 덕택에 주가는 10달러까지 치솟았다. 버핏은 뉴베드퍼드로 향했다. 시베리를 만나 다음번 자사주 매입 계획에 관해 이야기를 나누고 싶었다.[20]

이 만남에서 시베리는 "조만간 다시 자사주 공개매수를 할 생각입니다. 얼마면 팔겠습니까?"라고 물었다. 버핏은 "주당 11.5달러면 응할 생각이 있습니다"라고 답했다. 시베리는 "그 가격에 공개매수를 하면 반드시 판다고 약속하실 수 있습니까?"라고 물었다. 버핏은 "상식적으로 조만간이라면 그렇게 하겠습니다. 20년 후라면 응하지 않을 겁니다"라고 답변했다. "좋습니다." 시베리도 동의했다.

얼마 후 시베리는 버핏을 포함한 주주들에게 11.375달러에 공개매수를 하겠다는 서한을 보냈다. 이야기된 가격에서 12.5센트 모자란 가격이었다. 버핏은 화가 났다. 버핏은 자사주 공개매수에 응하지 않기로 했다. 오히려 시장에서 더 사기로 결심했다. 11.375달러보다 더 높은 가격이라도 상관없었다.

버핏은 재빠르게 행동했다. 우선 오티스 스탠턴에게 주식을 팔라고 권유했다. 오티스는 시베리에게 제시할 조건과 동일한 조건으로 사준다면 팔겠다고 했다. 버핏은 기꺼이 동의했다. 오티스의 지분이 들어오자 버핏의 지분은 49%까지 치솟았다. 평균 매수 가격은 주당 15달러였다. 이사회를 장악하기에 충분한 규모였다.

버핏은 1965년 4월 임시 주주총회를 소집했고 이사로 선출되었다. 한 달 후 열린 이사회에서 시베리와 그의 아들 잭은 사임했다. 이사회는 버핏을 새로운 의장으로 선출했다. 버핏은 현재까지도 이 직책에 있다. 주가는 그날 18달러로 마감되었다.

〈뉴베드퍼드 스탠더드-타임스New Bedford Standard-Times〉는 버핏이 버크셔를 인수한 기사를 다루었다. 버핏은 초창기 베아트리체 시민, 지역 언론과 다투었던 골치 아픈 일을 떠올렸다. 버핏은 기업을 청산하지 않겠다고 말했다. 종전과 마찬가지로 경영을 할 것이라고 공언했다.

버핏은 섬유 사업을 천천히 정리했다. 지배권을 취득했을 때 버크셔는 섬유 사업만 하던 기업이었다. 버핏은 이익을 섬유 사업에 재투자하지 않았다. 새로운 사업에 투자했다. 섬유 사업은 조금씩 쇠락할 뿐이었다. 버크셔는 1985년 섬유 사업을 완전히 중단했다.

그해 주주들에게 보낸 서한에서 버핏은 "만약 당신이 계속해서 물이 새는 보트에 탔다는 걸 알아챘다면, 틈새를 수리하는 데 에너지를 쏟는 것보다 차라리 배를 바꾸는 데 쏟는 것이 낫습니다"라고 썼다.[21]

군이 즉시 청산할 것도 아니라면, 이런 기업을 인수하는 건 어리석은 일입니다. 첫째, 원래의 '싼 가격'은 시나브로 그리 싸지 않은 가격이 됩니다. 어려운 사업은 하나의 문제를 해결하면 곧바로 다른 문제가 불거지곤 하죠. 부엌의 바퀴벌레는 한 마리일 리가 없습니다. 둘째, 처음의 장점은 사업에서 나오는 낮은 이익으로 인해 빠르게 훼손되고 맙니다. 예를 들어 곧바로 1,000만 달러에 팔리거나 청산될 수 있는 기업을 800만 달러에 인수했다고 해보죠. 즉시 팔거나 청산하면 높은 이익을 얻을 수 있습니다. 하지만 1,000만 달러가 10년 후에 들어온다면 좋은 투자라고 할 수 없죠. 10년 동안 받았을 배당도 손해를 조금 낮추어 주는 수준에 불과합니다. 시간은 위대한 기업의 친구입니다. 평범한 기업에서 시간은 적일 뿐입니다.

아메리칸 익스프레스

버핏은 1959년에 찰리 멍거를 만났다. 멍거는 버핏의 투자 스타일에 많은 영향을 끼쳤다. 멍거를 만나기 전까지 버핏은 실체가 있는 숫자로 기업의 가치를 평가했다. 숫자는 야구방망이가 머리를 때릴 때 받는 느낌 정도로 명확한 것이길 바랐다. 멍거는 버핏의 시야가 좁다고 생각했다.

멍거는 장기적인 이익이 있으면 기업에 돈을 좀 써도 된다고 주장했다.[22] 분석할 때 좀 더 질적인 측면을 중시했다. 버핏이 실체가 있는 숫자 그 이상을 생각할 수 있도록 도와주었다.

멍거가 보기에 버핏이 좋아하는 기업은 대개 안 좋은 사업을 하는 기업이었다. 멍거는 이런 기업을 싫어했다. "핵심은 지급하는 가격보다 더 나은 품질만 얻으면 되는 겁니다"라고 말했다.[23]

버핏이 멍거 스타일을 따른 첫 번째 투자는 아메리칸 익스프레스American Express, 즉 아멕스 투자였다. 1963년 아멕스는 티노 드 앤젤리스라는 고객이 저지른 샐러드 오일 사기 사건에 휘말려 있었다. 드 앤젤리스는 콩기름을 매매하면서, 이 콩기름을 뉴저지에 있는 창고에 보관했다.

아멕스는 신용카드와 여행자수표 사업으로 유명하다. 하지만 창고증권warehouse receipt(콩기름 같은 상품이 창고에 보관되어 있음을 확인해주는 증권) 발행이라는 부수적인 사업도 하고 있었다. 창고증권이 있으면 굳이 콩기름을 물리적으로 옮기지 않아도 매매할 수 있다.

아멕스는 드 앤젤리스에게 실제로 보관되어 있다고 생각한 양의 창고증권을 발행해주었는데, 드 앤젤리스는 이것을 담보로 선물거래 증거금을 빌리거나 거래에 사용했다.

하지만 아멕스의 담당자는 드 앤젤리스가 탱크에 콩기름을 가득 채우지 않았다는 걸 몰랐다. 드 앤젤리스는 상당수 탱크에 콩기름 대신 바닷물을 채워 넣었다. 더 많은 콩기름이 있는 것처럼 담당자를 속인 것이다. 어찌나 잘 속였는지, 담당자는 드 앤젤리스가 전 세계에 있는 콩기름보다 더 많은 양의 콩기름을 가지고 있다고 창고증권을 발행해줄 정도였다.

어느 날 콩기름 가격이 급락하자 드 앤젤리스는 대금을 결제할 수 없게 되었다. 사기가 발각되었다. 드 앤젤리스뿐만 아니라 브로커까지 파산했다. 드 앤젤리스의 창고증권을 담보로 잡고 돈을 빌려준 사람들은 아멕스에 돈을 갚으라고 요구했다. 아멕스가 탱크에 바닷물이 아닌 콩기름이 채워져 있다고 확인해주었으니 책임이 있다고 주장했다. 당연한 주장이다. 채권자들은 1억 7,500만 달러를 청구했다. 1964년 한 해 동안 아멕스가 번 돈보다 열 배나 많은 돈이었다. 아멕스는 파산할 것처럼 보였다. 주가는 반 토막이 났다.

주가가 떨어지자 버핏은 관심이 생겼다. 아멕스의 가치를 평가하기는 쉽지 않았다. 사기 사건에 연루된 금융기관이었다. 핵심은 단순히 1억 7,500만 달러의 우발채무가 아니었다. 아멕스의 신용도 평가가 더 중요했다. 아멕스의 소비자들이 아멕스를 신용하지 않으면 어떻게 될까? 버핏은 이런 무형의 가치가 궁금했다. 소비자들이 사기 사건을 부정적으로 받아들인다면, 아멕스가 발행한 여행자수표나 신용카드를 사용하지 않을 수도 있다. 아멕스가 파산하면 함께 파산할 수 있기에 식당이나 작은 호텔들이 아멕스의 여행자수표나 카드를 받지 않을 수도 있다. 그렇다면 아멕스는 끝장이었다. 버핏은 사기 사건 때문에 소비자들의 신뢰에 금이 갔는지 알고자 했다.

버핏은 브로커인 헨리 브랜트Henry Brandt에게 식당이나 가게를 돌아다니면서 사람들의 태도를 관찰해달라고 부탁했다. 평소의 버핏이라면 하지 않을 부탁이었다. 버핏은 원래 실체가 있는 숫자만을 믿었기 때문이다. 브랜트는 은행, 식당, 호텔 등을 다니며 확인했다.

브랜트는 버핏에게 엄청난 두께의 보고서를 제출했다. 보고서를 본 버핏은 안심했다. 심지어 버핏은 스스로도 오마하에 있는 여러 식당을 둘러보았다. 여전히 아멕스의 신용카드를 받고 있었다. 사기 사건은 신용도에 영향을 미치지 않았다. 아멕스는 살아남을 것이었다.

버핏은 아멕스의 지분을 5%까지 샀다. 금액으로는 1,300만 달러, 운영하는 헤지펀드 자산의 40%에 달하는 비중이었다. 한 기업의 주식에 가장 크게 몰빵한 사례였다. 아멕스는 큰 기업이다. 버핏의 헤지펀드는 운용자산이 3,200만 달러에 불과해서 아멕스의 지배권에 관여하기에는 너무 적었다. 단순 주식 투자 전략으로 밀고 나갈 수밖에 없는 경우였다. 주가가 떨어지더라도 더 매수할 수 없었다.

사기 사건 후 2년이 지났다. 아멕스는 1965년 채권자들에게 6천만 달러를 지급하기로 합의했다. 애초 예상보다 1억 1,500만 달러나 적었다. 버핏의 베팅이 성공했다. 주가는 한때 35달러를 밑돌았지만 순식간에 49달러까지 치솟았다. 버핏은 그때까지도 계속 샀다. 헤지펀드 자산 중 아멕스가 가장 컸다.

버핏의 마음을 흔든 사태는 다음에 일어났다. 이어지는 5년 동안 아멕스의 주가는 185달러까지 올랐다. 사업은 계속 성장했다. 버핏 헤지펀드의 평가액도 따라 성장했다. 버핏은 1969년 펀드를 청산할 무렵에야 아멕스의 주식을 팔았다. 주가는 5년 사이 5배가 넘게 상승해 있었다.

아멕스 투자를 계기로 버핏은 멍거의 재능을 알게 되었다. 버핏은 샐러드 오일 사건이 해결되는 경우 아멕스의 주가가 적어도 50달러 이상은 되리라고 예상했다. 하지만 아멕스의 가치는 유형자산이 아니라 사업 그 자체에 있었다. 사업은 성장하는 사업이었다. 성장하는 기업을 헐값에 사들여 몇 년을 보유하니 큰돈이 되었다.

멍거가 옳았다. 좋은 기업을 적당한 가격에 사는 것이 더 나은 투자였다. 굳이 적대적인 방법으로 지배권을 취득하는 상황을 맞닥뜨릴 필요가 없었다. 수익률은 더 높을지 모르지만, 커져만 가는 버핏의 자금에 비해 시가총액이 너무 작았다. 게다가 이런 기업은 성장하지도 않았다.

버핏은 "찰리는 벤저민 그레이엄이 가르쳐준 방법만 존재하지 않는다는 걸 알려주었습니다. 찰리의 생각은 저에게 지대한 영향을 주었죠. 그레이엄이 보는 것 그 너머를 볼 수 있게 한 강력한 영향이었습니다"라고 말했다.[24]

4장

버핏:
훌륭한 기업을
적정 가격에 매수한다

> **"훌륭한 기업을 적정 가격에 매수하는 편이,
> 평범한 기업을 싼 가격에 매수하는 것보다
> 훨씬 낫습니다."**

워런 버핏
〈버크셔 해서웨이 주주 서한〉(1989)

시즈 캔디See's Candies를 매각한다는 말을 듣자, 버핏은 "찰리에게 전화하세요"라고 말했다.[25] 멍거는 캘리포니아에 살고 있었는데, 시즈 캔디에 대해 완벽하게 파악하고 있었다. 멍거가 버핏에게 말했다. "시즈 캔디의 명성은 타의 추종을 불허한다네. 아무리 많은 돈을 써도 경쟁이 불가능할 정도로 대단한 브랜드지."[26] 버핏은 시즈 캔디의 재무제표를 살펴보았다. 그는 "가격만 적당하면 인수합시다"라고 흔쾌히 동의했다.[27]

그런데 매각 가격이 너무 높았다. 설립자의 아들 해리 시Harry See가 원하는 가격은 3,000만 달러였다. 시즈 캔디의 유형자산이 800만 달러에 불과했으므로, 브랜드, 상표, 영업권 등 무형자산의 가격이 2,200만 달러인 셈이었다. 1971년 세후 이익은 200만 달러였다.

버핏은 망설였다. 3,000만 달러는 막대한 금액이었다. 하지만 멍거는 그만한 가치가 있다고 주장했으므로, 버핏은 2,500만 달러에 인수하겠다고 응수했다. 이 가격도 연간 이익의 12.5배이며, 유형자산의 3배가 넘는 거액이었다. 주로 유형자산가치보다 훨씬 싼 주식을 매수하던 버핏에게는 이것도 매우 파격적인 금액이었다.

해리 시는 가격을 낮추고 싶지 않았지만, 버핏은 2,500만 달러가 "기꺼이 지불할 수 있는 최대 금액"이라고 설명했다.[28] 가격을 조금이라도 높이면 인수를 포기하겠다는 말에 해리 시가 물러섰다. 1972년 1월 31일, 버핏과 멍거는 시즈 캔디를 2,500만 달러에 인수했다.

버핏은 왜 그렇게 높은 가격을 지불했을까? 시즈의 고객 프랜차이즈customer franchise(제품에 대해 고객이 보유한 누적 이미지)에 그만한 가치가 있다고 보았기 때문이다. 시즈 초콜릿은 품질이 대단히 높았다. 초콜릿 애호가들은 가격이 2~3배 높아도 시즈 제품을 선호했다. 시즈 매장의 고객 서비스 역시 "모든 면에서 제품만큼이나 훌륭했다."[29] 고객 서비스도 제품 상자의 로고처럼 훌륭한 시즈의 상표였다.[30]

시즈는 이런 특성들을 결합하여 고객 프랜차이즈를 만들어냈다. 시즈는 설탕, 카카오 열매, 우유 등 값싼 원재료를 고급 초콜릿으로 바꿔놓았다. 그래서 이익률이 높았다.

과거에 버핏은 유형자산가치보다 낮은 가격에 주식을 매수하여 안전마진을 확보했다. 그러나 유형자산가치보다 높은 가격에 인수한 시즈는 유형자산가치보다도 많은 돈을 벌어들였다. 덕분에 시즈는 빠르게 성장하면서도 막대한 현금을 창출했다. 그러면 시즈의 가치는 얼마나 될까?

1971년 시즈의 세전 이익은 500만 달러에 육박했다. 유형자산이익률이 무려 60%였다(500만 달러/800만 달러=60%). 할인율이 10~12%라고 가정하자(1972년에는 은행예금 금리가 6%였다. 시즈는 은행예금보다 위험도가 높아서 여기에 위험 프리미엄 4~6%를 보탰다). 그러면 시즈의 가치는 유형자산의 5~6배가 된다(60%/10%=6배, 60%/12%=5배). 유형자산이 800만 달러이므로, 시즈의 가치는 4,000만~4,800만 달러였다(800만 달러*5~6).

인수 가격 2,500만 달러는 시즈 가치의 1/2~1/3 수준에 불과했다. 그렇다면 시즈는 헐값이었다. 심지어 버핏이 3,000만 달러에 인수했더라도, 시즈는 여전히 엄청나게 유리한 투자였다. 그 이유는 다음과 같다.

25년 후인 2007년, 시즈는 유형자산 4,000만 달러로 8,200만 달러를 벌어들였다. 유형자산이익률이 자그마치 205%였다. 유형자산에 많이 투자하지 않았는데도, 이익이 (500만 달러에서 8,200만 달러로) 엄청나게 성장한 것이다.

시즈는 1972~2007년 동안 벌어들인 이익을 거의 모두 버핏에게 안겨주었다. 무려 14억 달러였다. 시즈가 유형자산에 추가로 투자한 금액은 3,200만 달러에 불과했다(4,000만 달러 – 800만 달러). 버핏은 14억 달러 대부분을 고수익 기업 인수에 사용했다.

그래서 버핏은 시즈를 '이상적인 기업'이라고 불렀다. 그는 시즈와 일반 기업을 비교 분석했다. 일반 기업이 시즈처럼 이익 8,200만 달러를 벌어들이려면, 필요한 유형자산이 4억 달러라고 추측했다. 일반 기업의 유형자산이익률을 약 20%로 보았기 때문이다(8,200만 달러/4억 달러=20%). 일반 기업의 유형자산이익률 20%는 매우 높은 수준이지만, 시즈는 훨씬 높았다.

1989년, 버핏은 시즈 투자에서 얻은 교훈을 한마디로 요약했다. "훌륭한 기업을 적정 가격에 매수하는 편이, 평범한 기업을 싼 가격에 매수하는 것보다 훨씬 낫습니다." 그리고 덧붙였다. "찰리는 이 사실을 일찌감치 이해했지만, 나는 뒤늦게야 깨달았습니다."[31]

버핏의 전략

"우리가 하는 일은, 유보이익 1달러로 시장가치 1달러 이상을 만들어내는 회사를 가려내는 것입니다."

— 워런 버핏, 〈버크셔 해서웨이 주주 서한〉(1982)

시즈 투자를 계기로, 버핏은 그레이엄의 가치투자 개념을 넘어섰다. 버핏은 여전히 내재가치보다 훨씬 낮은 가격에 주식을 매수하려 했지만, 내재가치 계산 방식을 변경했다. 그레이엄은 유형자산가치보다 낮은 가격에 주식을 매수하려 했다. 반면 버핏은 유형자산보다 기업의 수익력이 더 중요하다고 보았다. 그는 유형자산이익률이 높을수록 기업의 가치도 높다고 평가했다.

예컨대 이익이 100만 달러인 두 기업이 있다고 가정하자. 한 기업은 자산이 500만 달러인 좋은 기업이다. 다른 기업은 자산이 2,000만 달러인 나쁜 기업이다. 우리는 좋은 기업에 투자할 수도 있고, 나쁜 기업에 투자할 수도 있으며, 장기 채권에 묻어둘 수도 있다.

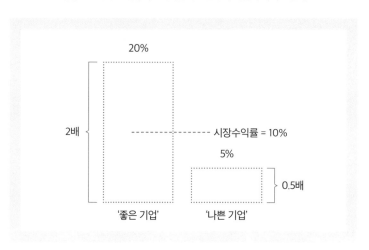

유형자산이익률: 유형자산이익률이 높을수록 기업의 가치도 높다

좋은 기업은 유형자산이익률이 20%이다(100만 달러/500만 달러 =20%). 반면 나쁜 기업은 5%에 불과하다(100만 달러/2,000만 달러 =5%). 장기채권 수익률은 10%이다. 두 기업의 가치는 얼마일까?

좋은 기업의 가치는 자산의 2배이다(20%/10%=2배). 따라서 1,000만 달러이다(500만 달러*2). 수익률이 장기 채권의 2배이기 때문이다.

나쁜 기업의 가치는 자산의 0.5배이다(5%/10%=0.5배). 따라서 1,000만 달러이다(2,000만 달러*0.5). 수익률이 장기 채권의 0.5배이기 때문이다.

기업의 가치는 둘 다 1,000만 달러이다(PER도 둘 다 10배이다). 그레이엄이라면 유형자산가치의 절반 가격에 나쁜 기업을 매수했

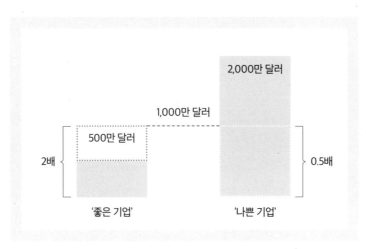

가치평가: 유형자산이익률이 낮으면 기업의 가치도 낮다

2,000만 달러

1,000만 달러

500만 달러

2배

0.5배

'좋은 기업'

'나쁜 기업'

을 것이다. 반면 버핏이라면 유형자산가치의 두 배에 좋은 기업을 매수할 것이다. 그 이유는?

좋은 기업은 유보이익 1달러로 기업 가치 2달러를 만들어낸다(20%/10%=2배). 좋은 기업이 이익 100만 달러를 모두 재투자한다고 가정하자. 그리고 유형자산이익률 20%가 그대로 유지된다고 가정하자. 그러면 1년 뒤에는 유형자산 600만 달러로 이익 120만 달러를 벌어들이게 된다. 이제 이 회사의 가치는 1,200만 달러가 된다(600만 달러*2). 1년 전에는 기업 가치가 1,000만 달러였는데, 100만 달러를 재투자했더니 기업 가치가 200만 달러 증가한 것이다. 1년 더 지나면 기업 가치는 1,440만 달러가 된다.

이번에는 나쁜 기업을 살펴보자. 나쁜 기업은 유보이익 1달러

유형자산이익률이 높으면 이익 성장률도 높다

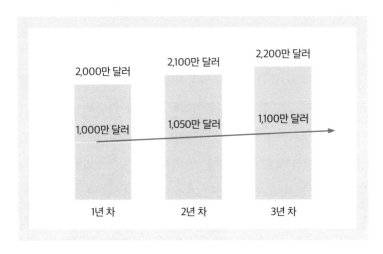

유형자산이익률이 낮으면 이익 성장률도 낮다

2,000만 달러

2,100만 달러

2,200만 달러

1,000만 달러

1,050만 달러

1,100만 달러

1년 차

2년 차

3년 차

로 기업 가치 0.5달러를 만들어낸다(5%/10%=0.5배). 나쁜 기업은 유보이익의 절반을 날려버리는 셈이다. 그 이유는?

나쁜 기업도 이익 100만 달러를 모두 재투자한다고 가정하자. 그리고 유형자산이익률 5%도 그대로 유지된다고 가정하자. 그러면 1년 뒤에는 유형자산 2,100만 달러로 이익 105만 달러를 벌어들이게 된다. 이제 이 회사의 가치는 1,050만 달러가 된다(2,100만 달러*0.5). 1년 전에는 기업 가치가 2,000만 달러였는데, 100만 달러를 재투자했더니 기업 가치가 50만 달러 증가한 것이다. 유보이익 1달러가 0.5달러로 반 토막 났다. 가치가 파괴되었다.

버핏의 유형자산이익률은 매우 놀라운 개념이다. 이익 재투자가 모두 좋은 것은 아니다. 유형자산이익률이 시장수익률보다 높은 기업일 때에만 이익을 재투자해야 한다. 유형자산이익률이 시장수익률보다 낮으면, 이익 재투자는 가치를 파괴한다.

좋은 기업은 재투자가 가치를 창출하므로, 이익을 재투자해야 한다. 반면 나쁜 기업은 재투자가 가치를 파괴하므로, 이익을 모두 분배해야 한다.

그러나 좋은 기업은 재투자 규모가 증가하면 유형자산이익률이 하락한다. 반면 나쁜 기업은 이익을 모두 재투자해도 인플레이션을 따라가기조차 힘겹다.

재투자로 가치를 창출하려면, 기업의 유형자산이익률이 시장수익률보다 높아야 한다. 그러나 유형자산이익률이 높으면 경쟁자들이 몰려들기 때문에, 대부분 기업은 수익성을 유지하지 못한다. 단

경기순환: 높은 유형자산이익률에도 평균회귀가 작용한다

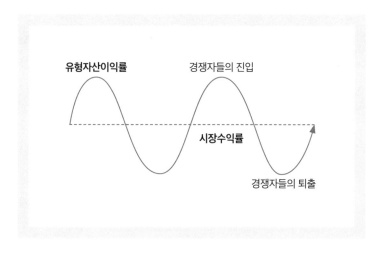

기적으로는 수익성이 유지될지 몰라도, 장기적으로는 시장수익률 수준으로 하락하게 된다.

그래서 버핏은 해자가 매우 중요하다고 말한다.[32]

진정으로 위대한 기업이 되려면, 탁월한 수익률을 지켜주는 항구적 '해자'를 보유해야 합니다. 어떤 기업이 높은 수익을 내면, 자본주의 역학에 따라 경쟁자들이 그 성城을 끊임없이 공격하기 때문입니다. 따라서 탁월한 실적을 유지하려면 낮은 생산 원가(가이코, 코스트코)나 강력한 세계적 브랜드(코카콜라, 질레트, 아메리칸 익스프레스)처럼 가공할 장벽을 보유해야만 합니다. 기업의 역사를 돌아보면, 견고해 보이던 해자가 순식간에 사라져버린 '로마 폭죽' 같은 기업들이 넘쳐납니다.

주주 서한에서 버핏은 해자가 중요하다고 거듭 강조했다. 버핏은 항구적 해자를 갖춘 기업을 원하는데, 이 해자를 '독점력economic franchises'이라고 부른다. 버핏은 '독점기업'과 '일반기업'의 차이를 다음과 같이 설명한다.[33]

독점력은 고객들이 (1)원하거나 필요하고, (2)비슷한 대체재가 없다고 생각하며, (3)가격이 비싸도 사게 되는 상품이나 서비스일 때 발생합니다. 이 세 가지 조건이 모두 충족되면 회사는 제품이나 서비스의 가격을 계속 인상할 수 있으므로, ROEReturn On

Equity(자기자본이익률=순이익/자기자본)도 높일 수 있습니다. 게다가 '독점기업'은 경영이 부실해도 망하지 않습니다. 경영진이 무능하면 독점 이익은 감소할지언정, 회사가 치명상을 입지는 않기 때문입니다.

반면에 '일반기업'은 생산원가가 낮거나 제품의 공급 부족 상태가 유지될 때에만 높은 이익이 나옵니다. 그러나 공급 부족 상태는 대개 오래가지 않습니다. 경영진이 우수하면 회사가 원가 경쟁력을 훨씬 오래 유지할 수는 있겠지만, 그렇더라도 경쟁사들로부터 끊임없이 공격받을 수 있습니다. 그리고 독점기업과는 달리, 경영이 부실하면 망할 수 있습니다.

독점기업은 높은 수익성을 유지하는 특별한 기업이다. 경쟁자들이 몰려들어도 높은 수익성을 유지한다. 반면 일반기업은 경쟁자들이 몰려들면 높은 수익성이 평균 수준으로 하락한다. 독점력은 평균회귀를 견뎌낸다.

대부분 기업은 시장수익률을 넘어서지 못한다. 호황기에는 좋은 기업처럼 보이지만, 불황기에는 나쁜 기업처럼 보인다. 훌륭한 경영자들은 유형자산이익률을 극대화한다. 그러나 훌륭한 경영자에게도 한계가 있다고 버핏은 말한다.[34]

좋은 기수는 좋은 말을 타면 성적이 좋지만, 쇠약한 조랑말을 타면 별수 없다는 것입니다. 여러 번 말씀드렸지만, 탁월한 경

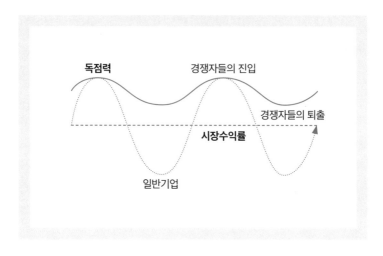

영자와 경제성 나쁜 부실기업이 맞붙으면, 이기는 쪽은 부실기업입니다.

버핏이 말하는 좋은 기업은 높은 ROE를 유지하는 기업이다. 경제성이 좋아서 치열한 경쟁을 견뎌낸다. 훌륭한 경영자들은 사업에 불필요한 자본을 분배하여 ROE를 높게 유지한다. 이들은 해자를 강화하려고 항상 노력한다.

시즈 같은 좋은 기업은 추가 자본을 많이 쓰지 않고도 빠르게 성장하므로, 이익 대부분을 분배할 수 있다.

높은 수익성이 유지되는 좋은 기업이라면 장기간 보유할수록 많은 수익을 얻게 된다. 버핏은 말한다. "탁월한 경영자가 이끄는 탁월한 기업이라면, 우리는 그 기업 일부를 영원히 보유하고 싶습니다."[35] 이렇게 하면 자본이득세도 내지 않으면서 복리 재투자 효과를 얻을 수 있다. 그래서 좋은 기업에 투자하면 좋은 성과를 기대할 수 있는 것이다.

이렇게 해서 버핏은 그레이엄을 넘어섰다. 그레이엄은 높은 수익성이 경제성 덕분인지 호황 덕분인지 구분하기가 매우 어렵다고 경고했다. 그레이엄은 말했다. "흔히 시장에는 교정력corrective forces이 작용하므로, 사라진 이익은 회복되고, 과도한 이익은 감소한다."[36]

버핏은 그레이엄의 경고에 유의하면서도, 일부 기업은 탁월한 경제성 덕분에 높은 수익성을 유지할 수 있다고 믿었다. 이런 기업은 그레이엄이 말하는 교정력을 견뎌낼 수 있다고 생각했다. 1989년, 버핏은 멍거를 만나고 나서 30년 동안 배운 교훈을 한 문장으로 요약했다.[37]

훌륭한 기업을 적정 가격에 매수하는 편이, 평범한 기업을 싼 가격에 매수하는 것보다 훨씬 낫습니다.

1년 후 60세에 버핏은 억만장자가 되었다. 5장에서는 (버핏이 말하는) 훌륭한 기업을 적정 가격에 매수하는 방법을 살펴보기로 한다.

THE ACQUIRER'S MULTIPLE

5장

《주식시장을 이기는 작은 책》을 능가하는 방법

"하느님처럼, 주식시장은 스스로 돕는 자를
도와줍니다. 그러나 하느님과는 달리, 주식시장은
아무것도 모르면서 덤벼드는 자를 용서하지
않습니다. 아무리 탁월한 주식이더라도 지나치게
비싼 가격에 사면, 이후 10년 동안 이 회사의
실적이 좋아도 손실을 볼 수 있습니다."

워런 버핏
〈버크셔 해서웨이 주주 서한〉(1982)

조엘 그린블랫은 2006년 발간한 《주식시장을 이기는 작은 책》
에서, 훌륭한 기업을 적정 가격에 매수하는 버핏의 전략을 알기 쉽
게 설명했다. 그린블랫은 유명한 가치투자자이다. 그는 20년 동안
고담 캐피털Gotham Capital 펀드를 운용해서 높은 수익률을 기록했으
며, 오랜 기간 가치투자에 대해 분석하고 저술했다. 지금은 컬럼비

아대학교ₒColumbia University 교수이다. 그는 저서 《주식시장을 이기는 작은 책》에서, 훌륭한 기업을 적정 가격에 매수하는 버핏의 전략을 분석했다.

그린블랫은 버핏의 주주 서한을 모두 읽고 나서, 버핏의 원칙을 둘로 구분했다.

1. 훌륭한 기업
2. 적정 가격

훌륭한 기업

"나는 수익률이 5%인 1억 달러짜리 기업 대신, 수익률이 15%인 1,000만 달러짜리 기업을 인수하겠습니다. 나머지 돈은 다른 곳에 투자하면 됩니다."[38]

— 워런 버핏이 버크셔 해서웨이의 사장 켄 체이스Ken Chace에게 한 말

버핏은 ROE가 높아야 훌륭한 기업이라고 말한다. 무슨 뜻일까? 자기자본 1달러로 벌어들이는 이익이 더 많을수록 더 훌륭한 기업이라는 뜻이다.

예를 들어보겠다. 청량음료를 판매하는 두 기업이 있다고 가정하자. '레드 소다'와 '블루 소다'이다. 둘 다 자판기로 소다를 판매한다. 둘은 회사명과 소다수 색만 다를 뿐, 나머지는 모두 똑같은 기업이다.

$$\text{훌륭한 기업} = \frac{\text{영업이익}}{\text{자기자본}}$$

둘은 보유한 자판기 숫자도 똑같고, 병입공장(소다를 병에 주입하는 공장) 숫자도 똑같다. 소다를 공장에서 자판기로 운반하는 트럭 숫자도 똑같다. 그리고 자판기, 공장, 트럭 장만에 둘 다 1,000만 달러씩 지출했다. 이 1,000만 달러는 둘 다 주식 공모로 조달했다.

소비자들은 블루 소다보다 레드 소다를 선호한다. 그래서 레드 소다가 가격도 더 높고 판매량도 더 많다. 연말 레드 소다는 영업이익이 200만 달러였다(영업이익은 '이자 및 법인세 차감 전 이익(EBIT)'과 매우 비슷하다. 자세한 내용은 6장에서 다룬다).

블루 소다의 영업이익은 100만 달러에 불과했다. 레드 소다의 ROE는 20%이다(200만 달러/1,000만 달러=20%). 블루 소다의 ROE는 그 절반인 10%이다(100만 달러/1,000만 달러=10%). 레드 소다의 ROE가 2배이므로, 레드 소다가 더 훌륭한 회사이다. 답은 간단하다.

적정 가격

버핏의 두 번째 원칙은 적정 가격이다. 그린블랫은 이른바 '이익수익률earnings yield'을 사용해서 적정 가격을 산출했다.[39] 나는 적정 가격 산출에 이른바 '마법의 멀티플Acquirer's Multiple'을 사용한다. 자세한 내용은 6장에서 설명하기로 하고, 여기서는 마법의 멀티플을 사용하겠다. 마법의 멀티플은 PER(주가수익비율, 주가수익배수=시가총액/순이익)과 비슷하다. PER은 기업이 얼마나 저평가되었는지 어림셈하는 훌륭한 척도이다. PER이 낮을수록 그 기업은 더 저평가된 것으로 본다.

마법의 멀티플 역시 낮을수록 그 기업이 더 저평가된 것으로 본다. 장기적으로 보면, 대개 저PER 주식에 투자할 때보다 저마법의 멀티플 주식에 투자할 때 실적이 더 좋다. 마법의 멀티플은 더 정확하게 기업의 가치와 이익을 평가하기 때문이다.

다시 레드 소다와 블루 소다 사례로 돌아가자. 작년 영업이익이 레드 소다는 200만 달러, 블루 소다는 100만 달러였다. 두 기업을 똑같이 1,000만 달러에 인수한다면, 레드 소다는 마법의 멀티플이 5배이고(1,000만 달러/200만 달러), 블루 소다는 10배이다(1,000만 달러/100만 달러).

마법의 멀티플이 레드 소다는 5배이고 블루 소다는 10배이므로, 레드 소다가 더 싸다. 똑같이 1,000만 달러에 인수하는데도 그렇다. 레드 소다의 마법의 멀티플이 더 낮다는 말은, 영업이익 1달러를 더 낮은 가격에 인수한다는 의미이다.

마법 공식

이제 ROE와 마법의 멀티플을 함께 보자. 그린블랫은 투자액 1달러당 이익이 많은 기업을 찾고 있다. 동시에 영업이익 1달러당 지불하는 가격을 최대한 낮추고자 한다. 즉, 훌륭한 기업을 적정 가격에 사려는 것이다.

마법 공식 = 훌륭한 기업 + 적정 가격

레드 소다와 블루 소다 중에서 선택한다면, 레드 소다를 선택해야 한다. 그 이유는? 레드 소다가 ROE는 더 높고(20%와 10%), 마법의 멀티플은 더 낮기 때문이다(5배와 10배). 레드 소다가 더 훌륭하면서 가격도 더 싼 기업이다.

2005년 그린블랫은 와튼 경영대학원 출신 컴퓨터 프로그래머에게 버핏의 전략을 분석해달라고 부탁했다. 프로그래머는 1988년 이후 시가총액 상위 3,500개 종목의 재무 데이터를 컴퓨터로 분석했다.

그는 매년 3,500종목의 ROE를 산출하여 각 종목의 순위를 매겼다. 또한 3,500종목의 마법의 멀티플도 산출하여 각 종목의 순위를 매겼다(마법의 멀티플이 낮을수록 순위가 더 높다). 그리고서 각 종목의 ROE 순위와 마법의 멀티플 순위를 합산하여 각 종목의 합산 순위를 만들어냈다.

다시 레드 소다와 블루 소다 사례로 돌아가 보자. 레드 소다는 ROE 순위도 1이고, 마법의 멀티플 순위도 1이다. 반면 블루 소다는 ROE 순위도 2이고, 마법의 멀티플 순위도 2이다.

따라서 레드 소다는 합산 순위가 2이고(1+1), 블루 소다는 합산 순위가 4이다(2+2). 레드 소다의 순위가 더 높으므로, 레드 소다가 더 좋은 주식이다. 이는 우리의 기존 평가와 일치하므로, 이 시스템은 타당하다.

프로그래머도 똑같은 방식으로 3,500개 종목을 평가했다. 그는 합산 순위가 가장 높은 30개 종목으로 포트폴리오를 구성했다. 그러고서 포트폴리오의 12개월 수익률을 추적했다. 그는 17년에 대해 매년의 연간 수익률을 산출했다.

분석이 완료되자 그린블랫은 결과를 살펴보았다. 결과는 '매우 만족스러웠다.'[40] 훌륭한 기업을 적정 가격에 매수하는 이 합산 전략을 그는 '마법 공식'이라고 불렀다.

마법 공식 분석

이 책에서는 그린블랫의 분석을 업데이트했다. 1973~2017년의 44년에 대해 매년 연간 수익률을 산출했다. 마법 공식 30종목 포트폴리오의 연 수익률은 16.2%였다. 1만 달러를 투자하여 44년 동안 연 16.2% 수익을 냈다면 760만 달러(비용 및 세금 차감 전)가 되었을 것이다. 같은 기간 S&P 500의 수익률은 연 7.1%에 불과해서, 1만 달러를 투자했다면 20만 5,481달러가 되었을 것이다. 마법 공식이 대성공임은 두말할 필요도 없다.

2005년 그린블랫이 선정한 3,500종목 중 규모가 가장 작은 종목은 시가총액이 5,000만 달러에 불과했다. 규모가 더 큰 기업이라면 실적이 어떻게 나올까? 2005년 그린블랫은 시가총액 상위 2,500종목으로도 분석했다. 당시 규모가 가장 작은 기업은 시가총액이 2억 달러였다.

그러자 연 수익률이 17.2%로 상승하여, 시장수익률의 2배가 넘

마법 공식과 S&P 500에 1만 달러씩 투자(1973~2017년)

었다. 2005년 분석 대상을 시가총액 상위 1,000종목으로 제한했을 때에는 규모가 가장 작은 기업의 시가총액이 10억 달러였다. 이때 마법 공식 수익률은 연 16.2%였다. 모두 훌륭한 실적이다.

분석에 의하면, 그린블랫의 마법 공식 수익률이 시장수익률보다 훨씬 높다.

대부분 고수익 기업의 실적은 평균회귀에 의해 하락한다고 했는데, 마법 공식이 초과수익을 내는 이유는 무엇일까? 마법 공식에는 버핏의 (해자를 갖춘) 훌륭한 기업은 물론, 호황을 맞이한 평범한 기업도 포함되지 않았을까? 고수익 기업 대신 마법의 멀티플로 선정한 저평가 기업을 넣어보면 어떨까? 평범한 기업을 싼 가격에 매수하는 전략은 어떨까?

6장

마법의 멀티플

"오랜 전설에 의하면, 현자들이
인간의 역사를 마침내 한 문장으로 요약했다.
'이것 또한 지나가리라.'"

벤저민 그레이엄
《증권분석Security Analysis》(1934)

마법의 멀티플은 일종의 고성능 PER로서, 1980년대 기업 사냥꾼과 기업 인수자들이 즐겨 사용하던 도구이다. 당시 기업 인수자들은 이 도구를 사용해서 가격이 싼 인수 대상 기업을 발굴했으므로, 금융 전문지에서는 이 도구를 '마법의 멀티플'이라고 표현했다. 대부분 투자자들은 기업의 이익에만 관심이 있었지만, 기업 인수자들은 기업이 보유한 자산도 살펴보았다. 이들은 마법의 멀티플을 사용해서 기업의 대차대조표에서 숨겨진 보물을 찾아냈다.

마법의 멀티플은 '기업 인수에 들어가는 총비용'과 '기업이 벌어들이는 영업이익'을 비교한다. 이때 기업 인수자는 자산을 매각할 수 있고, 기업이 보유한 현금을 회수할 수 있으며, 기업의 현금흐름을 전용할 수 있다고 가정한다.

마법의 멀티플은 숨겨진 현금 및 현금흐름을 찾아내므로 강력한 도구가 된다. 게다가 기업의 막대한 부채 등 숨은 함정까지 밝혀준다. 마법의 멀티플은 '기업 가격enterprise value'을 '영업이익operating earnings'으로 나눈 값이다.

$$\text{마법의 멀티플} = \frac{\text{기업 가격}}{\text{영업이익}}$$

'기업 가격'은 상대에게 지불하는 가격이고, '영업이익'은 우리가 받는 가치이다. 따라서 마법의 멀티플이 낮을수록, 우리는 더 낮은 가격에 더 많은 가치를 얻게 된다. '기업 가격'과 '영업이익'을 하나씩 살펴보자.

기업 가격: 공짜인 기업?

기업 가격은 기업 내부를 들여다보는 엑스선x-ray으로서, 기업 인수자가 지불하는 총비용이다. 기업 가격과 시가총액은 무엇이 다를까? 시가총액은 기업의 주식을 모두 매수하는 데 들어가는 비용

시가총액과 주식: 피자 한 판과 피자 한 조각

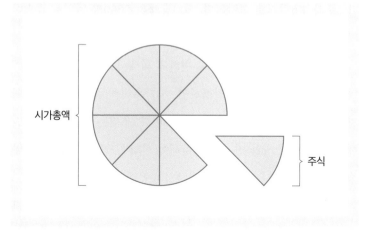

이다. 전체 유통 주식 수에 주가를 곱하면 시가총액이 산출된다.

시가총액과 주식의 관계는 피자를 생각해보면 쉽게 이해할 수 있다. 시가총액은 피자 한 판이고, 주식은 피자 한 판을 구성하는 조각들이다. 피자 조각의 개수와 한 조각의 가격을 알면, 피자 한 판의 가격을 계산할 수 있다.

피자 한 판은 4조각, 8조각, 16조각, 또는 그 이상으로 나눌 수도 있다. 피자 조각의 개수(유통 주식 수)에 한 조각의 가격(주가)을 곱하면 피자 한 판의 가격(시가총액)이 나온다.

예컨대 유통 주식 수가 800만 주이고 주가가 10달러라면, 시가총액은 8,000만 달러가 된다(800만 주*10달러). 주가가 상승하거나 하락하면, 시가총액도 증가하거나 감소한다. 주가가 20달러로 상승하면, 시가총액은 1억 6,000만 달러로 증가한다(800만 주*20달러). 주가가 5달러로 하락하면, 시가총액은 4,000만 달러로 감소한다(800만 주*5달러).

시가총액은 유통 주식 수의 변화에 의해서도 증가하거나 감소한다. 기업이 주식을 더 발행하면, 시가총액은 증가한다. 기업이 자사주를 매입하면, 시가총액은 감소한다. 우리는 주식을 몇 주만 매수할 때에도, 기업 전체를 생각해야 한다. 그래야 주식 추가 발행과 자사주 매입을 제대로 인식하기 때문이다.

주가가 높은 기업은 시가총액도 클 것이라고 착각하는 투자자도 있다. 그는 주가가 10달러인 기업은 주가가 5달러인 기업보다 시가총액이 2배라고 생각하지만, 착각이다. 유통 주식 수를 알아

시가총액과 주가: 주가에 따라 증감

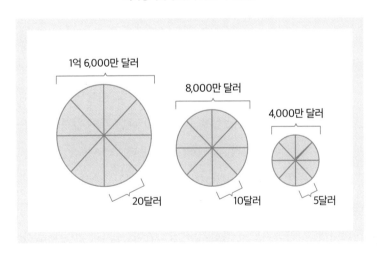

야 정확한 시가총액을 알 수 있다.

　예컨대 한 기업은 유통 주식 수가 400만 주이고, 주가가 10달러이다. 다른 기업은 유통 주식 수가 800만 주이고, 주가가 5달러이다. 그러면 시가총액은 둘 다 4,000만 달러가 된다(400만 주*10달러=4,000만 달러, 800만 주*5달러=4,000만 달러).

　기업의 가격을 알려면 유통 주식 수와 주가를 알아야 한다. 이것이 시가총액이다. 그러나 시가총액만으로는 부족하다.

　기업 가격은 모든 주식과 모든 부채 등을 인수하는 데 들어가는 비용을 알려준다. 빙산을 생각해보자. 시가총액은 수면 위로 떠오른 부분이다. 눈에 쉽게 보인다. 그러나 거대한 배까지 침몰시키는 것은 수면 아래 잠긴 부분이다. 그래서 우리는 수면 아래도 살펴보

시가총액 = 유통 주식 수 × 주가

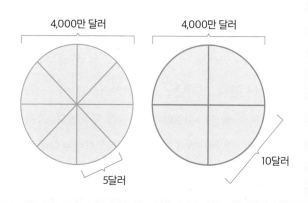

기업 가격: 빙산 전체

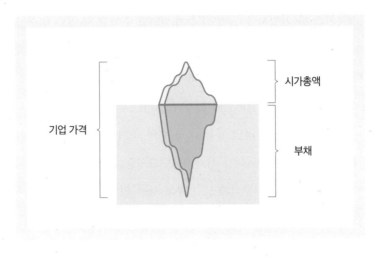

아야 한다. 살펴보면 간혹 좋은 기회도 발견하게 된다. 현금은 많고 부채는 없어서, 겉모습보다 싼 기업도 발견하게 된다.

한 가지만 다르고 모든 면에서 똑같은 주식 두 종목이 있다고 가정하자. 시가총액은 둘 다 1,000만 달러이다. 한 기업은 부채가 500만 달러이고, 다른 기업은 부채는 없고 은행 예금이 500만 달러이다. 어느 기업이 더 싼가? 부채는 없고 현금이 500만 달러인 기업이 더 싸다. 그러나 시가총액만으로는 이 사실을 알 수 없다. 시가총액은 둘 다 1,000만 달러이기 때문이다. 그러면 왜 현금 500만 달러인 기업이 부채 500만 달러인 기업보다 더 싼가? 두 기업의 주식을 모두 인수하면 어떻게 되는지 생각해보자.

부채가 500만 달러인 기업을 1,000만 달러에 인수하면, 우리는 부채 500만 달러도 떠안게 된다. 우리가 부채를 상환해야 한다는 말이다. 따라서 부채를 상환할 때까지 우리가 기업에서 얻는 수익은 부채 비용만큼 감소하게 된다. 반면 현금이 500만 달러인 기업을 1,000만 달러에 인수하면, 우리는 현금 500만 달러를 즉시 사용할 수 있다. 따라서 우리는 기업을 500만 달러에 인수한 셈이다.

두 기업의 기업 가격은 어떻게 계산하는가? 부채는 불리한 요소이므로, 시가총액에 부채를 가산하여 기업 가격을 계산한다. 현금은 유리한 요소이므로, 시가총액에서 현금을 차감하여 기업 가격을 계산한다. 부채가 500만 달러인 기업의 기업 가격은 1,500만 달러가 된다(시가총액 1,000만 달러+부채 500만 달러). 현금이 500만 달러인 기업의 기업 가격은 500만 달러가 된다(시가총액 1,000만

기업 가격: 부채는 불리하고 현금은 유리하다

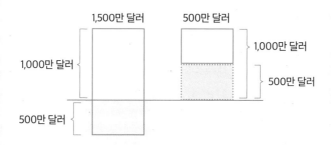

달러-현금 500만 달러).

왜 부채가 중요한가? GM의 실제 사례를 보자. 2005년 GM의 시가총액은 170억 달러, 부채는 2,870억 달러였다. 우리가 GM의 시가총액만 보았다면, 엄청난 부채를 간과했을 것이다. GM의 시가총액에 부채를 가산하면, 기업 가격은 3,040억 달러 이상이 된다. 기업 가격이 시가총액보다 훨씬 크다는 사실을 알 수 있다. 바로 이 엄청난 부채 탓에 2009년 GM은 파산보호 신청을 했다.

기업 가격에는 부채 외에도 중요한 비용 두 가지가 포함된다. 우선주와 소수 지분이다. 우선주는 배당을 우선해서 지급받는 주식이다(우선주는 의결권이 없는 대신, 보통주보다 먼저 배당을 받는다).

우선주는 정해진 배당을 이자처럼 정기적으로 지급받으므로, 채권과 비슷하다. 우선주도 불리한 요소이므로, 시가총액에 우선주를 가산하여 기업 가격을 계산한다. 우선주가 1,000만 달러인 기업의 기업 가격은 2,000만 달러가 된다(시가총액 1,000만 달러+우선주 1,000만 달러=2,000만 달러).

소수 지분은 소액주주들이 보유한 소량의 주식을 가리킨다. 소수 지분이 10%이면, 대주주의 지분을 우리가 모두 인수해도 90%에 불과하다. 기업을 모두 소유하려면 협상을 통해서 소수 지분도 인수해야 한다. 기업 가격을 계산할 때에는 소수 지분도 부채처럼 시가총액에 가산한다.

기업 가격이 마이너스인 기업도 있다. 기업 가격이 낮거나 마이너스이면 좋은 투자 대상이 될 수 있다. 시가총액에 비해 부채는 적고 현금은 많다는 뜻이기 때문이다.

기업 가격이 마이너스라면, 그 기업은 공짜보다도 싸다는 뜻이다. 기업 가격이 마이너스인 기업을 인수하면, 오히려 (간접적으로) 돈까지 받게 된다. 기업이 보유한 현금이 막대하기 때문이다. 그러나 기업 가격이 마이너스인 기업들은 대개 현금을 대량으로 소모하는 부실한 사업을 하고 있다.

예컨대 어떤 회사는 시가총액이 5,000만 달러이고, 보유 현금이 1억 달러라고 가정하자. 이 회사의 기업 가격은 -5,000만 달러이다(5,000만 달러-1억 달러=-5,000만 달러). 이런 기업에는 보유 현금을 전용하려고 행동주의 투자자들이 몰려든다. 이들은 회사를

마이너스 기업 가격: 막대한 보유 현금

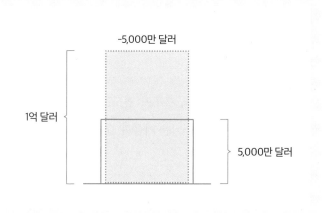

청산하고 남은 현금을 차지할 수 있다.

앞에서 본 GM처럼 시가총액보다 기업 가격이 훨씬 높다면 부채(또는 우선주나 소수 지분)가 많다는 뜻이다. 그래서 기업의 진정한 가격을 알려면 '기업 가격'을 계산해보아야 한다.

영업이익

워런 버핏은 주주 서한에서 '이자 및 법인세 차감 전 영업이익'을 자주 언급하면서, 자신의 '주된 관심사는 영업이익 확대'라고 말한다.[41] 그러면 영업이익이란 무엇인가?

버핏은 말한다. "영업이익에는 자본이득, 특별회계항목, 주요 구조조정비용이 포함되지 않습니다."[42] 영업이익은 사업 활동에서 나오는 이익이다. 이자 및 법인세는 차감하지 않는다. 자산 매각이나 소송에서 발생한 일회성 이익도 포함되지 않는다. 일회성 항목을 제외하는 것은, 일상적인 사업 활동이 아니어서 장래에 다시 발생하지 않기 때문이다.

영업이익은 기업의 재무제표에 별도로 표시되지 않으므로, 직접 산출해야 한다. 산출 공식은 다음과 같다.

영업이익 =

매출액

  - 매출원가

  - 판매 및 일반관리비

  - 감가상각 및 상각

'영업이익'과 '순이익'을 비교하면, 그 차이는 이자 및 법인세이다. 그러므로 순이익에 이자 및 법인세를 가산하여 영업이익을 산출하기도 한다. 기업이 지불하는 이자는 세금공제 대상이므로, 이자 금액에 따라 법인세가 달라진다.

영업이익은 '이자 및 법인세 차감 전 이익EBIT'과 매우 비슷하다. 실제로 두 숫자는 일치할 때가 많다. 그러나 영업이익과 EBIT가 똑같은 것은 아니다. 영업이익은 손익계산서의 꼭대기에 있는 매출액에서부터 산출하는 반면, EBIT는 손익계산서의 바닥에 있는 순이익에서부터 산출하기 때문이다. 영업이익은 표준 척도이므로, 기업별, 업종별, 섹터별 비교 분석이 가능하다. 일상적인 사업 활동이 아닌 일회성 항목은 영업이익에서 제외되기 때문이다.

영업이익을 사용하면 기업을 동일한 기준으로 비교할 수 있다. 예를 들어 부채 규모만 다르고 나머지는 똑같은 두 기업을 비교해보자. 부채가 많은 기업은 이자를 많이 지급하므로, 납부하는 법인세가 더 적고 순이익도 더 적을 것이다. 부채가 적은 기업은 이자를 적게 지급하므로, 납부하는 법인세는 더 많고 순이익은 더 많을 것이다.

이제 이자와 법인세를 다시 순이익에 가산하고서 비교해보면, 두 기업의 영업이익은 똑같아진다. 부채가 미치는 영향을 제외하고 비교해보니, 두 기업의 가치가 똑같아진 것이다. 이렇게 영업이익을 사용하면, 부채 규모가 다른 기업도 동일한 기준으로 비교할 수 있다.

마법의 멀티플을 사용하는 방법

기업 가격을 영업이익으로 나누면 마법의 멀티플이 나온다. 어떻게 사용하면 될까? PER과 마찬가지로, 배수가 낮을수록 더 유리하다고 보면 된다. 마법의 멀티플은 10일 때보다 5일 때 더 싸다. 예를 들어보겠다.

두 기업이 있다. 첫 번째 기업은 시가총액이 1,000만 달러, 보유 현금이 500만 달러, 영업이익이 100만 달러이다. 그러면 기업 가격은 500만 달러이고(1,000만 달러 - 500만 달러), 마법의 멀티플은 5가 된다(500만 달러/100만 달러).

두 번째 기업은 시가총액이 1,000만 달러, 부채가 500만 달러, 영업이익이 100만 달러이다. 그러면 기업 가격은 1,500만 달러이고(1,000만 달러+500만 달러), 마법의 멀티플은 15가 된다(1,500만 달러/100만 달러). 마법의 멀티플이 낮은 첫 번째 기업이 더 싸다.

시가총액과 영업이익이 똑같은데도, 첫 번째 기업이 더 싸다는 말이다. 보유 현금과 부채가 다르기 때문이다.

마법의 멀티플이 20인 주식과 이자가 5%인 은행 예금 사이에는 어떤 차이가 있을까? 둘은 똑같을까? 비슷할 뿐, 똑같지는 않다. 지급받은 이자는 곧바로 사용할 수 있지만, 영업이익은 사용할 수 없기 때문이다. 기업을 평가할 때에는 반드시 부채를 고려해야 한다. 지급 이자가 법인세와 순이익에 영향을 미치기 때문이다.

마법의 멀티플은 기업을 비교할 때 대단히 유용하다. 나는 모든 상장 주식의 영업이익을 산출해서, 가장 저평가된 주식(마법의 멀티플이 가장 낮은 주식)을 찾아낸다.

마법의 멀티플과 마법 공식을 비교해보면 어떤 결과가 나올까?

THE ACQUIRER'S MULTIPLE

7장

초과수익의 비밀

"논리적으로 발견한 사실이어도
그 중요성을 과장해서는 안 된다."

존 르 카레John Le Carré(영국 소설가)
《A Murder of Quality(치밀한 살인)》(1962)

2017년 나는 유클리디언 테크놀로지Euclidean Technologies, Inc.에 마법의 멀티플과 마법 공식에 대한 검증을 의뢰했다. 유클리디언은 워싱턴주 시애틀에 있는 정량 가치투자회사로서, 경영진 마이클 세클러Michael Seckler와 존 앨버그John Alberg는 기계학습에 의한 주식 분석을 선도하고 있다. 유클리디언은 미국 최고 수준의 재무 데이터베이스를 보유하고 있다.

유클리디언은 30종목 포트폴리오로 1973~2017년 실적을 시뮬레이션하여, 마법의 멀티플 포트폴리오의 실적을 마법 공식 및 시장 포트폴리오의 실적과 비교했다. 유클리디언은 그린블랫의 세 가지 모집단(시가총액 5,000만 달러 이상, 2억 달러 이상, 10억 달러 이상)으로 분석했다. 분석 결과는 놀라웠다(자세한 내용은 13장 참조).

시가총액 5,000만 달러 이상 주식의 분석에서는 마법의 멀티플의 실적이 마법 공식을 능가했다. S&P 500의 실적이 가장 저조했다. 마법의 멀티플은 수익률이 연 18.6%였고, 마법 공식은 연 16.2%였다.

두 전략의 수익률 차이는 크지 않았지만, 45년에 걸쳐 나타난

1만 달러 투자 시 원리금: 마법의 멀티플, 마법 공식, S&P 500(1973~2017년)

실적 차이는 컸다. 1만 달러로 마법의 멀티플 전략을 따랐을 때에는 1,870만 달러가 되었고, 마법 공식을 따랐을 때에는 760만 달러가 되었다.

시가총액 2억 달러 이상 주식의 분석에서도 마법의 멀티플의 실적이 마법 공식을 능가했다. 역시 S&P 500의 실적이 가장 저조했다. 마법의 멀티플은 수익률이 연 17.5%였고, 마법 공식은 연 17.2%였다.

두 전략의 수익률 차이가 미미해졌으므로, 45년에 걸쳐 나타난 실적 차이도 축소되었다. 1만 달러로 마법의 멀티플 전략을 따

1만 달러 투자 시 원리금: 마법의 멀티플, 마법 공식, S&P 500(1973~2017년)

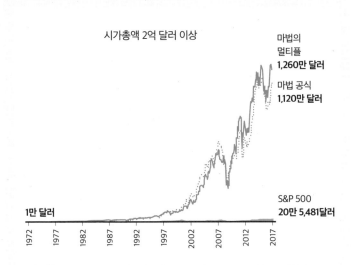

랐을 때에는 1,260만 달러가 되었고, 마법 공식을 따랐을 때에는 1,120만 달러가 되었다.

시가총액 10억 달러 이상 주식의 분석에서도 마법의 멀티플의 실적이 마법 공식을 능가했으며, 그 차이가 컸다. 역시 S&P 500의 실적이 가장 저조했다. 마법의 멀티플은 수익률이 연 17.9%였고, 마법 공식은 연 16.2%였다.

두 전략의 수익률 차이는 크지 않았지만, 45년에 걸쳐 나타난 실적 차이는 컸다. 1만 달러로 마법의 멀티플 전략을 따랐을 때에는 1,490만 달러가 되었고, 마법 공식을 따랐을 때에는 760만 달

1만 달러 투자 시 원리금: 마법의 멀티플, 마법 공식, S&P 500(1973~2017년)

러가 되었다. 세 가지 모집단에서 마법의 멀티플의 실적이 마법 공식을 모두 능가했다(자세한 내용은 13장 참조).

왜 마법의 멀티플이 마법 공식을 능가했을까? 평균회귀 때문이다. 고수익 기업들의 실적이 평균으로 회귀한 탓이다. 이를 확인하려고, 이번에는 가격에 상관없이 고수익 주식만 매수하는 전략을 분석해보았다. 이 전략은 《Poor Charlie's Almanack(가난한 찰리의 연감)》의 저자 찰리 멍거의 이름을 따서 '순수한 찰리Pure Charlie'라고 부르겠다.

순수한 찰리 전략은 마법의 멀티플 전략의 정반대이다. 오로지 수익성을 추구하므로, ROE를 가장 중시한다. 따라서 가격에 상관없이 ROE가 가장 높은 30종목을 매수하는 전략이다. 순수한 찰리 전략의 실적을 마법의 멀티플 및 마법 공식 전략과 비교해보자.

시가총액 5,000만 달러 이상 주식의 분석에서는 마법의 멀티플 및 마법 공식의 실적이 순수한 찰리를 능가했다. 하지만 순수한 찰리의 실적도 S&P 500을 능가했다(순수한 찰리도 나쁘지 않은 전략이다). 순수한 찰리 전략의 수익률도 연 15.1%로서 상당한 수준이었다. 1만 달러로 순수한 찰리 전략을 따랐다면 510만 달러가 되었다.

시가총액 2억 달러 이상 주식의 분석에서도 마법의 멀티플 및 마법 공식의 실적이 순수한 찰리를 능가했다. 하지만 이번에도 순수한 찰리의 실적은 S&P 500을 능가했다. 순수한 찰리 전략의 수익률도 연 14.8%로서 상당한 수준이었다. 1만 달러로 순수한 찰리

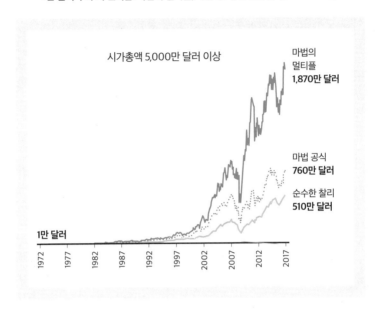

1만 달러 투자 시 원리금: 마법의 멀티플, 마법 공식, 순수한 찰리(1973~2017년)

시가총액 5,000만 달러 이상

마법의 멀티플 1,870만 달러

마법 공식 760만 달러

순수한 찰리 510만 달러

1만 달러

전략을 따랐다면 450만 달러가 되었다.

시가총액 10억 달러 이상 주식의 분석에서도 마법의 멀티플 및 마법 공식의 실적이 순수한 찰리를 능가했다. 이번에도 순수한 찰리의 실적은 S&P 500을 능가했다. 순수한 찰리 전략의 수익률도 연 13.7%로서 상당한 수준이었다. 1만 달러로 순수한 찰리 전략을 따랐다면 290만 달러가 되었다.

순수한 찰리도 나쁘지 않은 전략이다. 고수익 기업에 투자하는 전략도 효과가 있다. 그러나 가격도 살펴보는 마법 공식 전략에는 미치지 못한다. 물론 가격에만 주목하는 마법의 멀티플 전략이 가

1만 달러 투자 시 원리금: 마법의 멀티플, 마법 공식, 순수한 찰리(1973~2017년)

시가총액 2억 달러 이상

마법의
멀티플
1,260만 달러

마법 공식
1,120만 달러

순수한 찰리
450만 달러

1만 달러

1972 1977 1982 1987 1992 1997 2002 2007 2012 2017

시가총액 10억 달러 이상

마법의
멀티플
1,490만 달러

마법 공식
760만 달러

순수한 찰리
290만 달러

1만 달러

1972 1977 1982 1987 1992 1997 2002 2007 2012 2017

장 효과적이다(자세한 내용은 13장 참조).

이런 분석 결과는 이례적인 것이 아니다. 투자은행 드레스너 클라인워트 와서스타인Dresdner Kleinwort Wasserstein이 영국과 유럽에서 1993~2005년 실적을 분석했을 때에도 똑같은 결과가 나왔다.[43] 마법의 멀티플의 실적이 마법 공식을 능가한 것이다. 오로지 일본에서만 두 전략의 실적이 막상막하로 나왔다.

드레스너 클라인워트 와서스타인의 분석에 의하면, 훌륭한 기업에 투자하는 마법 공식 전략은 수익률이 하락했다. 반면 마법의 멀티플 전략에서는 '상당한' 수익이 나왔다. 마법의 멀티플을 마법 공식으로 보완했다면, 닷컴 거품 기간에도 시상수익률에 육박하는 실적이 나왔을 것이라고 이들은 말했다. 1997~1999년 거품 기간에는 저평가 주식들이 낙오했기 때문이다. 드레스너 클라인워트 와서스타인 보고서는 "전반적으로 가격 전략은 매우 강력하다"라고 결론지었다.

2009년 러프런Tim Loughran과 웰먼Jay Wellman도 '기업배수enterprise multiple'에 관한 논문을 썼다. 기업배수는 마법의 멀티플과 매우 비슷한 개념이다. 이 논문도 기업배수가 "매우 중요한 가격 비교 척도이며, 거의 모든 미국 주식에 적용된다"라고 결론지었다.[44]

다시 말해서, 우리 분석 결과는 실제로 월스트리트와 학계 모두에 유의미할 것이다.

마법의 멀티플이 마법 공식을 능가하는 이유는 무엇일까? 왜 평범한 기업을 싼 가격에 매수하는 전략이, 훌륭한 기업을 적정 가격에 매수하는 전략을 능가할까? 그린블랫의 과거 분석에 단서가 있다.

그린블랫의 담배꽁초

"내 통계 필터를 이용하면, 대차대조표가 건전하고 자산가치가 높아서 더 안전한 저평가 주식들을 쉽게 찾아낼 수 있다. 게다가 이들은 주가는 낮고 유동자산은 풍부한 기업이라서, 종종 기업 인수자들의 표적이 된다."

— 조엘 그린블랫, 〈How The Small Investor Beats The Market
(소액 투자자가 초과수익 내는 방법)〉(1981)

1976년, 19세였던 조엘 그린블랫은 처음으로 벤저민 그레이엄에 관한 글을 읽었다. 〈포브스〉에 실린 '벤 그레이엄의 유언장과 증거Ben Graham's Last Will and Testament'라는 기사였다. 1976년 사망하기 몇 개월 전, 그레이엄이 〈파이낸셜 애널리스트 저널Financial Analysts Journal〉과 인터뷰한 내용이었다.

이 기사에서 그레이엄은 이제 복잡한 주식 평가 방식을 좋아하지 않는다고 말했다. 간단한 도구 몇 개만으로 충분하다고 했다. 관건은 단순한 척도를 이용해서 저평가된 종목군을 매수하는 것이다. 개별 종목에는 관심이 없다고 그가 말했다.

그레이엄은 담배꽁초 기법을 사용하라고 제안했다. 버핏이 헤지펀드를 운용하면서 샌본 맵과 뎀스터 밀을 발굴한 기법이다. 이 기법은 부채보다 현금 및 유동자산이 많은 주식을 찾아내서, 주가가 주당순자산보다 훨씬 낮을 때에만 매수한다. 그레이엄은 이 기법이 '지극히 단순하며', '매우 확실하다'고 말했다.[45]

당시 그린블랫은 와튼스쿨Wharton School 학생이었다. 흥미를 느낀 그는 그레이엄의 기법을 검증해보기로 했다. 동기생 리처드 프제나Rich Pzena, 브루스 뉴버그Bruce Newberg와 함께 그린블랫은 오래된 《Standard & Poor's Stock Guide(스탠더드 앤드 푸어스 스탁 가이드)》를 뒤졌다. 세 사람은 그레이엄 방식 담배꽁초 전략의 수익률을 확인하고자 했다.

이들은 시장의 등락이 컸던 기간의 수익률을 확인하기로 하고, 1972년 4월~1978년 4월의 6년을 선택했다. 1974년에는 주식시장이 폭락하여 거의 반 토막 났고, 이후 시장이 강하게 반등하여 두 배 상승했기 때문이다. 이들은 수익률 계산을 수작업으로 해야 했으므로, 회사명이 A나 B로 시작되면서 시가총액이 300만 달러 이상인 주식으로 분석 대상을 제한했다.

표본은 약 750종목으로서, 《스탠더드 앤드 푸어스 스탁 가이드》에 실린 주식의 약 15%였다. 몇 개월 공들인 분석 끝에 결과가 나왔다. 담배꽁초 전략에서 매년 10% 포인트가 넘는 초과수익이 나왔다.

그린블랫이 분석 결과를 정리한 글은 1981년 〈저널 오브 포트폴리오 매니지먼트Journal of Portfolio Management〉에 '소액 투자자가 초과수익 내는 방법How the Small Investor Can Beat the Market'이라는 제목으로 실렸다. 이 논문에서 세 사람은 "왜 효과가 있을까?"라는 질문을 던졌다. 그러고서 "우리는 주가가 청산가치보다 낮은 주식에서 어떠한 '마법적' 특성도 발견할 수 없었다"라고 답했다.[46]

간단히 말해서, 우리는 심하게 소외된 주식만 매수한 덕분에, 과도하게 저평가된 주식의 비중을 훨씬 더 높일 수 있었다. 다시 말하면, 주가가 청산가치보다 높은 주식들 중에도 저평가 주식들이 많이 있을 것이다.

그레이엄의 말이 옳았다. 담배꽁초 전략은 효과가 있었다. 다른 사람들의 분석에서도 그린블랫의 분석과 비슷한 결과가 나왔다. 1983년, 헨리 오펜하이머Henry Oppenheimer도 그레이엄의 담배꽁초 전략을 분석했다. 당시 오펜하이머는 뉴욕주립대 재무학 교수였다. 그는 1970~1983년의 13년 실적을 분석했는데, 담배꽁초 전략에서 초과수익이 나왔다.

나도 제프리 옥스먼Jeffrey Oxman, 수닐 모한티Sunil Mohanty와 함께 1983~2008년의 25년 실적도 분석해보았다. 이번에도 담배꽁초 전략에서 초과수익이 나왔다. 그 이유는 무엇일까?

첫째, 이 주식들이 저평가되었기 때문이다. 저평가 정도가 심할

수록, 수익률은 더 높아진다. 안전마진에 대한 그레이엄의 직관은 옳았다. 저평가 정도가 심할수록, 수익률은 더 높아진다.

오펜하이머는 담배꽁초 주식들의 순자산 대비 할인율을 계산해서, 할인율을 기준으로 5개 그룹으로 분류했다. 그룹의 수익률은 저평가 정도가 심할수록 더 높았으며, 가장 저평가된 그룹의 수익률이 가장 높았다. 저평가 정도가 가장 큰 그룹과 가장 작은 그룹의 수익률 차이는 연 10%가 넘었다.

오펜하이머의 두 번째 발견이 가장 흥미롭다. 그는 주식을 흑자 그룹과 적자 그룹으로 구분했는데, 적자 그룹의 수익률이 흑자 그룹보다 높았다. 세 번째 발견도 흥미롭다. 그는 흑자 그룹을 또 둘로 구분했다. 하나는 배당을 지급하는 주식이었고, 다른 하나는 배당을 지급하지 않는 주식이었다. 배당을 지급하지 않는 주식의 수익률이 배당을 지급하는 주식보다 높았다.

나는 오펜하이머의 분석에 동의한다. 담배꽁초 주식은 초과수익을 낸다. 적자 담배꽁초 주식의 수익률이 흑자 담배꽁초 주식보다 높다. 무배당 담배꽁초 주식의 수익률이 배당 담배꽁초 주식보다 높다. 이유가 무엇일까?

요컨대 평균회귀 때문이다.

주당순자산 대비 할인율이 클수록, 더 높은 수익률이 나온다. 나머지 발견 두 가지는 예상 밖이었지만, 둘 다 평균회귀 이론에 들어맞는다. 평균회귀에 의해서 폭락한 저평가 주식이 반등하고, 고전하던 사업도 회복된다.

수익률 극대화의 열쇠는 평균회귀를 최대한 활용하는 것이다. 즉, 안전마진을 극대화하는 것이다. 우리는 가장 저평가된 주식을 매수해야 한다. 다만 평균회귀가 작동할 때까지 생존하는 주식이어야 한다. 안전마진이 충분해야 평균회귀가 작동할 때까지 버틸 수 있다. 다음은 마법의 멀티플과 그레이엄의 담배꽁초 전략이 알려주는 안전마진 극대화 방법들이다.

투자의 비밀: 안전마진

《증권분석》에서 그레이엄은 말했다. "건전한 투자의 비밀을 한마디로 요약하면 '안전마진'이다." 안전마진은 대개 내재가치 대비 할인율로 표현된다. 그러나 대차대조표와 사업에서 안전마진을 확인하기도 한다. 다음은 안전마진에 관한 세 가지 원칙이다.

1. 내재가치 대비 할인율이 클수록, 안전마진도 크다. 안전마진이 클수록, 위험은 낮고 수익률은 높다. 할인율이 크면, 내재가치 계산이 빗나가거나 내재가치가 하락하더라도 큰 손실을 피할 수 있다.

   그러나 주식시장과 학계는 안전마진을 무시한 채, 수익률이 높을수록 위험도 높다고 생각한다.

2. 기업의 대차대조표에서 안전마진을 찾아라. 과도한 부채 때

문에 파산한 기업이 수없이 많다. 기업의 부채가 과도하지 않은지, 보유 현금이 충분한지 확인해야 한다. 마법의 멀티플을 사용하면 이런 기업을 쉽게 가려낼 수 있다.

3. 사업에서 안전마진을 찾아라. 현금흐름과 회계이익이 일치하는 건전한 사업이어야 하며, 지속적으로 많은 영업이익을 기록한 사업이어야 한다. 사기꾼이 만들어낸 가공의 사업이 아니어야 한다는 뜻이다. 실적 조작의 흔적도 찾아보아야 한다. 실적 조작은 사기로 가는 첫걸음이다.

비즈니스 모델의 근거가 과학 실험이나 모형인 기업은 투기 대상에 불과하다. 반면 현재 수익성이 낮아도 과거 실적이 좋았던 기업이라면 역발상 가치투자의 기회가 될 수 있다.

8장

심층 가치의 구조

"특히 그는 세상만사가 인과응보라고 생각한다.
칭찬이든 비난이든 모두 자신의 몫이다.
운은 하인이지 주인이 아니다. 운은 못 이기는 듯
받아들이거나 최대한 이용해야 한다. 그러나
운을 있는 그대로 이해하고 인식해야 하지,
멋대로 평가해서는 안 된다. 도박에서 저지르는
치명적인 죄는 자신의 잘못을 불운 탓으로
돌리는 것이다. 운은 기분 좋게 사랑해야 하지,
두려워해서는 안 된다."

이언 플레밍Ian Fleming(영국의 소설가)
《카지노 로얄(Casino Royale)》(1953)

마이클 모부신Michael J. Mauboussin은 위대한 기업들의 실적이 장기
간 유지되는지 분석했다. 그는 크레딧스위스Credit Suisse에서 글로벌

재무전략 헤드를 역임했고, 컬럼비아대학교 경영대학원에서 투자론을 가르치고 있다. 그는 가치투자와 행동재무학에 관한 책을 4권 저술했다. 2012년 그는 멋진 저서《마이클 모부신 운과 실력의 성공 방정식(The Success Equation)》에서 위대한 기업들의 장기 실적을 분석했다.

왜 평범한 기업을 싼 가격에 매수하는 전략이, 훌륭한 기업을 적정 가격에 매수하는 전략을 능가할까? 위대한 기업의 실적은 장기간 유지되지 않기 때문이다. 이들은 호황기 정점에서만 위대해 보일 뿐이다. 평균회귀는 위대한 기업의 실적도 평균 수준으로 돌려놓는다.

위대한 기업은 수익성이 유난히 높은 기업이다. 투하자본이익률이 다른 기업들보다 높다. 그러나 시간이 흐르면 위대한 기업의 수익성도 평균 수준으로 하락한다는 사실을 모부신은 발견했다. 위대한 기업들 중 극소수는 수익성이 유지되지만, 그 비결은 알 수가 없다. 위대한 기업들 중 어느 기업의 수익성이 유지될지 알 수 없다는 말이다. 운에 좌우될 뿐이다.

모부신은 1,000개 기업의 2000~2010년 실적을 추적하여 평균회귀 추세를 확인했다. 그는 2000년 경제적 이익*을 기준으로 기업들의 순위를 매겨서, 5개 그룹으로 분류했다. 그룹 1은 수익성이 가장 높은 위대한 기업들이었다. 그룹 5는 적자를 기록 중인 부실 기업들이었다.

다음 페이지의 차트는 기업들의 실적을 나타낸다. 5개 그룹 모

기업 실적의 평균회귀 추세

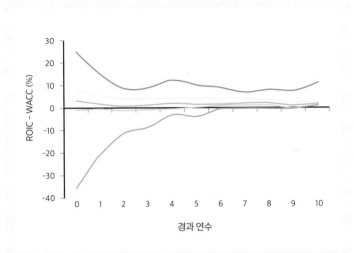

자료: Michael J. Mauboussin, 《마이클 모부신 운과 실력의 성공 방정식(The Success Equation)》
(Boston: Harvard Business Review Press), 2012.

두 실적이 평균으로 수렴하는 추세를 뚜렷이 보여준다. 고수익 기업들은 수익이 감소하고, 적자 기업들은 적자가 감소한다.

* (원주)'경제적 이익' = ROIC − WACC.
   'ROIC'는 '투하자본이익률Return On Invested Capital'이다. ROIC는 ROE(Return On Equity, 자기자본이익률)와 비슷한 개념이다. ROIC는 투자액 1달러당 벌어들이는 이익을 측정한다. ROIC가 높을수록 더 좋은 기업이다. 'WACC'는 '가중평균자본비용Weighted Average Cost of Capital'으로서, 시장이 자본에 부과하는 비용이다. 부채에는 비용으로 이자가 부과되듯이, 자본에는 비용으로 시장수익률이 부과된다. 기업의 위험이 커질수록, 자본에 부과되는 시장수익률도 높아진다. ROIC에서 WACC를 차감한 값이 경제적 이익이다. 자본은 공짜가 아니므로, '경제적 이익'을 내야 훌륭한 기업이 될 수 있다.

위대한 기업들의 실적이 평균 수준으로 내려가는 것은 평균회귀 때문이다. 시간이 흐르면 기업들의 실적은 평균으로 돌아간다. 위대한 기업은 수익성이 평균보다 훨씬 높아서 이상치異常値에 해당한다. 그러나 시간이 흐르면 경쟁자들이 몰려들어 수익성을 잠식하므로, 위대한 기업의 수익성도 평균 수준으로 내려간다.

수익성이 평균에 못 미치는 나쁜 기업들에도 똑같은 현상이 나타난다. 시간이 흐르면 경쟁자들이 떠나므로, 나쁜 기업의 수익성도 평균 수준으로 회복된다. 이것이 평균회귀의 작동 원리다.

그런데 일부 기업은 이례적으로 높은 수익성을 계속 유지한다. 극소수의 기업은 시종일관 높은 수익성을 유지한다는 사실을 모부신은 발견했다. 그러나 그 이유는 찾아내지 못했다. 어떤 기업이 높은 수익성을 유지할지 예측하지도 못했다. 단지 대부분 기업은 수익성이 평균으로 돌아가지만, 일부 기업은 높은 수익성을 유지한다고 단언할 수 있었을 뿐이다.

워런 버핏은 건초 더미에서 바늘을 찾아낼 수 있다. 그는 경쟁자들로부터 자신을 보호하는 '해자'가 있는 기업을 찾을 수 있다. 해자가 없으면 경쟁자들이 몰려들기 때문에 수익성이 평균으로 돌아간다. 그러나 해자를 보유한 기업은 드물다. 위대해 보이는 기업들조차 대부분 해자가 없다. 그래서 실적이 매우 좋은 기업들의 수익성도 시간이 흐르면 대개 평균으로 돌아간다.

시간이 흐르면 기업들의 수익성은 평균으로 수렴한다. 이것이 단순한 실상이다. 고수익이 유지되는 예외적인 기업도 일부 있지만, 그 이유는 알지 못한다. 버핏처럼 천재적인 분석 능력이 없으면, 그런 예외적인 기업을 찾을 수가 없다. 그래서 평범한 기업을 싼 가격에 매수하는 전략이, 훌륭한 기업을 적정 가격에 매수하는 전략을 능가한다.

추정 오류

"내 통계 필터를 이용하면, 대차대조표가 건전하고 자산가치가 높아서 더 안전한 저평가 주식들을 쉽게 찾아낼 수 있다. 게다가 이들은 주가는 낮고 유동자산은 풍부한 기업이라서, 종종 기업 인수자들의 표적이 된다."

— 조엘 그린블랫, 〈How The Small Investor Beats The Market
(소액 투자가가 초과수익 내는 방법)〉(1981)

워너 드 본트Werner De Bondt와 리처드 세일러Richard Thaler는 투자자의 행동과 주가 흐름을 연구하는 행동경제학자들이다. 1987년 드 본트와 세일러는 사람들의 과잉반응 때문에 주식이 고평가되거나 저평가된다는 생각을 하게 되었다. 그래서 대개 평균회귀가 나타난다고 보았다. 그러나 사람들은 실적 추세가 장기간 이어질 것이라고 추정한다. 최근 실적을 기준으로 직선을 긋고, 이 추세가 장기간 계속 이어질 것이라고 추정한다.

몇 년 동안 계속 상승한 주식은 앞으로도 계속 상승할 것이라고

과잉반응: 실적 추세가 장기간 계속 이어진다고 추정

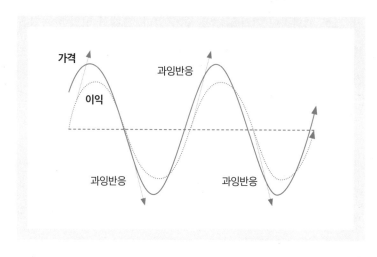

사람들은 기대한다. 반면 몇 년 동안 계속 하락한 주식은 앞으로도 계속 하락할 것이라고 생각한다.

이익이 계속 증가하는 주식은 고평가된다. 앞으로도 이익이 계속 증가할 것이라고 사람들이 기대하기 때문이다. 반면 이익이 계속 감소하는 주식은 저평가된다. 앞으로도 이익이 계속 감소할 것이라고 짐작하기 때문이다. 다시 말해서, 사람들은 이익의 평균회귀를 기대하지 않는다. 그러나 잘못된 생각이다. 대개 평균회귀가 나타난다.

드 본트와 세일러는 고평가 주식과 저평가 주식의 이익을 추적해서 분석하였다. 이들은 PBR을 기준으로 주식의 순위를 매겼다.

PBR Price-to-Book Ratio (주가순자산배수)은 주가를 주당순자산으로 나눈 값으로서, 낮을수록 저평가되었다고 본다. 순자산은 기업의 자산에서 부채를 차감한 금액으로서, 기업의 가치를 평가하는 척도 중 하나다. PBR은 순자산에 대해 가격을 얼마나 지불하는지 측정한다. 순자산보다 더 적게 지불한다면(PBR 〈 1) 싸게 사는 것이고, 더 많이 지불한다면(PBR 〉 1) 비싸게 사는 것으로 볼 수 있다.

두 사람은 주식을 5개 그룹으로 구분했다. 여기서 PBR이 가장 낮은 그룹은 저평가주로, PBR이 가장 높은 그룹은 고평가주로 불렀다.

과잉반응: 매수 시점 이전의 이익 추세(1966~1983년)

자료: Werner F. M. De Bondt and Richard Thaler. 〈Further Evidence on Investor Overreaction and Stock Market Seasonality(주식시장의 변동성에 대한 투자자의 과잉반응을 보여주는 추가 증거)〉, The Journal of Finance 42, no. 3(1987), 557-581, doi:10.2307/2328371.

차트는 직전 3년 동안 저평가주와 고평가주의 EPS_{Earning Per Share}(주당순이익) 추이를 보여준다.

저평가주가 저평가된 이유는 쉽게 알 수 있다. 직전 3년 동안 이익이 30%나 감소했다. 투자자들은 이런 추세가 이후에도 계속될 것으로 예상했다.

고평가주는 직전 3년 동안 이익이 43%나 증가했기 때문에 고평가되었다. 투자자들은 이런 추세 역시 이후에도 계속될 것으로 기대했다. 이후 추세가 어떻게 되었는지 확인해보자.

평균회귀: 매수 시점 이후의 이익 추세(1966~1983년)

자료: Werner F. M. De Bondt and Richard Thaler, 〈Further Evidence on Investor Overreaction and Stock Market Seasonality(주식시장의 변동성에 대한 투자자의 과잉반응을 보여주는 추가 증거)〉, The Journal of Finance 42, no. 3(1987), 557-581, doi:10.2307/2328371.

충격적이다. 매수 시점 이후, 저평가주의 이익이 고평가주보다 더 증가했다. 이후 4년 동안 저평가주의 이익은 24%나 증가했다 (이 차트는 평균회귀를 보여주는 놀라운 증거다).

같은 기간 고평가주의 이익은 8% 증가에 그쳤다. 고평가주의 이익 증가율은 이전 수준에 못 미쳤다. 반면 저평가주의 이익 증가율은 이전 수준을 뛰어넘었다. 평균회귀가 작동한 것이다. 저평가주는 주가 상승률도 더 높았다. 4년 동안 시장수익률보다 41%나 높았다. 반면 고평가주의 주가 상승률은 시장수익률보다 1% 낮았다. 충격적인 결과다.

두 사람의 분석은 평균회귀를 보여주는 훌륭한 증거다. 높은 이익 증가 추세나 이익 감소 추세는 장기간 지속되지 않는다. 이익 감소 추세가 지속된다고 사람들이 예상하면, 그 주식은 저평가된다. 그러나 평균회귀가 작동하기 시작한다. 저평가주의 이익 감소 추세는 증가 추세로 바뀐다. 반면 고평가주의 이익 증가 추세는 둔화한다. 그 결과 저평가주의 이익 증가율이 고평가주의 이익 증가율을 넘어선다.

저평가주는 주가 상승률도 시장수익률을 초과한다. 높은 이익 증가율과 초과수익을 원한다면, 저평가주를 매수해야 한다.

초우량 기업의 조건

1982년 톰 피터스_{Tom Peters}가 쓴 《초우량 기업의 조건(In Search of Excellence)》은 역대 최고의 경영학 서적으로 꼽힌다. 이 책에서 피터스는 미국의 43개 초우량 기업들을 조사하여 그 특성을 분석했다. 이들은 수익성과 성장성이 높았다. 코넬대에서 토목공학을 전공하고 스탠퍼드대에서 경영학 박사 학위를 받은 피터스는 '숫자와 통계'만으로는 분석이 충분치 않다고 생각했다.

숫자와 통계만으로는 초우량 기업들의 자초지종을 파악할 수 없다고 생각했다.

이 책은 '초우량 기업을 만들어낸 8대 기본원칙'을 제시하여, 엄청난 인기를 끌어모았다. 5년 후 애널리스트 미셸 클레이먼_{Michelle Clayman}은 피터스가 선정한 초우량 기업 주식들을 다시 분석해보았다. 그런데 대부분 기업의 실적이 둔화했다. 고성장과 고수익이 사라졌다. 피터스가 정한 기준으로 보면, 이제는 대부분이 초우량 기업이 아니었다. 원인이 무엇일까? 평균회귀 때문이다. 경쟁 탓에 고성장과 고수익이 평균 수준으로 돌아갔기 때문이다. 그녀는 말했다.[47]

금융계의 분석에 의하면, ROE는 평균회귀 경향이 있다. 경제 이론에 의하면, ROE가 높은 시장에는 경쟁자들이 새로 진입하므로, ROE가 점차 일반 시장 수준으로 낮아지기 때문이다.

피터스의 초우량 기업들은 투자 실적도 실망스러웠다. 이들의 평균 수익률은 시장수익률을 밑돌았다. 3분의 2는 시장수익률에도 못 미쳤고, 3분의 1만 시장수익률을 초과했다. 클레이먼의 분석에 의하면, 고성장과 고수익이 계속 유지될 것으로 기대한 투자자들이 지나치게 비싼 가격을 지불했기 때문이다.

클레이먼은 피터스와 유사한 방식으로 '평범한 기업의 조건'을 정해서 주식 포트폴리오를 구성했다. 아래 표는 피터스의 기준으로 새롭게 선정한 초우량 주식과, 클레이먼이 선정한 평범한 주식을 비교한 것이다.

가치평가 척도인 PBR을 제외하면, 실적은 모든 면에서 초우량 주식이 더 높았다. 자산 증가율을 보면 초우량 주식은 연 22%였지만 평범한 주식은 연 6%에 불과했다. ROE를 보면 초우량 주식은 연 19%였지만 평범한 주식은 연 7%에 불과했다.

피터스의 '초우량' 주식과 클레이먼의 '평범한' 주식(1976~1980)

	초우량 주식	평범한 주식
자산 증가율	22%	6%
ROE	19%	7%
PBR	2.5배	0.6배

자산 증가율과 ROE만 보면, 초우량 주식의 수익률이 평범한 주식보다 높을 것으로 기대하기 쉽다. 그러나 피터스의 초우량 주식은 고평가되었고, 클레이먼의 평범한 주식은 저평가되었다.

피터스의 초우량 주식은 PBR이 2.5배였고, 클레이먼의 평범한 주식은 PBR이 0.6배였다. 다시 말해서, 초우량 주식은 훌륭하지만 적정 가격이었고, 평범한 주식은 훌륭하진 않았지만 싼 가격이었다. 어느 주식의 투자 수익률이 더 높았을까?

2013년 투자 전략가 배리 배니스터Barry Bannister는 위 초우량 주

평범한 주식이 초우량 주식과 S&P 500을 능가

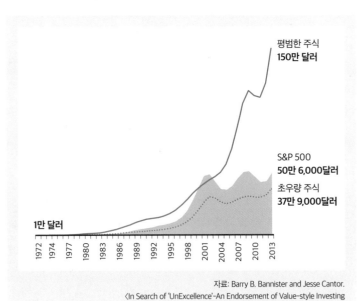

자료: Barry B. Bannister and Jesse Cantor.
〈In Search of 'UnExcellence'-An Endorsement of Value-style Investing
(평범한 기업의 조건 - 가치투자의 승리)〉, Stifel Financial Corp. July 16, 2013.

식과 평범한 주식의 1972~2013년 실적을 분석했다. 평범한 주식의 수익률이 시장 및 초우량 주식의 수익률보다 훨씬 높았다. 평범한 주식은 수익률이 연 14%였고, 초우량 주식은 연 10%에 불과했으며, 시장은 연 11%였다. 평범한 주식은 시장수익률보다 연 3% 높았지만, 초우량 주식은 시장수익률보다 연 1% 낮았다.

왼쪽 차트는 평범한 주식, 초우량 주식, S&P 500에 1만 달러씩 투자했을 때의 실적을 나타낸다. 왜 평범한 주식이 초우량 주식과 시장을 능가했을까? 평균회귀 때문이다. 배니스터는 말한다.[48]

> 이론상 고수익 시장에는 경쟁자들이 새로 진입하므로 수익성이 낮아진다. 반면 저수익 시장에서는 경쟁자들이 퇴출하며, 경영진이 교체되거나 기업이 인수되기도 한다.

초우량 주식은 실적이 둔화한 탓에 수익률이 저조했다. 수익성과 자산 증가율이 평균 수준으로 낮아졌다. 평범한 주식의 실적도 둔화했지만, 초우량 주식만큼 둔화하지는 않았다. 평범한 주식이 초과수익을 낸 것은, 주가와 내재가치의 차이가 감소했기 때문이다. 다시 말해서, PBR이 증가했기 때문이다.

평범한 주식은 PBR이 평균 수준으로 증가하면서, 주가가 상승했다. 사업 실적은 여전히 초우량 주식이 평범한 주식보다 좋았다. 그러나 초우량 주식은 PBR이 감소한 탓에, 주가 상승률이 평범한 주식보다 낮았다. 이것이 평균회귀다.

즉, 시간이 흐르면 일반적으로 저평가 주식은 상승하고, 고평가 주식은 하락한다. 고수익 산업에는 경쟁자들이 몰려들고, 적자 산업에서는 경쟁자들이 빠져나간다. 그래서 흔히 훌륭한 기업에 투자하면 적정 수익이 나오고, 평범한 기업에 투자하면 훌륭한 수익이 나온다.

훌륭한 주식은 실적에 대한 투자자들의 기대가 지나치게 큰 탓에, 실적이 기대에 못 미친다. 반면 평범한 주식은 실적에 대한 투자자들의 기대가 지나치게 작은 덕분에, 실적이 기대를 뛰어넘는다. 고평가 주식은 고평가 정도가 완화되어 주가가 하락한다. 반면 저평가 주식은 저평가 정도가 완화되어 주가가 상승한다.

평균회귀를 예상하는 투자가 훌륭한 투자다. 평균회귀는 성장률, ROE, 주가에 작동한다. 평균회귀는 가치투자의 두 가지 핵심 원칙으로 이어진다.

1. 장기적으로 저평가 주식이 고평가 주식과 시장을 능가한다. 주가는 내재가치로 회귀하기 때문이다. 고평가 주식은 하락하고, 저평가 주식은 상승한다. 그래서 아이칸과 버핏 같은 가치투자자들이 초과수익을 얻는 것이다.
2. ROE와 이익 증가율도 평균회귀한다. 높은 ROE는 하락하고, 높은 이익 증가율도 둔화한다. 반면 낮은 ROE는 상승하고, 낮은 이익 증가율도 상승한다.

그래서 평범한 기업을 싼 가격에 매수하는 편이 훌륭한 기업을 적정 가격에 매수하는 것보다 유리하며, 마법의 멀티플이 마법 공식보다 유리하다. 역발상 투자자들은 평균회귀를 이용한다. ROE나 수익성이 낮은 저평가 주식에서 초과수익이 나온다는 사실을 알기 때문이다. ROE나 수익성이 높은 고평가 주식은 시장 실적도 따라가지 못한다.

버핏도 이 사실을 알고 있다. 그래서 그는 해자를 갖춘 기업을 신중하게 매수한다. 반면 마법 공식과 마법의 멀티플은 해자를 알지 못한다. 대신 마법의 멀티플은 영업이익에 대해 마법 공식보다 훨씬 낮은 가격을 지불하므로, 마법 공식보다 유리하다.

마법의 멀티플은 시장 실적은 물론 마법 공식도 능가한다. 마법의 멀티플은 심하게 저평가된 주식을 찾아낸다. 이들 중 일부는 수익이 복리로 증가한다.

그러면 누가 싼 가격에 거래되는 평범한 기업들을 찾아낼까? 다음 장에서 그런 사람들을 만나보자. 이들이 그런 기업들을 찾아내는 방법을 살펴보자.

THE ACQUIRER'S MULTIPLE

9장

기업 사냥꾼

> "내가 듣기로 아무리 공정히 보려 해도 그는
> 믿을 수 없게 흉포했다고 한다. 그는 거칠고
> 공격적인 말로 사람들을 모욕했다고 한다.
> 그를 모르는 사람들은 아주 조심스럽게 다가가거나
> 확실히 마음의 준비를 한 다음에 다가가야 했다."

윈스턴 처칠
《윈스턴 처칠, 나의 청춘(My Early Life)》

1989년 12월 15일 새벽 1시였다. 하루 중 가장 추운 시간이다. 그해 12월은 뉴욕에서 가장 추운 12월로 기록되었다. 이런 12월 중에서도 가장 추운 날 중 하루였다. 30명의 남자가 트럭에서 무언가를 내리느라 용을 쓰고 있었다. 무게가 3.2톤이나 되는 동상이었다. 옮기기가 쉽지 않았다. 무겁고, 미끈했다. 길이는 5.5미터, 높이는 3.4미터나 되었다. 게다가 신속히 끝마쳐야 하는 일이었다. 얼어 죽을 만큼 추웠다. 반달리즘을 벌이기에는 좋은 날이 아니었다.

주어진 시간은 채 8분이 안 되었다. 그 안에 뉴욕 경찰은 순찰 올 것이다. 빌려 온 크레인을 사용해 짐칸에서 동상을 들어 올렸다. 그러곤 18미터 높이의 크리스마스트리 아래에 물건을 내려놓았다. 브로드가Broad Street 중간에 있는 뉴욕증권거래소 바로 앞이었다. 5분 만에 트럭과 나머지 모두는 달아났다. 한 남자만이 남았다.

이 남자의 이름은 아르투로 디 모디카Arturo Di Modica였다. 49세의 시칠리아 출신 이민자로 이 동상을 만들었다. 제작에는 34만 6,000 달러의 비용과 2년의 시간이 들었다. 비용은 자비로 충당했다. 동상은 엄청나게 크고 근육질인 황소 동상이었다. 황소는 고개를 숙인 채 뿔을 들고 으스대고 있었다. 자세는 왼쪽으로 조금 기울었다. 콧구멍은 펄럭였으며, 꼬리는 등 뒤로 휘어 날렸다. 디 모디카는 이 동상을 '돌진하는 황소상The Charging Bull'이라 불렀다. 그는 1987년 주식시장 폭락에 뒤이어 제작된 이 동상이 공격성, 낙관주의 그리고 부富를 떠올리게 하며, 미국인의 힘과 강인함을 상징한다고 하였다. 이 동상은 디 모디카가 맨해튼을 위해 만든 선물이었다.

디 모디카는 뼈를 에는 추위 속에서 동트기를 기다렸다. 이른 아침 출근하는 사람들이 제일 먼저 동상을 만났다. 사람들은 커다란 황소 동상 앞에 멈추어 섰다. 디 모디카는 이 광경이 즐거웠다. 더 많은 사람이 모여들었다. 어느새 모여든 직장인과 관광객들은 수백 명에 달했다. 이들은 동상을 만지기도 했다. 행운을 빌며 뿔을 만지려는 줄이 생겨났다. 물론 황소의 불알을 문지르려는 더 긴 줄도 생겼다. 디 모디카는 정오까지 이 광경을 지켜봤다. 그제가 되어서야 점심을 먹기 위해 자리를 떴다.

해가 저물기도 전에 뉴욕증권거래소의 고위직들이 나섰다. 그러곤 동상을 옮기라고 명령했다. 디 모디카는 허락을 받고 동상을 세운 게 아니었다(사실 그런 시도조차 하지 않았다. 게릴라 아트란 원래 그런 것이다). 경찰은 거래소의 요청을 거절했다. 경찰에겐 옮기려는 의지가 없었을 수도 있고, 아니면 3.5톤이나 되는 황소를 옮기려는 능력이 없었을 수도 있다. 다음 날 밤이 되어서야 거래소는 용역을 써서 퀸즈Queens의 어느 보관소로 동상을 옮겼다.

마침 〈뉴욕포스트The New York Post〉의 사진기자가 동상이 트럭 짐칸에 실려 가는 장면을 촬영했다. 다음 날 사진이 신문에 크게 실렸다. 제목은 "시시한 결말! 지루한 뉴욕증권거래소, 크리스마스 황소 선물을 못 견딤. 레버리지까지 써 끌어냄"이었다. 시민들은 분노했다. 시민들의 불같은 항의로 뉴욕시 공원 및 여가 관리부는 황소를 되돌려 놓았다. 일주일도 안 된 1989년 12월 21일, 황소는 볼링 그린Bowling Green 공원에 세워졌다. 황소는 오늘날에도 같은 장소에 있다. 황소는 유명한 상징물이 되었다. 1980년대는 기업 사냥의 시대였다. 디 모디카는 이 시대의 대미를 장식하는 대단한 사냥을 해냈다.

기업 사냥의 시대는 1976년으로 거슬러 올라간다. 그해 칼 아이칸은 헤지펀드를 시작했다. 아이칸은 고객이 될 투자자들에게 짧은 서한을 보냈다. 아이칸 선언The Icahn Manifesto라고도 불리는 이 서한에서 아이칸은 저평가된 주식을 찾아 적대적 인수를 하겠다는 전략을 담았다.

아이칸은 기업 사냥이야말로 '상대적으로 리스크를 거의 지지 않으면서 큰 이익을 낼 수 있는 유일한 방법'이라 주장했다.[49]

대부분의 미국 기업, 그리고 거의 모든 외국 기업들은 적대적인 인수를 경멸합니다. 하지만 적대적 인수를 위한 공격이 시작되면 주주들은 엄청난 수익을 얻습니다. 공격이 진지하게 전개된다면, 대상 기업은 우호적인 다른 기업을 찾기도 합니다. 이런 기업을 백기사라고 부르는데 백기사와 적대적인 인수를 시도하는 주체는 경쟁적으로 높은 가격을 제시하며 일종의 전쟁을 벌입니다. 대상 기업은 적대적인 인수를 시도한 주체의 주식을 되사기도 하고, 때에 따라서는 주식 전부를 대상으로 공개매수를 하기도 합니다.

따라서 우리는 '저평가된' 주식을 매수해 상당한 지분을 보유한 다음, 아래와 같은 방법으로 기업의 경영에 참여해, 큰 수익을 얻고자 합니다.

a) 경영진에게 기업을 청산하거나 '백기사'에게 매각하도록 설득한다.

b) 의결권 대결을 벌인다.

c) 공개매수를 제안한다 및 또는

d) 기업에 우리의 주식을 되판다.

아이칸은 주식시장의 주된 문제점을 이해 상충으로 이해했다. 기업의 경영진은 "대체로 거의 주식을 가지고 있지 않고, 이 때문에 기업이 차라리 제3자에게 인수되는 것이 주주에게 이익이 되더라도 반대되는 행동을 한다"라고 지적했다. 아이칸은 이 현상을 직업을 잃는 게 두려워 집을 내놓은 집주인을 방해하는 정원사에 비유했다.

아이칸의 계획은 간단했다. 첫째, 저평가된 기업을 골라 상당한 지분을 산다. 이때의 상당한 지분은 경영진이 신경을 쓸 정도로 커야 했다. 둘째, 경영진에게 기업을 매각하도록 압박한다. 이에 더해 경영권 장악을 위한 의결권 경쟁을 시작한다. 의결권 경쟁 과정에서 시장은 주식이 저평가되었음을 알게 된다. 셋째, 경영진이 기업을 매각하지 않으면, 공개매수를 제안해서 기업의 경영권을 차지한다.

공개매수 제안이라는 전략 덕분에 아이칸의 계획은 실패할 수 없다. 공개매수 가격은 주가의 바닥을 떠받친다. 더불어 아이칸은 다른 경쟁자가 공개매수 가격보다 높은 가격으로 공개매수를 제안하는 것을 기다려 경쟁자에게 주식을 팔 수도 있다. 물론 경쟁자가 나타나지 않으면 스스로 경영권을 차지할 수도 있다. 심지어 경쟁자가 없기에 아이칸이 제안한 낮은 가격으로 적대적 인수를 할 수 있다.

이 과정에서 아이칸은 능동적인 투자를 할 수 있다. 그는 저평가된 주식을 사서 제값을 받도록 만들 수 있다. 평균회귀를 기다리지 않아도 되고, 시장의 부침이 주가를 끌어올리기를 기다리지 않아도 된다. 그는 버핏이 과거 사용한 경영 참여 전략을 사용하고 있었다. 그리고 버핏의 전략을 시대에 맞게 더욱 발전시켰다.

아이칸의 첫 번째 공략 대상은 태펀Tappan Stove Company이었다. 이 기업은 1881년에 설립된 레인지 겸 오븐 제조업체였다. 아이칸의 오랜 애널리스트 앨프리드 킹즐리Alfred Kingsley가 이 주식을 골라왔다. 킹즐리는 이 기업의 가치와 관련해 아래와 같이 설명했다.[50]

> 우리가 태펀을 살 무렵, 사람들은 매직쉐프에만 관심이 있었습니다. 하지만 저는 "매직쉐프의 멀티플은 너무 높아. 여기서 가봐야 얼마나 더 가겠어?"라고 생각했습니다. 매직쉐프는 흥망성쇠의 정점에 있었고, 태펀은 바닥에 있었습니다. 목소리를 높이기 좋은 지점이었습니다.

시장의 지배자는 GE와 웨스팅하우스Westinghouse였다. 태펀은 작은 기업이다. 아이칸은 GE나 웨스팅하우스가 태펀을 사줄지도 모른다고 생각했다.

아이칸은 주당 7.5달러에 매수를 시작했다. 그는 태펀의 가치를 주당 20달러 정도로 보았다. 주당 12.5달러(20달러-7.5달러) 혹은 거의 세 배(20달러/7.5달러=2.7배)에 달할 정도로 상승 여력이 있다는 의미다. 싸게 산 만큼 하방은 닫혔지만, 태펀의 경영권을 획득해 크게 먹을 수도 있었다. 승리할 수밖에 없는 완벽한 포지션이었다.

아이칸은 매수를 시작한 후, 태펀의 대표이사인 도널드 블라시우스Donald Blasius에게 전화했다. 아이칸은 블라시우스에게 자신이 태펀 주식 1만 5,000주를 매수했고 추가로 더 매수할 생각이라고 이야기했다. 블라시우스는 아이칸이 도무지 무슨 말을 하는지 몰랐다. 자신이 시간을 내어 태펀을 설명해주어서 아이칸이 기뻐했다고 생각했다.

아이칸은 기쁘지 않았다. 추가로 5만 5,000주를 매수한 후 다시 블라시우스를 불러냈다. 이번엔 제대로 이해시켜야 했다. 아이칸은 태펀을 인수하는 계획을 이야기했다. 저평가된 주식을 사서 돈을 많이 벌 거라고도 이야기했다. 종종 기업을 적대적으로 인수하면 주가가 두 배 정도는 올라가는데, 태펀은 좋은 인수 대상이라는 말도 했다. 그럼에도 블라시우스는 아이칸이 무슨 이야기를 하는지 알아듣지 못했다. 1977년 당시 적대적 인수는 드물었다. 어쩔 수 없었다.

아이칸은 수십만 주를 추가로 매수하면서, 태펀을 인수할 만한 기업을 찾는 노력도 기울였다. 1978년 말 아이칸의 지분은 증권거래위원회Securities and Exchange Commission, SEC에 13D 공시를 해야 할 정도로 높아졌다. 누구든 5%를 넘는 주식을 매수하면, 반드시 경영 참여 의사가 있는지를 밝혀 공시해야 한다.

월스트리트는 공시를 보고 태펀에서 어떤 일인가가 벌어지고 있다는 사실을 알게 되었다. 주가는 크게 올랐다. 아이칸은 블라시우스를 불러 어떤 인수자가 주당 17달러에 사고 싶다고 연락해왔다고 했다. 애초에 원했던 주당 20달러에는 못 미치지만, 팔까 하는 생각이 있다고 했다. 아이칸은 자신이 원하는 이사를 한 명 선출하고 싶다고도 했다. 블라시우스는 거절했다. 드디어 블라시우스는 아이칸의 전략을 이해했다.

태펀은 유상증자로 적대적 인수를 방어하려 했다. 유상증자가 성공하면 아이칸은 곤경에 처한다. 신주가 발행되면 그의 지분이 희석되어 경영진을 압박하기 부족하다. 아이칸은 유상증자를 막아야 했다.

아이칸은 언론에 호소했다. 그는 여론을 조성해 태펀이 유상증자를 철회하도록 유도했다. 아이칸의 시도는 먹혔다. 비판적인 기사가 나가자 이사회는 유상증자를 철회했다.

아이칸은 압박을 지속했다. 4월이 되자 태펀의 주주들에게 의결권 대리 행사를 권유하는 서신을 보내 이사 자리를 원한다는 사실을 알렸다. 그리고 여전히 주당 20달러에 기업이 매각되기를 원한다고 했다. 시장 가격에 엄청난 프리미엄을 붙인 가격이었다. 아이칸은 경영자들이 보수를 너무 많이 받고 있기에 주가가 하락해도 관심을 두지 않는다고 주장했다. 그는 기업의 주인처럼 생각했다. 아이칸은 이렇게 썼다.[51]

만약 내가 이 정도의 수익과 이 정도의 순자산을 가진 기업을 소유하고 있다면, 분명 제값을 받고 팔기 위해 노력할 것입니다. 태펀에도 같은 논리를 적용해야 한다고 믿습니다.

아이칸은 태펀 매각을 가로막고 있는 유상증자 문제를 떠올리라고 말했다. 그리고 만약 자신이 이사로 선임되면 최대한 신속하게 주당 20달러에 가까운 가격으로 매각을 추진하겠다고 밝혔다. 서신은 효과가 컸다. 아이칸은 이사로 선임되었다.

아이칸은 약속을 지켰다. 신속히 태펀의 자산을 매각했다. 첫 번째 이사회에서 지속적인 적자가 나던 캐나다 지사의 청산을 주장했다. 캐나다 지사는 가치가 높은 부동산을 소유하고 있었다. 아이칸은 캘리포니아 애너하임의 공장도 팔았다. 이런 노력과 함께 아이칸은 기업 전체를 매각하는 일에도 노력을 기울였다. 태펀을 사줄 기업이나 잠재적인 인수 주체들을 찾아다녔다.

블라시우스는 아이칸이 의결권 대결에서 승리하는 모습을 목격했다. 그의 능력에 비추어 태펀을 사줄 주체도 금방 찾아낼 것으로 생각했다. 블라시우스는 백기사를 물색했다. 그래서 만난 기업이 스웨덴의 가전기업 일렉트로룩스Electrolux AB였고, 매각을 제안했다. 일렉트로룩스는 주당 18달러에 공개매수를 하기로 했다.

아이칸에게도 좋은 결과였다. 일렉트로룩스의 공개매수에 응해 32만 1,500주를 팔아 270만 달러의 수익을 얻었다. 평균 매수 가격이 9.6달러였기에 거의 두 배에 달하는 수익이었다.

일렉트로룩스의 인수를 승인하는 마지막 이사회에서, 태펀의 이사회 의장 딕 태펀Dick Tappan은 "아이칸이 정말 우리를 위해 좋은 일을 해냈습니다. 덕분에 시장 가격에서 50%가 넘는 프리미엄을 받고 주식을 팔 수 있었습니다. 심지어 일렉트로룩스는 태펀에 대

한 신규 투자도 약속했습니다"라고 했다.[52]

이어서 딕 태펀은 아이칸을 보며 "만약 앞으로도 이런 투자 기회가 있다면 나도 낄 수 있으면 좋겠습니다"라고 말했다. 아이칸은 "환영합니다. 저는 이런 투자 기회를 찾는 기업을 운영하고 있는걸요"라고 대답했다.

아이칸이 말한 그 기업은 바로 자신의 헤지펀드다. 딕 태펀은 아이칸의 헤지펀드에 10만 달러를 투자했다. 아래의 표에서 알 수 있듯이, 결과는 놀라웠다.

아이칸의 전기를 쓴 마크 스티븐스Mark Stevens는 아이칸이 처음엔 보잘것없었지만 곧 '가공할 만한 기업 사냥꾼이자 금융 전략가'로 성장했다고 묘사했다.

위세가 가장 강성했을 1980년대 중반, 아이칸은 수십억 달러를 굴렸다. 그는 미국 고속도로의 붉은 별Big Red Star of the American Highway이라는 별명을 가진 거대기업 텍사코Texaco도 상대했다. 이 기업에 대한 공개매수 규모는 124억 달러에 달했다. 아이칸은 유에스 스틸

대상 기업	투자 3개월 전의 주가	투자 후 최고가
태펀	$8	$18
워너 스와시Warner Swasey	$29	$80
내셔널 에어라인National Airlines	$15	$50
와이레인Wylain	$13	$28.5
플린코트Flintkote	$30	$55

출처: Mark Stevens, 《King Ichan(킹 아이칸)》

U.S. Steel도 투자 대상으로 삼았다. 이 기업은 세계 최초로 시가총액 10억 달러를 달성한 기업이고, 아이칸의 투자 당시 시가총액은 60억 달러였다.

다른 투자자들도 아이칸의 전략을 흉내 냈다. 기업 사냥꾼들이라는 전문가 집단이 생겨났다. 이들은 1987년 블랙먼데이의 충격과 함께 사라졌다. 하지만 2000년대 초반 닷컴 버블이 꺼지자 새로운 종족이 나타났다. 이들은 행동주의자라고 불린다. 다음 장에서 살펴보자.

THE ACQUIRER'S MULTIPLE

10장

새로운 영웅들의
대박 행진

> "이 사람들이 사는 세상은 매우 위대했다.
> 존중하고 따르는 규칙이 있었다. 사소한 행위조차
> 세심히 계산해 행동했다. 사업은 거칠었고
> 늘 무기를 가지고 다녔지만, 격식 있는 예의와
> 상호 간의 존중으로 가득한 격투의 장이었다."

윈스턴 처칠
《윈스턴 처칠, 나의 청춘》

2000년 9월 초의 일이다. 디 모디카가 맨해튼에 황소 동상을 몰래 세운 때로부터 10여 년이 지났다. 닷컴 버블은 3월부터 터져 나왔다. 하지만 심각하게 느끼는 이는 거의 없었다. 4월경 10% 남짓 하락한 다음, 시장은 다시 랠리를 이어갔다. 물론 이전의 고점을 회복할 수는 없었다. 도리어 이제 곧 50% 폭락이라는 매서운 바람이 뾰족한 장창 모양의 차트를 그리며 흘러내릴 예정이었다. 물결은 고요했다. 직전 6개월 동안 20% 이상의 하락을 의미하는 공식적인 약세장은 없었다. 이 가운데 대니얼 롭이라는 헤지펀드 매니저는 큰 숙제를 풀려 하고 있다.

롭은 맨해튼 파크 애비뉴의 27층 사무실에서 서드 포인트 파트너스Third Point Partners라는 헤지펀드를 운영하고 있다. 서드 포인트라는 이름은 롭이 자란 로스앤젤레스의 파도타기 명소에서 따온 것이다. 롭은 33세이던 1995년 6월에 고작 330만 달러를 가지고 헤지펀드를 시작했다. 초기 자금 중 롭의 자금은 34만 달러에 불과했다.

롭은 헤지펀드를 운영하면서 투자된 1달러를 5달러로 불리는 수완을 발휘했다. 그 대가로 매년 35%라는 자그마한 성과보수를 받았다. 5년이 지나 롭은 2조 달러를 운용한다.

아그리브랜즈Agribrands라는 기업은 롭의 투자 기업 중 두 번째로 비중이 높다. 롭은 2,200만 달러, 펀드 자산 중 약 11%를 여기에 투자 중이다. 매수 평단가는 40달러 언저리다. 그런데 이 기업의 대표이사인 빌 스티리츠Bill Stiritz는 롭의 평단가보다 1달러 낮은 주당 39달러에 기업을 매각하려 하고 있다.

스티리츠는 65세의 능수능란한 사업가다. 스티리츠는 1981년 아그리브랜즈의 모기업이었던 랠스턴퓨리나Ralston Purina의 대표이사로 취임했다. 당시 랠스턴퓨리나는 거대기업이었다. 동물 사료 사업, 애완동물 사업, 패스트푸드 체인, 버섯 농장, 콩 농장, 스키 리조트, 심지어는 프로 아이스하키팀까지 거느리고 있었다.

스티리츠는 아이스하키팀인 세인트루이스 블루스Saint Louis Blues,

스키 리조트와 농장들, 패스트푸드 체인, 동물 사료 자회사를 팔아 치웠다. 이에 더해 제과업과 배터리 제조업을 접으면서 더 나은 사업체를 몇몇 인수했다.

모든 거래는 성과가 좋았다. 스티리츠 재직 중 영업이익은 50배로 치솟았다. 이 와중에 자사주도 적극적으로 매입했다. 발행 주식 총수가 60%까지 줄었다. 스티리츠가 취임하던 1981년 1.25달러에 거래되었던 주가는 그가 사임한 1997년 80달러까지 치솟았다.

스티리츠가 랠스턴퓨리나에서 마지막으로 한 일은 두 개의 사업부를 분할하는 일이었다. 시리얼과 식료품 사업은 랄코프_{Ralcorp}라는 기업으로, 국제적으로 벌이던 동물 사료 사업은 아그리브랜즈로 분할되었다. 스티리츠는 사임 후 아그리브랜즈에서는 대표이사이자 이사회 의장으로, 랄코프에서는 이사회 의장으로 취임했다. 분할된 기업들까지 포함하면 스티리츠는 취임 당시와 비교해 100배 이상 사업을 키웠다.

스티리츠는 아그리브랜즈의 대표이사이자 이사회 의장으로서 아그리브랜즈를 자신이 이사회 의장으로 있는 랄코프에 매각할 계획이다. 이 계획은 그의 입장에선 합리적이다. 랄코프는 더 좋은 사업을 하고 있고, 아그리브랜즈엔 현금이 많다. 스티리츠는 랄코프에서 과거 랠스턴퓨리나에서 했던 성과를 반복하고자 하는 열정이 있다. 그러기 위해선 아그리브랜즈의 현금을 싸게 손에 넣어야 한다. 낮은 아그리브랜즈 매각 가격은 스티리츠에겐 좋은 일이다. 하지만 아그리브랜즈의 주주들, 그리고 대니얼 롭에겐 그렇지 않다.

서드 포인트는 아그리브랜즈의 주식 4%를 보유 중이다. 이 정도의 지분으로는 할 수 있는 일이 별로 없다. 스티리츠는 이 정도 지분을 가진 주주의 전화는 받지 않고 무시할 것이다. 그 주주가 캘리포니아의 파도타기 명소에서 이름을 딴 헤지펀드를 운영하고 있다면 더욱 그렇다. 스티리츠는 기업을 100배 성장시킨 전설적인 경영자다. 롭은 풋내기다. 물론 현재 매각 건만 보면 스티리츠는 옳지 않고, 롭은 옳다. 하지만 문제 해결을 위해 옳고 그른 건 그리 중요하지 않다. 중요한 건 정의가 아니다. 힘이다.

아그리브랜즈의 지분을 50% 미만 보유한 채 스티리츠의 야심을 꺾을 수는 없다. 그렇다고 해서 많은 주식을 살 수 있는 상태도 아니다. 50%를 넘는 지분을 취득하려면 1조 9,000억 달러가 더 필요했다. 펀드의 전체 자산을 하나의 기업에 몰빵할 순 없다. 현실을 외면할 수도 없다. 지금 스티리츠는 아그리브랜즈의 현금 보따리를 헐값에 랄코프로 넘기려 하고 있다. 롭의 작은 펀드는 이 큰 숙제를 해결해야 한다.

롭은 헤지펀드 매니저이자 친구인 로버트 채프먼Robert L. Chapman이 벌인 기행을 떠올렸다. 채프먼은 롭과 10년이 넘는 지기다. 롭은 어렸을 적 채프먼의 소파에서 잠을 자기도 했고, 가까운 아파트에서 살기도 했다. 채프먼은 로스앤젤레스에서 채프먼 캐피털Champman Capital이라는 헤지펀드를 운영한다.

13D 공시

그해 초, 채프먼은 아메리칸 커뮤니티 프로퍼티즈 트러스트 American Community Properties Trust라는 기업을 상대로 싸움을 걸었다. 채프먼은 설립자의 아들이자 32세의 나이로 이사회 의장 겸 대표이사로 오른 마이클 윌슨J. Michael Wilson이 벌이는 대대적인 구조조정 때문에 화가 났다. 주가가 40%나 하락한 것이다.

채프먼은 아메리칸 커뮤니티의 주식을 5% 이상 보유했다. 이 경우 투자자들은 주식시장의 경찰이라고 할 수 있는 미국증권거래위원회에 13D 공시를 해야 한다. 13D 공시에서는 채프먼이 아메리칸 커뮤니티의 지분을 보유한 목적도 설명해야 한다. 아메리칸 커뮤니티에 대한 적대적 인수 계획이 있는지, 아니면 배당을 요구할 계획인지, 혹은 기업을 제3자에게 매각하길 요구할 계획인지 등을 설명해야 한다. 그런데 이 13D 공시 양식 중 7번 항에는 '부록'이라는 항목이 있다. 영감이 스쳤다. 채프먼은 여기에 공개서한을 첨부하기로 했다.

서한에서 채프먼은 아메리칸 커뮤니티가 너무도 저평가된 초소형주라고 생각해 투자했다고 썼다.[53] 이 와중에 주가는 반 토막이 났다. 기업의 구조조정이라는 건 주가에 좋은 영향을 주는 것이 당연하다. 뭔가 잘못된 것이다.

구조조정에서 이익을 본 건 윌슨 가족뿐이다. 윌슨 가족은 실제보다 낮은 가격으로 기업의 자산을 매입해 올 수 있었다. 이들은 엄청난 보수도 받는다. 설립자인 마이클 윌슨의 아버지는 대표이사에서 물러난 뒤로도 자문수수료와 각종 비용 명목으로 수십만 달러를 받고 있다. 채프먼은 구조조정을 '윌슨 가족의 약탈을 위한 계획된 일탈'이라고 표현했다.

아메리칸 커뮤니티가 전화를 받지 않는 것도 분노할 일이다. 하루에 꼬박 세 번씩 전화했지만 아메리칸 커뮤니티의 임원들은 받지 않았다. 아주 간혹 회신 전화를 주기도 했는데, 이런 전화는 늦게 그것도 아주 늦게, 몇 주 혹은 몇 달 후에 왔다. 심지어 일 년이 지난 후에 오기도 했다. 채프먼은 윌슨 가족이 기업의 자산을 저가에 매입하기 위해 주가를 억누르고 있다고 주장했다.

채프먼이 13D 공시에 적은 지분 보유 목적은 배당이었다. 배당이야말로 윌슨 가족의 사익 추구를 막을 방법이라 주장했다. 기업의 자산을 모두 매각해 배당할 경우 주주들에게 돌아가는 몫은 거의 주가의 7배가 될 것으로 예상했다. 채프먼은 화려한 수식어로 공개서한을 마무리했다.

브롱크스 소재 맨해튼대학을 졸업하고 은행에서 대출 담당으로 일했던 32세의 젊은이에게 현실 버전 부루마블 게임을 즐기게 해주신 이사회 임원 여러분께 깊은 사의를 드립니다.
친애하는 로버트 엘 채프먼[54]

채프먼의 공개서한은 효과가 있었다. 망신을 당한 윌슨 가족과 아메리칸 커뮤니티는 자산을 제값에 매각하고 부채를 갚았다. 배당도 지급하기 시작했다. 그러나 얼마 지나지 않아 자산의 매각 속도가 줄었다. 채프먼은 다시 윌슨에게 전화질을 하기 시작했다. 윌슨은 일곱 번이나 전화를 받지 않았다.

마침내 통화가 되었을 때, 윌슨은 채프먼을 비난했다. "당신은 골칫덩어리일 뿐이야. 말도 섞고 싶지 않소"라고 말했다.[55] 채프먼은 이 통화를 공시 자료로 첨부했다. 언론의 큰 관심을 끌었다. 결과는? 윌슨과 아메리칸 커뮤니티는 다시 열심히 자산을 매각했다. 주가는 치솟았다.

채프먼의 편지 작전은 기이해 보였지만 효과가 있었다. 언론과 시장이 큰 관심을 보였고, 주가에도 좋은 영향을 주었다. 롭은 자기도 이 방법을 써야겠다고 생각했다. 롭은 아그리브랜즈의 주식을 5%까지 매수한다. 그리고 이제 거래소에 13D 공시를 할 수 있다.

5%의 지분만으로는 힘이 없다. 하지만 13D 공시 덕에 주주는 입을 얻을 수 있고 목소리를 낼 수도 있다. 롭은 학교 다닐 때 누군가가 괴롭히면 덩치가 큰 친구에게 하루에 25센트를 주고 보호해달라고 하곤 했다. 롭이 사용할 방법은 그것과 비슷하다. 스티리츠의 괴롭힘으로부터 보호받아야 한다. 스티리츠에게 스포트라이트가 쏟아지면 된다.

채프먼은 영어사전을 씹어 먹기라도 한 것인지 공개서한에 어려운 단어를 마구 사용했다. 예를 들어 '묵시적 보류 권고', '심대한 비효율성', '충실한 고언', '이례적인 수단', '족벌주의 관행', '인

지적 부조화' 등이다. 채프먼의 공개서한을 이해하려면 영문학 학위 정도는 받고 시작해야 했다.

롭은 그렇지 않았다. 롭은 인터넷 게시판을 휘젓고 다니는 새로운 종족의 투자자다. 게시판에선 늘 과장과 왜곡에 모욕이 난무한다. 게시판에서 롭의 닉네임은 '미스터 핑크'였다. 쿠엔틴 타란티노 감독의 작품 〈저수지의 개_{Reservoir Dogs}〉에 나오는 주인공 이름이다. 이 영화에서 미스터 핑크는 다이아몬드를 가지고 달아난다.

롭의 공개서한은 점잖음도 감추는 것도 없다. 거래소 공시만을 목적으로 5%까지 주식을 샀다고 솔직히 밝힌다. 이것만이 자신의 '반대 의견을 진지하게 그리고 모든 사람이 알 수 있게 표현하는 방법'이었기 때문이라고 믿는다고 한다. 아그리브랜즈에 대한 공개매수 가격은 너무 낮다고 지적한다. 그 증거로 롭은 마법의 멀티플 혹은 PER을 든다. 마법의 멀티플은 롭이 즐겨 사용하는 평가 척도다.

거인의 방식

"제 경험상 주식시장에서 거래되는 어떤 기업의 주식은 만약 그 기업 전체가 거래되었다면 받았을 가치에 비해 크게 할인되어 거래될 때가 많았습니다."

— 워런 버핏, 〈버크셔 해서웨이 주주 서한〉(1989)

2000년대 초만 하더라도 마법의 멀티플이라는 말을 들어본 투자자는 거의 없었다. 당시는 벤처캐피털과 닷컴 기업들, IPO의 시대였다. 롭은 기업 사냥꾼이 사용하는 방식을 좇아 이 마법의 멀티플을 사용했다. 숨겨진 현금, 알려지지 않은 현금흐름, 우발부채를 찾았다. 부채가 많은 기업은 피했다. 롭은 아그리브랜즈의 숨겨진 현금을 찾아내는 데도 같은 방식을 사용했다. 스티리츠가 조용히 랄코프로 옮기려는 그 현금 다발을 찾은 것이다.

랄코프는 주당 39달러에 공개매수를 제안했다. 여기에 발행 주식 총수를 곱하면 기업의 가치는 4억 2,000만 달러 정도 되었다. 하지만 아그리브랜즈는 은행에 잠자고 있는 현금이 1억 6,000만 달러나 되었다. 스티리츠가 지배권을 획득하면 이 자금을 좌지우지할 수 있다. 그러므로 스티리츠는 실질적으로 아그리브랜즈의 인수에 2억 6,000만 달러(4억 2,000만 달러 – 현금 1억 6,000만 달러)만 지불하는 셈이다. 물론 랄코프는 아그리브랜즈의 부채 1,000만 달러를 부담해야 한다. 부채를 포함할 경우 아그리브랜즈의 총 기업 가치는 2억 7,000만 달러다. 그러니 롭의 계산에 의하면 랄코프의 공개매수는 아그리브랜즈 전체 사업을 2억 7,000만 달러에 사겠다고 한 것이나 다름없었다. 그러면 고작 2억 7,000만 달러에 팔리는 아그리브랜즈의 자체 사업은 가치가 없는가?

그럴 리 없다. 아그리브랜즈는 일 년에 9,000만 달러가 넘는 영업이익을 올리고 있다. 스티리츠는 고작 2억 7,000만 달러에 매년 9,000만 달러를 넘게 벌어들이는 사업을 사겠다고 하는 셈이다. 2억

7,000만 달러를 9,000만 달러 남짓으로 나누면 마법의 멀티플은 고작 2.9배다. 3년 동안 창출되는 현금흐름에도 못 미친다. 영업이익이 아니라 당기순이익인 5,300만 달러로 나누어 PER을 계산하더라도 너무 쌌다. 7.9배에 불과했다.

공개서한에서 롭은 랄코프의 공개매수 제안은 마법의 멀티플로 고작 2.9배, PER로는 7.9배에 불과하다고 썼다. 싸도 너무 싸다. 이 가격이라면 난 팔지 않고 살 것이다. 롭의 펜은 불꽃을 튀었다. 매각 가격은 너무 낮다. 매각 절차는 불공평하다.[56]

랄코프의 이사회 의장이자 아그리브랜즈의 이사회 의장 겸 대표이사로서 스티리츠는 자기거래를 하고 있다. 스티리츠는 '주주의 이익에 우선해 사적 이익을 편취'하고, '불공정한 가격으로 자산을 도둑질'해 가고 있다.[57] 롭은 아그리브랜즈의 현금과 현금흐름이 마땅히 주주들의 몫이라고 말했다. 이 몫은 '랄코프 경영진이 가진 엠파이어스테이트 빌딩만큼이나 높다란 탐욕'을 위해 있는 것이 아니다. 롭은 아그리브랜즈의 매각이 '주주의 이익을 극대화'하는 방법으로 이루어져야 한다고 공개서한을 마무리했다.[58]

2000년 12월 4일, 롭이 공개서한을 쓴 때로부터 3개월이 지난다. 아그리브랜즈는 랄코프에 대한 매각 절차를 중단한다고 발표했다. 대신 거대한 사료와 농산물 사업을 하는 비상장 가족기업인 카길Cargill에 매각하기로 했다고 발표했다. 가격은? 주당 54.5달러였다. 랄코프가 제안한 가격보다 주당 15.5달러, 35% 더 비싼 가격이었다. 롭은 2대 주주로서 큰 이익을 얻었다. 롭의 악명이 높아졌다.

롭은 이 악명을 잘 활용했다. 그는 거래소와 언론이 거들떠보지 않는 소외된 전선에서 싸우는 의병이었다. 롭은 13D 공시를 할 정도까지만 주식을 매입해서 공격을 개시하고 경영진에게 공개서한을 보내곤 했다. 미친 경영자를 상대하는 미친 방법이었다. 어둠과 부정을 향한 대포였다. 그리고 먹혔다.

롭은 당시의 분위기를 묘사했다. 투자자들은 경영진들이 다른 세계에 산다고 생각했다. 투자자들은 경영권을 신이 내린 것처럼 여겼다. 경영진을 향한 반란군을 폭도처럼 생각했다. 하지만 롭은 주주의 이익에 무관심하고 주주에게 주어진 권리를 방치하는 투자자와는 달랐다. 우연한 기회에 공개서한을 활용하긴 했지만, 덕분에 롭은 불과 5년도 안 되어 수십억 달러 자산가가 되었다.

아인혼, 아이칸의 경지에 오르다

수십억 달러의 자산가이자 가치투자자인 데이비드 아인혼은 1996년 불과 90만 달러의 자금으로 그린라이트 캐피털Greenlight Capital이라는 헤지펀드를 시작했다. 이 중 3분의 2, 즉 60만 달러는 아인혼의 부모님이 낸 돈이다. 아인혼은 이후 연 25%에 달하는 수익률을 기록 중이다. 아인혼은 90억 달러의 자산을 운용한다(2017년 기준). 이 중 레버리지를 제외한 순자산은 15억 달러.

2013년 초 아인혼은 주당 60달러에 거래 중이던 애플Apple, Inc.을 압박해 엄청난 현금을 배당하라고 요구했다. 아인혼은 당시 애플에 1,500억 달러의 현금이 있었는데 600억 달러의 유형 자산으로 운영되는 사업과 비교해 너무 많다고 주장했다. 애플이 가진 현금은 17개를 제외한 S&P 500의 모든 기업을 살 수 있는 정도였다.[59] 현금엔 이자가 거의 붙지 않는다. 그럴 바에는 주주의 손에 있는 것이 훨씬 나았다.

아인혼은 현금을 고려하면 애플의 주가는 주당 20달러 더 낮은 가격에 거래되는 것이나 마찬가지라고 주장했다. 애플이 비대한 대차대조표에서 현금을 덜어내면, 주주들은 엄청난 이익을 얻을 수 있다는 것이었다.[60]

아인혼 이외에 당시 애플의 현금에 대해 불만을 가진 행동주의자가 하나 더 있었다. 바로 칼 아이칸이다. 아이칸은 애플의 회장 팀 쿡Tim Cook에게 공개서한을 보냈다. 아이칸은 1,500억 달러 규모의 자사주를 매입하는 방법으로 현금을 주주들에게 환원해야 한다고 주장했다. 아이칸의 서한을 보자.[61]

전에 만났을 때 당신도 애플의 주가가 저평가되었다는 데 동의했습니다. 제 경험상 지금과도 같은 비이성적인 저평가는 종종 짧고 예외적인 동안만 계속됩니다. 자사주를 매입할 적기를 놓쳐서는 안 됩니다. 기회는 쉽게 오지 않습니다. 3년에 걸쳐 매년 600억 달러의 자사주를 매입하는 결정은 언뜻 엄청난 것으로 보이지만, 애플이 현재 장부상 가지고 있는 1,470억 달러의 현금과 내년에 벌어들일 510억 달러의 영업이익(월가 컨센서스 기준)을 생각하면 그리 대단한 것도 아닙니다. 지금과도 같이 엄청난 저평가의 순간에 어마어마한 현금을 쌓아놓은 채, 왜 이 사회가 좀 더 신속히 움직이지 않는지 이해할 수 없습니다. 필요하다면 돈을 빌려서라도 1,500억 달러 규모의 자사주 매입을 발표해야 합니다.

아이칸은 트위터를 통해 아래와 같은 글을 쓰기도 했다.[62]

> **칼 아이칸, 2013년 8월 13일**
>
> 애플에 상당한 비중을 실어 투자하고 있다. 엄청나게 저평가되었다고 믿고 있다. 오늘 팀 쿡과 이야기했고, 더 할 생각이다.

아이칸은 만약 애플이 1,500억 달러 규모로 자사주를 매입할 경우 주당 이익은 33% 늘어날 것이라고 주장했다. 그러면 주가를 150% 정도 밀어 올려 주당 150달러까지도 갈 수 있다고 말했다. 아인혼과 아이칸은 왜 애플의 현금에 꽂혔을까?

행동주의자들은 종종 기업의 현금에 주목한다. 너무나 과도한 현금은 종종 기업 가치에 부정적인 영향을 미치기 때문이다. 2013년경의 애플을 살펴보자. 당시 시가총액은 5,000억 달러 정도였다.

애플은 전년도에 370억 달러의 당기순이익, 500억 달러의 영업이익을 올렸다. 여기에 1,500억 달러의 현금을 쌓아놓고 있었다. 미국 10년물 국채 수익률은 3% 정도였다. 아래는 당시 애플의 장부와 통계를 요약한 표다.

애플의 PER은 14였다(5,000억 달러/370억 달러). 우량한 사업을 하는 것치고는 낮은 편이다. 당시 미국 10년물 국채 수익률의 PER은 33배(1/0.03)에 달했다. 미국 10년물 국채는 애플 주식과 대체 관계에 있다. PER이 33배에 달하는 미국 10년물 국채에 투자할 수

애플의 장부와 통계 요약

요약 대차대조표	
현금 및 현금성 자산	1,500억 달러
기타 자산	600억 달러
총자산	2,100억 달러
요약 손익계산서	
영업이익	500억 달러
순이익	370억 달러
기타 통계와 배수	
시가총액	5,000억 달러
기업 가치	3,500억 달러
PER	14배
마법의 멀티플	7배
ROE	67%
미국 10년물 국채 수익률	3%

도 있고, PER이 14배에 불과한 애플에 투자할 수도 있다. 수익률만 놓고 보면 미국 10년물 국채 수익률의 절반도 안 되는 가격이다. 애플 쪽에 투자하는 게 낫다.

그런데 마법의 멀티플 관점에서 애플을 바라보면 더욱 흥미로운 사실을 알 수 있다. 마법의 멀티플에 의하면 애플은 불과 7배(3,500억 달러/500억 달러)로 거래되고 있었다. 애플은 엄청난 양의 현금을 주주들에게 환원할 수 있다. 그렇게 해도 매년 벌어들이는 현금이 많아서 사업에 지장이 없다.

아인혼은 가치평가에서 이 지점을 지적했다. 우리는 시장이 애플의 현금을 어느 수준으로 주가에 반영하고 있는지를 계산해야 한다. 만약 시장이 이 가치를 전혀 반영하지 않았는데 현금을 환원한다면 큰 수익을 낼 수 있다. 무려 1,500억 달러 혹은 주당 20달러의 배당이 갑자기 생기는 셈이기 때문이다.

이런 주주환원은 총자산수익률ROA, Return on Assets도 높일 수 있다. 무려 83%(500억 달러/600억 달러)의 ROA가 나온다. 이런 수준의 생산성은 14 혹은 그 이상의 PER도 정당화할 수 있다. 그러면 시가총액은 5,000억 달러에서 그다지 줄어들지 않아도 될 것이다. 주주들은 1,500억 달러를 받고 거의 동일한 시가총액을 가진 주식을 보유하게 되는 셈이다. 만약 주가에 애플의 현금이 이미 반영되어 있다면, 주주환원으로 생기는 이익의 폭은 다소 줄 수도 있다. 아인혼은 다음과 같이 썼다.[63]

주가가 얼마나 현금을 반영하고 있는지 알 수는 없습니다. 그래서 얼마나 이익이 생길지도 알 수 없죠. 분명 0보다는 높게 평가하고 있겠지만 실제 쌓인 현금보다는 낮게 평가하고 있을 겁니다.

제 제안을 따르면 애플은 좀 더 효율적으로 자본을 배치하는 전략을 취하는 기업이라는 평가를 받게 될 것이고, 별다른 목적도 없이 현금 혹은 미래의 현금을 쌓아두는 기업보다 높은 평판을 얻게 될 것입니다. 그러면 시장은 애플에 더 높은 수준의 PER을 부여할 겁니다.

2013년 말 아인혼과 아이칸은 애플이 현금을 환원하도록 하는 데 성공했다. 환원은 자사주 매입부터 시작되었다. 애플은 2014년 2월까지 400억 달러의 자사주를 매입했다. 직전 12개월을 통틀어 시장에서 이루어진 가장 큰 규모의 자사주 매입이었다. 애플은 1,300억 달러를 자사주 매입과 배당으로 주주에게 환원하겠다고도 발표했다. 주가는 크게 올랐다. 2013년 5월에는 주당 56달러에 불과했지만 2014년 주주환원 정책을 발표한 다음에는 주당 가격이 100달러에 달했다. 아이칸은 트위터를 통해 이 사실을 온 세상에 알렸다.[64]

칼 아이칸, 2014년 8월 19일

애플 투자는 쉬운 결정이었다.
애플에 투자한 누구든 (배당을 포함해) 53%의 수익을 낼 수 있었다.

그해 연말, 애플은 120달러까지 올랐다. 아이칸은 주식시장에서 가장 큰 기업을 상대로 1년 남짓한 기간에 두 배의 수익을 올렸다. 2017년 애플은 주당 165달러에 거래 중이고 주당 2.28달러를 배당할 예정이다.

애플은 마법의 멀티플이 얼마나 강력한 무기인지를 보여주는 좋은 사례다. 마법의 멀티플 덕분에 저평가되고 억눌린 종류의 주식을 쉽게 찾을 수 있다. 마법의 멀티플을 사용하면 두 가지 방향으로 이익이 난다. 하나는 행동주의자들이 나타나 가치를 상승시키는 방향이다. 이때에는 급격하게 할인 폭이 줄어든다. 다른 하나는 평균회귀의 원리에 따라 상당한 기간에 걸쳐 점진적으로 주가가 오르는 방향이다.

나는 아이칸이 트윗을 시작하기 4개월 전인 2013년 4월에 애플에 관해 다음과 같이 트윗했다.[65]

애플은 2016년 4월 말 무렵 다시 한번 가장 저렴한 30개 주식 중 하나로 나의 검색식에 걸렸다. 나는 당시 두 번째로 이것을 트윗했다. 내용은 위와 같다.[66]

8개월 후 애플은 다시 한번 80% 상승해 주당 165달러까지 올랐다.

11장

심층 가치투자 기법

"가끔 나는 원칙을 강요한다는 비난을 받는다.
전혀 사실이 아니다. 나는 원칙을 싫어한다.
단지 다양한 자극에 사람들이 어떻게
반응하는지 알려줄 뿐이다. 이는 조언이지
절대 원칙이 아니다."

데이비드 오길비David Ogilvy
《광고 불변의 법칙(Ogilvy on Advertising)》(1983)

시장수익률을 원한다면, 시장 지수에 투자하면 된다. 그러나 초과수익을 원한다면, 다른 방법을 써야 한다. 저평가 주식을 사거나, 집중투자를 해야 한다는 말이다.

집중투자에는 두 가지 특성이 있다.

1. 집중투자 포트폴리오는 시장보다 변동성이 크다. 등락이 더 심하다는 말이다. 강세장일 때에는 포트폴리오의 실적이 매

우 좋을 수 있다. 반면 약세장일 때에는 포트폴리오의 실적이 매우 나쁠 수 있다.

2. 집중투자 포트폴리오는 시장을 따라가지 않는다. 이른바 추적오차tracking error가 크다. 집중투자 포트폴리오는 시장이 상승할 때 하락할 수 있고, 시장이 하락할 때 상승할 수도 있다. 시장이 하락할 때 내 포트폴리오가 상승한다면 좋은 일이지만, 이런 경우는 모른 채 지나가기 쉽다.

반면 시장이 상승할 때 내 포트폴리오가 하락하면, 관심을 기울이게 된다. 학계의 분석에 의하면, 추적오차가 큰 포트폴리오에서 장기적으로 좋은 실적이 나오기도 한다. 그러나 장기간 시장 실적에 못 미치는 경우도 있다. 이때는 추적오차가 달갑지 않을 것이다. 이런 포트폴리오를 유지하기는 쉽지 않다.

역발상 투자는 어렵다. 우리는 본능적으로 대중을 따라가려고 한다. 대중과 반대로 가야 한다는 사실은 알지만, 저평가 주식을 매수하기는 쉽지 않다. 사업 실적이 나쁘기 때문이다. 성장세가 둔화하거나 이익이 감소한다. 적자를 내고 있거나 파산을 앞두고 있다. 그래서 저평가되는 것이다.

그레이엄은 이 사실을 알고 있었다. 그는 《증권분석》에서 지적했다.[67]

그동안 이익이 꾸준히 증가한 주식이라면 절대 저평가되지 않는다. 사람들이 저평가 주식을 매수하려 하지 않는 이유는, 이익 감소나 손실 지속으로 회사의 자원이 바닥나서, 결국 내재가치가 매수 가격 밑으로 내려갈 가능성이 있기 때문이다.

사람들은 기업의 성장세가 둔화하고 이익이 계속 감소하여, 적자가 누적되고 주가가 계속 하락할까 봐 걱정한다. 이런 추세가 지속될 것으로 예상한다. 이는 사람들이 흔히 저지르는 착각이다.

사람들은 대중을 따라갈 때 마음이 편해지고, 대중을 거스를 때 마음이 불편해진다. 그래서 본능적으로 추세를 따르고, 평균회귀를 거부한다. 그러나 데이터를 분석해보면 늘 평균회귀가 나타난다. 그러므로 투자자들은 다음 사항을 유념해야 한다.

1. 이익 추세보다 평가가 더 중요하다. 저평가된 저성장주가 고평가된 고성장주보다 수익률이 훨씬 높다. 평균회귀에 의해서 저평가된 주식은 상승하고 고평가된 주식은 하락하며, 저성장주는 성장세가 개선되고, 고성장주는 성장세가 둔화하기 때문이다.

2. 저평가된 저성장주가 저평가된 고성장주보다 수익률이 높다. 저평가된 고성장주가 유리할 것처럼 보이지만, 사실은 그렇지 않다. 데이터를 분석해보면 저성장주는 성장세가 개선되고, 고성장주는 성장세가 둔화하기 때문이다.

3. 저평가된 저수익주가 저평가된 고수익주보다 수익률이 높다. 저수익주는 이익이 증가하고, 고수익주는 이익이 감소하기 때문이다.

고수익주는 해자를 보유한 경우에만 초과수익을 낸다. 해자가 없으면 경쟁자들이 몰려들기 때문에 이익이 감소한다. 고수익주의 실적이 계속 이어진다고 함부로 낙관해서는 안 된다.

치열한 경쟁을 견뎌내는 기업은 흔치 않으므로, 찾아내기 어렵다. 버핏은 탁월한 솜씨로 해자를 갖춘 훌륭한 기업들을 찾아낸다. 그러나 버핏처럼 솜씨가 탁월한 사람이 아니라면, 저평가 주식을 사는 편이 낫다. 이것이 역발상 투자이며, 가치투자이다.

부러진 다리 문제

"대부분 결정은 원하는 정보의 약 70%로 내려야 합니다. 90%를 입수할 때까지 기다리면, 십중팔구 너무 늦어집니다. 그리고 결정이 잘못되면 재빨리 인식해서 수정해야 합니다. 진로 수정이 신속하면 그 대가가 생각보다 크지 않지만, 진로 수정이 늦어지면 대가가 확실히 커집니다."

— 제프 베조스Jeff Bezos, 〈아마존 주주 서한〉(2017)

투자한 기업의 주가 하락, 적자 기록, 위기 발생에는 어떻게 대응해야 하나? 저평가주에 투자해야 유리한 줄은 알지만, 악재가 보도되면 우리는 어쩔 줄 모른다. 그래서 대중을 따라가고 싶어진다. 본능에 지배당하는 것이다.

우리는 불확실성을 감당하기가 힘들다. 알지 못하는 상태에서 추측으로 선택해야 하기 때문이다. 그래서 우리는 추세를 선호한다. 최고의 투자자와 행동재무학 전문가들조차 추세를 선호한다. 이런 행태가 실수인 줄 아는 것만으로는 잘못을 바로잡지 못한다. 그러면 어떻게 해야 할까?

1950년대 이후 사회과학자들은 '전문가들의 예측'과 '단순한 원칙에 따른 예측'의 정확도를 비교 분석했다. 분석을 거듭해도 '단순한 원칙에 따른 예측'이 '전문가들의 예측'보다 더 정확했다. 1986년 이 분야의 창시자인 심리학 교수 폴 밀Paul Meehl 은 말했다.[68]

사회과학 분야에서 이렇게 다양한 정성분석을 통해서 이렇게 일관된 결과가 나오는 경우라면 논란의 여지가 없다. 미식축구 결과 예측에서 간질환 진단을 포함한 임상 의학자들의 여러 연구에서 나타나는 편향에 이르기까지. 이제는 현실적인 결론을 도출할 때가 되었다.

이는 '단순한 원칙에 따른 예측'이 '전문가들의 예측'보다 더 정확하다는 뜻이다. 이것이 바로 예측 모형의 황금률이다.[69]

가치투자자들은 다음과 같은 단순한 원칙을 따른다.

- 가격이 내재가치보다 훨씬 낮으면 매수한다. 그렇지 않으면 내버려 둔다.
- 가격이 내재가치보다 높으면 매도한다. 그렇지 않으면 계속 보유한다.

이런 방식으로 가치투자자들이 사용하는 마법의 멀티플, 마법 공식 등이 단순한 원칙에 해당한다. 그러나 투자자들은 원칙을 싫어한다. 단순한 원칙에서 나온 결과를 보고 나서 따를지 말지 결정하는 편이 낫다고 생각한다. 하지만 이는 좋은 방법이 아니다. 전문가들조차 단순한 원칙을 따라갈 때 더 좋은 성과가 나온다.

이것이 이른바 '부러진 다리 문제broken-leg problem'이다. 존과 제인이 함께 영화관에 갈 것인지를 예측하는 단순한 원칙이 있다고 가정하자. 만일 존의 다리가 부러졌다는 사실을 알게 된다면, 우리는 간단한 원칙을 무시하고 스스로 판단해야 할까?

단순한 원칙은 존의 다리가 부러졌다는 사실을 고려하지 못하므로, 이런 상황에서는 단순한 원칙을 따르면 안 된다는 주장이 있다. 물론 이런 상황에서는 우리가 직접 예측할 수도 있다. 그러면 우리 예측이 더 정확해질까? 그러나 분석에 의하면, 우리 예측은 더 정확해지지 않는다. 우리가 직접 예측하면, 엉뚱한 변수까지 고려할 때가 훨씬 많아지기 때문이다.

성장세가 둔화하거나 수익성이 악화하는 기업을 분석할 때에도 마찬가지다. 평범한 주식을 싸게 사서 포트폴리오를 구성하면 초과수익을 얻는다. 그러나 개별 기업을 들여다보면 다리가 부러진 것처럼 보인다. 그래서 단순한 원칙을 따르는 대신, 개별적으로 판단하고 싶어진다. 그래도 그냥 단순한 원칙을 따르는 편이 낫다.

손수 해보라

"해양구난Marine Salvage은 사고방식이 의심스러워서 신뢰하기 어려운 사람들이 정확도 낮은 도구로 실행한 불명확한 실험에서 얻은 미확인 숫자로 모호한 가정을 세우고 하는 과학이다."

— Charles A. Bartholomew, 《Mud, Muscle, and Miracles: Marine Salvage in the United States Navy(진흙, 근육, 기적: 미국 해군의 해양구난)》

초과수익을 얻는 간단한 방법은 저평가 주식으로 포트폴리오를 구성하는 것이다. 웹사이트 acquirersmultiple.com에서 좋은 아이디어를 얻을 수 있다. '대형주 선정화면Large Cap Screener'을 이용하면 시가총액 상위 1,000종목 중에서 최대 저평가 종목을 무료로 무제한 검색할 수 있다. 미국에 상장된 모든 주식을 다루는 유료 선정화면도 두 가지가 있다. '전체 주식 선정화면All Investable Screener'을 이용하면 전체 주식 중 시가총액 상위 50%에서 저평가 종목을 선정할 수 있고, '소형주 및 마이크로주 선정화면Small and Micro Cap Screener'을 이용하면 전체 주식 중 시가총액 하위 50%에서 저평가 종목을 선정할 수 있다.

대형주 선정화면에 나오는 주식들은 과거 변동성도 낮았고 수익률도 낮았다. 변동성은 주식의 수익률 등락 정도를 가리킨다. 변동성이 높다는 말은 포트폴리오의 수익률 등락이 크다는 뜻이다. 변동성이 낮다는 말은 포트폴리오의 수익률 등락이 작다는 뜻이다.

소형주 및 마이크로주 선정화면에 나오는 주식들은 과거 수익률이 더 높았지만 변동성은 훨씬 더 높았다. (선정 대상이 가장 광범위한) 전체 주식 선정화면을 이용하면 수익률과 변동성 사이에서 최적의 균형을 유지할 수 있다.

선정화면 사용 방법

선정화면 사용 방법은 두 가지로서, 기업 소유주 방식과 퀀트 투자자 방식이다.

퀀트 투자자 방식은 선정화면만으로 포트폴리오를 구성하는 방식이다. 퀀트 투자자는 특정 주식에 대한 자신의 호불호를 무시한 채, 선정화면으로 선정한 주식을 매수한다. 그러고 나서 냉정한 태도로 포트폴리오를 장기간 보유하면서 초과수익을 추구한다.

기업 소유주는 선정화면을 추가 분석의 발판으로 삼는다. 그는 전통적인 펀더멘털 분석가처럼 주식을 기업으로 간주하여 분석한다. 그는 주가가 내재가치보다 훨씬 낮아서 안전마진이 충분할 때에만 선정화면으로 선정한 주식을 매수한다.

둘 다 타당한 방식이지만, 기업 소유주 방식이 훨씬 어렵다. 대부분 투자자에게는 퀀트 투자자 방식이 나을 것이다. 전문 투자자 대부분(약 80%)이 초과수익을 내지 못한다는 점을 고려하라.

사람들 대부분이 시장수익률도 따라가지 못하는 것은 인지편향cognitive biases 과 행동오류behavioral errors 때문이다.

그린블랫은 마법 공식 실행이 투자자들에게 쉽지 않다는 사실을 발견했다. 2012년 발표한 글 '2센트를 더 보태면 장기적으로 비용이 더 들 수도 있다Adding Your Two Cents May Cost You A Lot Over The Long Term' 에서, 그는 자기 회사에서 관리하는 별도 운용 계정separately managed account 두 종류의 2년 실적을 비교했다.

그는 미국 주식에 투자하는 계정 고객들에게 투자 방식을 선택하게 했다. 일부 고객들은 기업 소유주 방식을 선택했고, 다른 고객들은 퀀트 투자자 방식을 선택했다. 기업 소유주 방식을 선택한 고객들은 선정화면에서 제시한 종목의 매매를 손수 결정했다. 퀀트 투자자 방식을 선택한 고객은 선정화면에서 제시한 종목을 절차에 따라 기계적으로 매매했다.

그린블랫은 계정 두 종류의 투자 행태를 실시간으로 분석했다. 기업 소유주 계정은 매매를 본인이 결정했고, 퀀트 투자자 계정은 매매를 자동으로 실행했다. 선정화면에서 두 계정에 제시한 종목은 똑같았다. 결과가 어떠했을까?

기업 소유주 계정의 실적은 나쁘지 않았다. 2년 동안 비용을 제외한 수익률이 평균 59.4%였다. 그러나 같은 기간 S&P 500의 수익률은 62.7%였다. 같은 기간 퀀트 투자자 계정의 비용을 제외한 수익률은 평균 84.1%였다. 기업 소유주 계정보다 거의 25% 높은 수익률이다(S&P 500보다 20% 이상 높은 수익률이다). 투자 종목이 똑같다는 점을 고려하면 엄청난 차이다.

그린블랫은 말했다. "매매를 손수 결정한 사람들은 자신의 판단을 적용한 탓에, 우수한 시스템이 안겨준 초과수익은 물론 그 이상을 날려버리고 말았다!"

간단한 원칙은 초과수익을 안겨주었으나, 이들은 자신의 판단을 적용한 탓에 시장수익률도 따라가지 못한 것이다. 엉뚱한 결과다! 기업 소유주 계정 중 실적이 가장 좋은 것은 아무것도 하지 않은 계정이었다. 이 계정 고객은 계좌를 개설하여 주식을 매수하고 나서, 2년 동안 그냥 내버려 두었다. 아무것도 안 하는 전략이 나머지 기업 소유주 계정들을 능가했다.

그린블랫은 결론지었다. "좋은 소식인지 모르겠지만, 장기 투자를 할 때는 대개 매매를 적게 할수록 더 좋은 실적이 나온다는 메시지인 듯하다. 그럴 수 있다면 좋겠지만 말이다."

퀀트 투자자 방식은 훨씬 더 재미없다. 존 메이너드 케인스John Maynard Keynes는 말했다. "도박 본능이 없는 사람에게는 투자가 견딜 수 없이 따분하고 까다로운 일이지만, 도박 본능이 있는 사람에게는 투자가 대가를 치러야 하는 일이다." 다시 말해서, 도박을 좋아하지 않는다면 투자가 따분하지만, 도박을 좋아하면 투자 과정에서 대가를 치른다는 뜻이다.

퀀트 투자 절차

마법의 멀티플로 구성된 선정화면에서 상위 종목들을 고른다. 각 선정화면은 항상 상위 30개 종목을 제시한다. 30개 종목을 모두 보유할 필요는 없다. 그러나 보유 종목이 20개 미만이면 안 된다.

일반적으로 보유 종목 수가 증가할수록 분산투자 효과가 높아진다. 보유 종목 수가 증가할수록, 각 종목에 투자하는 금액이 감소한다. 그러면 한 종목이 휴지가 될 때 입는 손실이 감소한다. 반면 한 종목이 상승할 때 얻는 이익도 감소한다. 보유 종목 수가 증가하면 매매도 증가하므로, 관리하기도 더 어려워진다.

보유 종목 수가 감소할수록, 각 종목에 투자하는 금액이 증가한다. 그러면 한 종목이 휴지가 될 때 입는 손실이 증가한다. 반면 한 종목이 상승할 때 얻는 이익도 증가한다. 보유 종목 수가 감소하면 매매도 감소하므로, 관리하기도 더 쉬워진다.

다음은 투자를 체계화하는 기법이다.

1. 분석: 어떤 이유로든 보유하기 싫은 종목은 무시한다. 분산투자를 위해서 보유 종목을 20개 이상으로 유지한다.
2. 매수: 모든 종목을 한꺼번에 매수하는 방식이 가장 좋다. 그러

나 분할해서 매수해도 괜찮다. 예컨대 12개월에 걸쳐 정기적으로 매수해도 된다. 그러면 매월 2~3개 종목을 매수하면 된다.

3. 매도: 과세 계좌에서 수익 종목을 매도한다면, '1년+1일' 이상 경과한 종목을 매도한다. 그러면 세후 수익률이 극대화된다. '1년+1일' 이상 경과한 수익 종목이 선정화면에 여전히 남아 있다면 계속 보유한다. 손실 종목이 선정화면에 여전히 남아 있어도 계속 보유한다. 손실 종목이 선정화면에서 사라지면 매도한다. 적어도 분기마다 점검해서 매매가 필요한지 확인한다.

4. 리밸런스Rebalance : 보유 주식을 매도한 다음에는 선정화면에서 최상위 종목 중 보유하지 않은 종목을 매수한다

웹사이트 acquirersmultiple.com에는 미국과 캐나다에 상장된 저평가 가치주들이 들어 있다.

다음 장에서는 심층 가치투자의 8개 원칙을 설명한다.

12장

심층 가치투자의
8원칙

"생존하려면 끝없이 의심할 수 있어야 한다."

존 르 카레
《팅커, 테일러, 솔저, 스파이(Tinker, Tailor, Soldier, Spy)》(1974)

"스파이가 누군가를 믿으려면 매우 용감해야 한다. '이 녀석은 도무지 믿을 수 없어'라는 말은 바보도 할 수 있다. 반면 '나는 그를 믿어'라고 말하려면 두둑한 배짱으로 위험을 무릅써야 한다."

존 르 카레
《The Pigeon Tunnel: Stories from My Life(비둘기 터널: 나의 인생 이야기)》(2016)

1. 대중이 왼쪽으로 갈 때 우리는 오른쪽으로 간다

투자할 때 우리는 대중의 견해와 자신의 견해를 비교한다. 대중의 견해는 어디에서 찾아야 할까? 그것은 주식의 가격과 내재가치의 차이에서 드러난다. 우리는 손수 분석해서 내재가치를 산출하고, 이 내재가치와 가격의 차이가 큰 주식을 찾으면 된다. 다시 말해서 대중이 왼쪽으로 갈 때, 우리는 오른쪽으로 간다.

이렇게 하는 이유는, 대중이 팔고자 하는 주식을 사야 좋은 가격에 살 수 있기 때문이다. 좋은 가격이란 유리한 가격을 뜻한다. 손실 확률은 작고 이익 확률은 큰 가격이다. 손실 확률이 작은 것은, 최악의 시나리오까지 이미 가격에 반영되어 있기 때문이다. 그래서 실수가 어느 정도 용인된다. 우리 판단이 빗나가도 큰 손실을 보지 않고, 우리 판단이 적중하면 커다란 이익을 얻는다는 의미다.

소외된 저평가 기업들은 역발상 투자의 기회를 준다. 사업이 부실하거나 따분하거나 형편없어지면, 대중은 참지 못하고 주식을 내던지므로 저평가된다. 그러나 시간이 흐르면 평균회귀에 의해서 사업이 호전된다.

2. 저평가된 주식을 산다

가격이 내재가치보다 낮을수록 수익률이 높아진다. 이는 어디에나 적용되는 원칙이다. 미국, 영국, 유럽, 아프리카, 아시아, 호주, 뉴질랜드에도 적용된다. 개발도상국 시장과 신흥 시장에도 적용된다. 저평가와 고수익은 동행한다.

제조회사들을 평가할 때에는 마법의 멀티플이 단연 가장 좋은 척도다. 마법의 멀티플은 '기업 가격enterprise value'을 '영업이익operating earnings'으로 나눈 값이다. 사모펀드나 행동주의 투자자들이 기업을 인수할 때, 숨겨진 가치를 찾아내려고 사용하는 척도다.

기업 가격은 인수하는 기업에 대해 우리가 지불해야 하는 진정한 가격이다. 기업 가격에는 시가총액이 포함되며, 전체 유통 주식 수에 주가를 곱하면 산출된다. 시가총액만으로 기업 가격을 산출하면 다른 비용을 누락하는 잘못을 저지르게 된다. 그러므로 대차대조표와 부외 항목들도 살펴보아야 한다. 현금은 유리한 요소이므로 기업 가격에서 차감하고, 부채, 우선주, 소수 지분은 불리한 요소이므로 기업 가격에 가산한다.

영업이익은 기업이 사업을 통해서 벌어들이는 이익을 가리킨다. 자산 매각이나 소송에서 발생한 일회성 이익 등은 영업이익에 포함되지 않는다. 영업이익을 사용하면, 부채 규모가 다른 기업도 동일한 기준으로 비교할 수 있다.

은행과 보험사 등 금융회사를 평가할 때에는 순자산가치가 더 좋은 척도이다. 물론 평가의 목적은 저평가된 주식을 찾아내는 것이다.

3. 안전마진을 확보한다

살펴보아야 하는 세 가지는 내재가치 대비 가격, 대차대조표, 사업이다.

첫째, 내재가치보다 가격이 낮을수록 투자하기에 더 안전하다. 실수를 하거나 기업의 가치가 감소해도 큰 손실을 피할 수 있기 때문이다. 따라서 내재가치보다 가격이 낮을수록 수익률이 더 높아진다고 추론할 수 있다. 학계에서는 수익률이 높아질수록 위험도 높아진다고 믿지만, 우리는 안전마진이 커질수록 수익률은 더 높아지고 위험은 낮아진다고 믿는다.

둘째, 대차대조표에서 우리는 부채보다 현금 및 현금성 자산을 선호한다. 리스나 연금재원 부족액underfunded pensions 등 부외부채簿外負債가 있는지도 확인한다. 재무건전성 관련 신호가 있는지도 살펴본다. 현금이 많아서 성공한 기업은 없지만, 부채가 많아서 실패한 기업은 많다.

셋째, 사업이 건전해야 한다. 실제로 영업이익이 많아야 하며, 분식회계에 의한 가공이익이어서는 안 된다. 현금흐름과 회계이익이 일치하는지 확인해야 한다. 비즈니스 모델의 근거가 과학 실험이나 모형인 기업은 투기 대상에 불과하다. 반면 현재 수익성이 낮아도 과거 실적이 좋았던 기업이라면 역발상 가치투자의 기회가 될 수 있다.

4. 주식은 종목 코드가 아니라 기업 일부에 대한 소유권이다

첫째, 주주는 기업의 소유주이다. 주주는 주주총회에서 의결권으로 소유주의 권리를 행사한다.

둘째, 주주는 기업의 모든 소유물에 관심을 기울여야 한다. 기업의 사업과 자산, 특히 현금에 관심을 기울여야 한다.

우리는 사업과 대차대조표가 건전한지 살펴본다. 고수익 사업은 가치가 크지만, 상습 적자 사업은 가치가 마이너스다. 마찬가지로, 건전한 대차대조표는 가치가 크지만, 부채가 자산을 초과하는 대차대조표는 가치가 마이너스다.

대차대조표의 현금 등 자산은 무시하면서 이익 추세만 보는 투자자들이 많다. 실적이 부진해도 재무제표가 건전한 기업에는 숨겨진 가치가 있을지 모른다. 이런 기업은 사업이 회복되면 공짜 콜옵션을 제공할 수도 있다.

5. 고성장 고수익을 조심한다

평균회귀는 강력하다. 고성장 고수익은 눌러 내리고, 저성장 저수익은 밀어 올린다.

고성장 고수익은 경쟁을 불러일으키고, 경쟁은 성장과 수익을 갉아먹는다. 워런 버핏을 따르는 투자자들은 해자(경쟁우위)를 갖춘 고수익 기업을 탐색한다. 그러나 해자를 찾기는 어려우며, 쉽게 사라지는 해자도 많다.

분석에 의하면, 대부분 고수익 기업의 이익은 시간이 흐르면 평균회귀한다. 고수익을 계속 유지하는 기업은 소수에 불과하다. 그러나 우리는 그런 소수의 기업을 미리 찾아낼 수가 없다. 다시 말해서 지속적인 성장과 이익을 알려주는 선행지표를 우리는 알지 못한다.

증거를 보면, 차기 고성장주나 고수익주를 찾아낼 확률은 동전 던지기 수준에 불과하다. 버핏은 천재여서 이런 기업들을 찾아낼 수 있었다. 평범한 사람들은 가격이 내재가치보다 훨씬 낮은 주식을 사는 편이 낫다.

차기 고성장주나 고수익주를 찾으려면 현재 고전하는 기업들을 살펴보라. 이런 기업들의 주가는 대개 내재가치보다 훨씬 낮다. 이런 기업은 실적이 개선될 수도 있고, 내재가치와 주가의 차이가 감소할 수도 있다.

6. 간단한 원칙을 사용함으로써 실수를 피한다

불확실한 미래를 확률적으로 판단할 때에는 인지 오류가 발생한다. 주식 투자가 대표적인 사례다.

이런 실수를 피하는 비결은 간단한 원칙을 사용하는 것이다. 간단한 원칙을 글로 적어두고, 엄격하게 따르는 방식이 이상적이다.

간단한 원칙은 검증할 수 있다. 백테스트back test나 실전검증battle test이 필요하다. 백테스트는 과거 데이터를 사용해서 원칙이 작동하는지 확인하는 방법이다. 다양한 국가와 시장에서 확인하면 이상적이다. 실전검증은 원칙이 실제로 작동하는지 확인하는 방법이다. 지금까지 이론상으로 실패한 전략은 없었지만, 실제로는 거의 모두 실패했다.

7. 집중투자 하되, 도를 지나치지 않는다

시장수익률을 원한다면, 시장 지수에 투자하면 된다. 그러나 초과수익을 원한다면, 다른 방법을 써야 한다. 저평가 주식을 사거나, 집중투자를 해야 한다는 말이다. 집중투자에는 두 가지 특성이 있다.

첫째, 집중투자 포트폴리오는 시장보다 변동성이 크다. 등락이 더 심하다는 말이다. 강세장일 때에는 포트폴리오의 실적이 매우 좋을 수 있다. 반면 약세장일 때에는 포트폴리오의 실적이 매우 나쁠 수 있다.

둘째, 집중투자 포트폴리오는 시장을 따라가지 않는다. 이른바 추적오차가 크다. 집중투자 포트폴리오는 시장이 상승할 때 하락할 수 있고, 시장이 하락할 때 상승할 수도 있다. 시장이 하락할 때 내 포트폴리오가 상승한다면 좋은 일이지만, 이런 경우는 모른 채

지나가기 쉽다. 반면 시장이 상승할 때 내 포트폴리오가 하락하면, 관심을 기울이게 된다. 학계의 분석에 의하면, 추적오차가 큰 포트폴리오에서 장기적으로 좋은 실적이 나오기도 한다. 그러나 장기간 시장 실적에 못 미치는 경우도 있다. 이때는 추적오차가 달갑지 않을 것이다.

과도한 집중투자는 삼가야 한다. 나의 판단과 계산이 빗나갈 수 있다고 생각하라. 내가 틀리고 시장이 맞을 때가 더 많다는 사실을 명심하라.

8. 장기적으로 세후 수익률을 극대화한다

목표는 장기 세후 수익률 극대화이며, 세 가지를 주목한다.

첫째, (수개월 수년을 넘어서는) 장기적 관점이 투자에 매우 유리하다. 단기 전망이 어두운 기업들은 흔히 저평가된다. 이런 기업들이 단기 실적에 연연하지 않는 투자자들에게 좋은 기회를 제공한다. 이른바 시간 차익거래time arbitrage를 할 수 있기 때문이다. 장기적 관점은 인내심 강한 투자자들에게 항구적 강점이 된다.

둘째, 복리 효과가 나타나려면 오랜 세월이 걸린다. 그러나 장기적으로는 실적에 엄청난 영향을 미친다.

셋째, 세금과 보수는 장기 복리 효과를 갉아먹는 숨은 적이다. 보수 높은 펀드들은 인덱스펀드의 실적을 따라가기 어렵다. 반면 보수가 낮은 액티브 ETF는 세금 효율성이 높으며, 장기적으로 초과수익을 올릴 수도 있다.

가치투자는 세월의 시험을 견뎌낸 합리적인 투자 기법이다. 탁월한 가치투자자들은 역발상 투자를 한다. 안전마진을 극대화하며, 비용과 세금을 극소화한다. 고성장과 고수익을 쉽게 믿지 않는다. 자신의 판단이 틀렸을지도 모른다고 생각한다. 의심, 겸손, 저비용은 생존 확률을 극대화한다. 운이 따르면 장기적으로 초과수익을 얻을 수 있다. 이런 원칙에 맞는 주식들을 웹사이트 acquirersmultiple.com의 주식 선정화면에서 찾을 수 있다. 더 자세한 내용을 원하면 다음 내 저서를 참고하기 바란다.

- 《Deep Value: Why Activists Investors and Other Contrarians Battle for Control of Losing Corporations(심층 가치: 행동주의 투자자와 가치투자자가 적자 기업에 경쟁적으로 투자하는 이유)》
- 《집중투자(Concentrated Investing: Strategies of the World's Greatest Concentrated Value Investors)》
- 《퀀트로 가치투자하라(Quantitative Value: A Practitioner's Guide to Automating Intelligent Investment and Eliminating Behavioral Errors)》

내 트위터 계정은 @greenbackd이다.

THE ACQUIRER'S MULTIPLE

13장

주요 지표, 비교
시뮬레이션 결과

> "관점을 왜곡하는 과도한 정밀조사보다는
> 관점을 왜곡하지 않는 개관槪觀이 낫다."

알렉산더 킹레이크 Alexander Kinglake**(영국 역사가)**

《The Invasion of the Crimea(크림 전쟁)》

여기에서는 시뮬레이션 세부 사항을 설명한다. 읽지 않아도 행복하게 오래 살 수 있지만, 꼭 읽어야 직성이 풀리는 사람들을 위해서 신는다.

가정

1. 과거 데이터를 이용한 시뮬레이션 실적은 실제 운용 실적과 거리가 있으며, 투자자의 판단에 영향을 주는 다양한 변수들을 충실히 반영하지 못한다. 시뮬레이션 실적은 후견지명으로 설계한 모형에 과거 데이터를 적용해서 달성한 것이다. 어떤 투자 전략이나 위험관리 기법으로도 수익률을 보장하거나 위험을 제거할 수 없다.

2. 시뮬레이션에 사용한 기업 및 증권 관련 데이터는 모두 스탠더드 앤드 푸어스Standard&Poor's의 컴퓨스탯 데이터베이스Compustat database를 사용했다. 1987~2017년 실적 시뮬레이션에는 컴퓨스탯의 스냅샷Snapshot 데이터베이스를 사용했으며, 투자자들도 기업의 재무 데이터가 공개되는 즉시 사용할 수 있었다고 가정했다. 반면 1987년 이전에는 투자자들이 기업의 재무 데이터가 공개되는 즉시 사용하기 어려웠다고 가정하여, 분기 말에서 90일 경과 후에 재무 데이터를 시뮬레이션에 적용했다.

3. 시뮬레이션 대상은 뉴욕증권거래소NYSE, 나스닥NASDAQ, 아메리카증권거래소AMEX에 상장된 비금융회사로 한정했다.

4. 각 시뮬레이션에서 이익수익률과 투하자본이익률에 가중치

를 부여하고 합산하여 투자 대상 기업들의 순위를 매겼다.

5. 시점 선택이 미치는 영향을 최소화하려고, 30종목 동일비중 포트폴리오를 구성해서 매월 리밸런싱하면서 실적을 산출했다.

6. 각 종목의 매수, 매도 가격으로는 매월 초 10영업일의 거래량 가중 평균 종가를 사용했다. 거래 비용은 주당 0.01달러라고 가정했다. 매월 초 10영업일 동안 시뮬레이션이 차지하는 거래량은 전체 거래량의 10%를 초과하지 않는다고 가정했다.

7. 시뮬레이션 실적에서는 보수를 차감하지 않았다.

8. 시뮬레이션은 시뮬레이션일 뿐이므로, 유사한 모형에 따라 투자하더라도 유사한 실적이 나온다고 기대해서는 안 된다. 시뮬레이션 실적이나 과거 실제 실적은 미래 실적을 보장하지 않는다.

시가총액 5,000만 달러 이상
연 수익률(1973~2017년)

연도	S&P 500	마법 공식	마법의 멀티플
1973	-16.8%	-48.6%	-37.0%
1974	-20.3%	-23.6%	-17.2%
1975	31.0%	73.6%	67.0%
1976	1.2%	64.2%	67.7%
1977	-12.5%	24.6%	28.3%
1978	12.0%	33.6%	32.0%
1979	14.2%	43.7%	43.2%
1980	13.5%	43.0%	49.0%
1981	-7.1%	5.1%	17.2%
1982	20.7%	35.3%	41.5%
1983	12.5%	48.0%	46.5%
1984	9.9%	-10.4%	5.7%
1985	17.9%	38.7%	46.7%
1986	29.4%	25.5%	34.7%
1987	-6.2%	-11.5%	-12.6%
1988	15.7%	40.8%	25.5%
1989	10.6%	21.2%	14.0%
1990	4.5%	-5.8%	-24.5%
1991	18.9%	73.9%	59.5%
1992	7.3%	16.8%	23.3%
1993	9.8%	1.1%	17.8%
1994	-2.3%	6.6%	-10.8%
1995	35.2%	20.5%	23.2%

1996	23.6%	32.7%	28.7%
1997	24.7%	13.5%	30.0%
1998	30.5%	1.8%	-5.8%
1999	9.0%	18.4%	22.9%
2000	-2.0%	23.9%	24.8%
2001	-17.3%	32.5%	57.3%
2002	-24.3%	26.1%	4.7%
2003	32.2%	65.4%	84.9%
2004	4.4%	31.5%	36.5%
2005	8.4%	8.0%	3.6%
2006	12.4%	11.6%	25.9%
2007	-4.2%	-1.8%	-11.7%
2008	-40.1%	-40.4%	-29.3%
2009	30.0%	51.6%	91.0%
2010	19.8%	15.8%	44.2%
2011	2.0%	-6.1%	-21.2%
2012	14.1%	3.8%	6.4%
2013	19.0%	50.9%	31.5%
2014	11.9%	6.9%	5.2%
2015	-2.7%	-19.5%	-13.2%
2016	17.5%	22.4%	29.5%
2017년 1분기	4.6%	3.1%	-1.0%
평균	7.1%	16.2%	18.5%

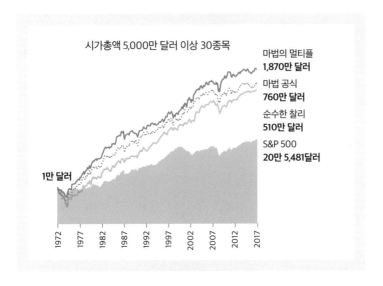

1만 달러 투자 시 원리금:
S&P 500, 순수한 찰리, 마법 공식, 마법의 멀티플(1973~2017년) 로그 차트

시가총액 5,000만 달러 이상 30종목

마법의 멀티플
1,870만 달러

마법 공식
760만 달러

순수한 찰리
510만 달러

S&P 500
20만 5,481달러

1만 달러

1972 1977 1982 1987 1992 1997 2002 2007 2012 2017

시가총액 5,000만 달러 이상
표본의 통계(1973~2017년)

연도	순수한 찰리	마법 공식	마법의 멀티플	S&P 500
투자총수익 수익률	15.1%	16.2%	18.6%	10.3%
표준편차	19.4%	22.6%	23.2%	15.3%
추적오차	11.8%	15.0%	16.1%	-
최대하락률	69.5%	60.7%	51.2%	50.9%
샤프Sharpe비율	0.53	0.50	0.59	0.36
소르티노Sortino 비율	0.50	0.50	0.60	0.33
CAPM 알파	4.3%	4.7%	7.0%	-
CAPM 베타	1.02	1.12	1.10	-
S&P 500 투자총수익과 상관계수	0.80	0.76	0.74	-

시가총액 2억 달러 이상
연 수익률(1973~2017년)

연도	S&P 500	마법 공식	마법의 멀티플
1973	-16.8%	-43.7%	-33.2%
1974	-20.3%	-22.6%	-22.2%
1975	31.0%	67.1%	59.2%
1976	1.2%	55.4%	60.5%
1977	-12.5%	20.4%	15.8%
1978	12.0%	32.2%	29.2%
1979	14.2%	47.9%	46.1%
1980	13.5%	42.5%	39.8%
1981	-7.1%	5.2%	4.4%
1982	20.7%	27.1%	28.3%
1983	12.5%	36.0%	40.2%
1984	9.9%	4.2%	15.3%
1985	17.9%	36.5%	33.2%
1986	29.4%	10.8%	22.9%
1987	-6.2%	-14.6%	-15.4%
1988	15.7%	50.2%	34.5%
1989	10.6%	20.0%	16.2%
1990	4.5%	-4.0%	-16.2%
1991	18.9%	64.9%	44.9%
1992	7.3%	32.3%	26.8%
1993	9.8%	-4.6%	13.0%
1994	-2.3%	9.6%	2.1%
1995	35.2%	28.1%	27.4%
1996	23.6%	27.0%	34.9%

1997	24.7%	31.4%	26.9%
1998	30.5%	21.0%	-4.6%
1999	9.0%	11.6%	18.5%
2000	-2.0%	34.9%	20.9%
2001	-17.3%	29.7%	44.1%
2002	-24.3%	20.1%	15.3%
2003	32.2%	60.4%	61.7%
2004	4.4%	32.6%	40.9%
2005	8.4%	7.2%	16.0%
2006	12.4%	12.8%	24.5%
2007	-4.2%	4.7%	-10.0%
2008	-40.1%	-37.3%	-32.1%
2009	30.0%	40.8%	66.2%
2010	19.8%	18.2%	39.4%
2011	2.0%	-2.7%	-11.5%
2012	14.1%	6.7%	14.3%
2013	19.0%	56.9%	42.1%
2014	11.9%	13.7%	1.4%
2015	-2.7%	-15.2%	-6.6%
2016	17.5%	11.8%	21.9%
2017년 1분기	4.6%	2.2%	-2.8%
평균	7.1%	17.2%	17.5%

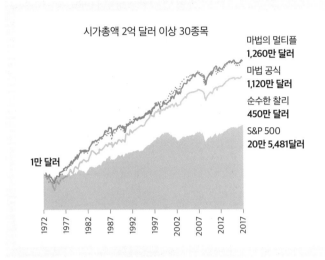

1만 달러 투자 시 원리금:
S&P 500, 순수한 찰리, 마법 공식, 마법의 멀티플(1973~2017년) 로그 차트

시가총액 2억 달러 이상 30종목

마법의 멀티플
1,260만 달러

마법 공식
1,120만 달러

순수한 찰리
450만 달러

S&P 500
20만 5,481달러

1만 달러

시가총액 2억 달러 이상
표본의 통계(1973~2017년)

연도	순수한 찰리	마법 공식	마법의 멀티플	S&P 500
투자총수익 수익률	14.8%	17.2%	17.5%	10.3%
표준편차	19.3%	21.8%	22.4%	15.3%
추적오차	11.1%	13.6%	14.4%	-
최대하락률	66.9%	56.4%	54.5%	50.9%
샤프Sharpe비율	0.52	0.57	0.57	0.36
소르티노Sortino비율	0.47	0.56	0.56	0.33
CAPM 알파	3.9%	5.6%	5.8%	-
CAPM 베타	1.05	1.13	1.15	-
S&P 500 투자총수익과 상관계수	0.83	0.79	0.78	-

시가총액 10억 달러 이상
연 수익률(1973~2017년)

연도	S&P 500	마법 공식	마법의 멀티플
1973	-16.8%	-33.9%	-31.2%
1974	-20.3%	-21.4%	-17.3%
1975	31.0%	53.6%	47.6%
1976	1.2%	52.0%	64.7%
1977	-12.5%	8.7%	11.3%
1978	12.0%	23.3%	19.9%
1979	14.2%	38.3%	47.1%
1980	13.5%	32.2%	29.6%
1981	-7.1%	0.2%	10.6%
1982	20.7%	21.3%	18.6%
1983	12.5%	26.9%	31.0%
1984	9.9%	9.4%	20.7%
1985	17.9%	40.3%	40.4%
1986	29.4%	20.4%	22.5%
1987	-6.2%	-3.1%	7.7%
1988	15.7%	28.0%	37.0%
1989	10.6%	17.2%	16.0%
1990	4.5%	6.0%	-7.9%
1991	18.9%	50.4%	36.9%
1992	7.3%	21.9%	25.3%
1993	9.8%	-0.6%	14.4%
1994	-2.3%	14.5%	15.1%
1995	35.2%	38.5%	36.6%
1996	23.6%	17.8%	18.1%

1997	24.7%	28.4%	28.4%
1998	30.5%	10.3%	-0.3%
1999	9.0%	8.5%	8.9%
2000	-2.0%	18.8%	16.1%
2001	-17.3%	39.1%	34.5%
2002	-24.3%	1.0%	-2.9%
2003	32.2%	51.6%	65.5%
2004	4.4%	25.5%	36.8%
2005	8.4%	19.4%	35.5%
2006	12.4%	19.7%	15.7%
2007	-4.2%	12.7%	8.2%
2008	-40.1%	-43.0%	-44.2%
2009	30.0%	56.7%	77.9%
2010	19.8%	7.5%	14.2%
2011	2.0%	13.0%	5.3%
2012	14.1%	5.6%	19.5%
2013	19.0%	54.2%	47.4%
2014	11.9%	17.4%	17.7%
2015	-2.7%	-8.8%	-11.6%
2016	17.5%	9.3%	15.3%
2017년 1분기	4.6%	5.0%	1.0%
평균	7.1%	16.2%	17.9%

1만 달러 투자 시 원리금:
S&P 500, 순수한 찰리, 마법 공식, 마법의 멀티플(1973~2017년) 로그 차트

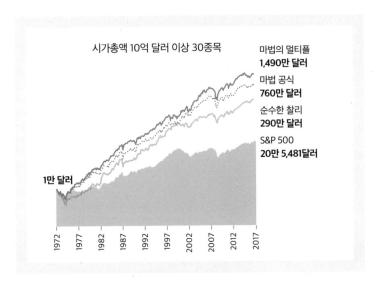

시가총액 10억 달러 이상
표본의 통계(1973~2017년)

연도	순수한 찰리	마법 공식	마법의 멀티플	S&P 500
투자총수익 수익률	13.7%	16.2%	17.9%	10.3%
표준편차	19.6%	20.3%	21.4%	15.3%
추적오차	10.0%	11.2%	12.8%	-
최대하락률	65.2%	54.2%	57.8%	50.9%
샤프Sharpe비율	0.45	0.56	0.61	0.36
소르티노Sortino비율	0.43	0.54	0.61	0.33
CAPM 알파	2.5%	4.7%	6.3%	-
CAPM 베타	1.12	1.13	1.13	-
S&P 500 투자총수익과 상관계수	0.87	0.85	0.81	-

주석

1   Warren Buffett, "The Superinvestors of Graham-and-Doddsville(그레이엄-도드 마을의 탁월한 투자자들)," *Columbia Business*, May 17, 1984.

2   Shaun Tully, "The hottest investor in America(미국에서 가장 인기 있는 투자자)," *Fortune*, May 30, 2007.

3   같은 글.

4   같은 글.

5   Michael Steinhardt, 《No Bull: My Life In and Out of Markets》, Wiley, May 2, 2008.

6   Ray Dalio, "The Culture Principle," The New York Times Conferences, March 7, 2017. https://www.youtube.com/watch?v=h2KHec3KNyQ

7   Howards Marks, 《The Most Important Thing Illuminated: Uncommon Sense for the Thoughtful Investor》, Columbia Business School Publishing, April 17, 2012

8   Andy Rachleff, "Demystifying Venture Capital Economics, Part 1," Wealthfront. June 19, 2014. https://blog.wealthfront.com/venture-capital-economics/

9   Charlie Rose의 Michael Steinhardt 인터뷰, Charlie Rose Show, PBS, December 21, 2001.

10 Seth Klarman, Columbia Business School 연설, October 2, 2008, Reproduced in *Outstanding Investor Digest* 22, nos.1-2 (March 17, 2009): 3.

11 Benjamin Graham, "Stock Market Study. Hearings Before The Committee on Banking and Currency, United States Senate, Eighty-Fourth Congress, First Session on Factors Affecting the Buying and Selling of Equity Securities," (March 3, 1955) United States

Government Printing Office. Washington. 1955.

12 Jeremy Grantham, Barron's (c. 2006), via Katsenelson, The Little Book of Sideways Markets.

13 Buffett, "Mr. Buffett on the Stock Market," *Fortune*, November 11, 1999. http://archive. fortune.com/magazines/fortune/fortune_archive/1999/11/22/269071/index.htm.

14 Seth Klarman, 《Margin of Safety: Risk-Averse Value Investing Strategies for the Thoughtful Investor》, HarperColins, October 1991.

15 Buffett, "Chairman's Letter(주주 서한)." *Berkshire Hathaway, Inc. Annual Report*, 1989. http://www.berkshirehathaway.com/letters/1989.html

16 Warren Buffett, "Letter to Partners, 1961," Buffett Partnership.

17 같은 글.

18 같은 글.

19 같은 글.

20 Alice Schroeder, 《스노볼(The Snowball: Warren Buffett and the Business of Life)》, Bantam, September 29, 2008.

21 Buffett, "Chairman's Letter." *Berkshire Hathaway, Inc. Annual Report*, 1985. http://www. berkshirehathaway.com/letters/1985.html

22 Janet Lowe, 《찰리 멍거 자네가 옳아!(Damn Right: Behind the Scenes with Berkshire Hathaway Billionaire Charlie Munger)》, Wiley, May 9, 2003.

23 같은 책.

24 같은 책.

25 Schroeder, 《스노볼》.

26 같은 책.

27 같은 책.

28 같은 책.

29 같은 책.

30 같은 책.

31 Buffett, "Chairman's Letter." *Berkshire Hathaway, Inc. Annual Report*, 1989. http://www. berkshirehathaway.com/letters/1989.html

32 같은 글, 2007.

33 같은 글, 1991. http://www.berkshirehathaway.com/letters/1991.html

34 같은 글, 1989. http://www.berkshirehathaway.com/letters/1989.html

35 같은 글, 1988. http://www.berkshirehathaway.com/letters/1988.html

36 Benjamin Graham and David Dodd, 《증권분석(Security Analysis: The Classic 1934 Edition)》 McGraw Hill 1934.

37　Buffett. "Chairman's Letter." *Berkshire Hathaway, Inc. Annual Report*, 1989. http://www.berkshirehathaway.com/letters/1989.html

38　Roger Lowenstein, 《버핏(Buffett: The Making of an American Capitalist)》, Random House. July 24, 2013.

39　Joel Greenblatt, 《The Little Book That Beats the Market》, Wiley, April 21, 2008.

40　같은 글.

41　Buffett, "Chairman's Letter." *Berkshire Hathaway, Inc. Annual Report*, 2014.

42　같은 글, 1993. http://www.berkshirehathaway.com/letters/1993.html

43　James Montier, 〈The Little Note that Beats the Market〉, *DrKW Macro Research*, March 9, 2006.

44　Tim Loughran and Jay W. Wellman. "New Evidence on the Relation Between the Enterprise Multiple and Average Stock Returns," *The Journal of Financial and Quantitative Analysis*, Vol. 46, No. 6(2011), pp. 1629-1650.

45　Benjamin Graham. "A Conversation with Benjamin Graham." *Financial Analysts Journal*, Vol. 32, No. 5 (1976), pp. 20-23.

46　J. Greenblatt, R. Pzena, and B. Newberg. "How the small investor can beat the market." *The Journal of Portfolio Management*, Summer 1981, 48-52.

47　Michelle Clayman. "In Search of Excellence: The Investor's Veiwpoint." *Financial Analysts Journal*, May–June 1987, 54. Suggested by Damodaran, 2012.

48　Barry B. Bannister and Jesse Cantor. "In Search of "Un-Excellence"—An Endorsement of Value-style Investing" Stifel Financial Corp. July 16, 2013.

49　Mark Stevens, 《King Icahn》 (New York: Penguin Group, 1993).

50　같은 책.

51　같은 책.

52　같은 책.

53　로버트 채프먼이 마이클 윌슨에게 보낸 2000년 3월 30일 자 서한, 13D 공시의 부록. https://www.sec.gov/Archives/edgar/data/1017766/000101359400000097/0001013594-00-000097.txt

54　같은 글.

55　로버트 채프먼이 마이클 윌슨에게 보낸 2001년 2월 7일 자 서한, 13D 공시의 부록. https://www.sec.gov/Archives/edgar/data/1017766/000101359401000043/0001013594-01-000043.txt

56　Daniel Loeb, "Letter to Chief Executive Officer," September 8, 2000. https://www.sec.gov/Archives/edgar/data/1040273/000089914000000393/0000899140-00-000393-0003.txt

57 같은 글.

58 같은 글.

59 David Einhorn. "iPrefs: Unlocking Value." Greenlight Capital, 2013. https://www. greenlightcapital.com/905284.pdf

60 같은 글.

61 Carl Icahn, Letter to Tim Cook.

62 Carl Icahn, Tweet, 11:21 AM, August 14, 2013. https://twitter.com/Carl_C_Icahn/ statuses/367350206993399808

63 주 59와 같은 글

64 Carl Icahn, Tweet, 11:12 AM, 11:13 AM, August 19, 2014. https://twitter. com/Carl_C_Icahn/status/501794143413493760, https://twitter.com/Carl_C_ Icahn/status/501794076942172160, https://twitter.com/Carl_C_Icahn/status/ 501793872159449089

65 저자의 트윗, 5:07 PM, April 24, 2013. https://twitter.com/Greenbackd/status/ 327212261716398081

66 저자의 트윗, 7:19 AM, April 27, 2016. https://twitter.com/Greenbackd/status/ 725328530167463936

67 Benjamin Graham and David Dodd, 《증권분석(Security Analysis: The Classic 1934 Edition)》 (New York: McGraw Hill) 1934.

68 Michael A. Bishop. and J. D. Trout. "50 years of successful predictive modeling should be enough: Lessons for philosophy of science." *Philosophy of Science* 69,S3 (2002): S197-S208.

69 같은 글.

'장초의 나라'에 오신 것을 환영합니다

· 심혜섭 ·

옮긴이 서문에서 선조들은 고전을 배울 때 현실에 맞도록 주석을 달며 읽었다고 했다. 이하의 해설은 이 책에 우리나라의 현실에 맞추어 단 일종의 주석이다. 본문과 해설을 따로 읽어도 되고 본문의 각 장을 읽은 뒤 해설에서 같은 숫자(해설 1은 본문 1장에 대응한다)를 읽는 방식으로 읽어도 된다.

이 책의 저자인 칼라일은 변호사다. 법과 제도의 관점에서 가치투자를 설명한다. 우리나라의 제도는 다르다. 나 역시 변호사로서 미국과의 차이점을 밝히고 실질적으로 투자에 도움을 주고자 노력했다. 미국 투자서만 읽었을 때 생기는 오류만 피해도 도움이 될 것이다. 복잡한 법조문이나 판례의 인용은 하지 않았다. 내용도 간략히 했다. 궁금한 사항이 있으면 옮긴이 소개에 쓴 이메일로 연락해주기 바란다.

1
한국이라는 계왕성

중력 10배

어디서 왔니? 지구? 그럼 힘든 게 당연하지, 여긴 작은 별이지만, 중력이 대단해. 네 고향 지구보다 10배 정도는 될걸. 그러니까 네 체중도 10배가 되는 셈이지.

— **토리야마 아키라,** 〈드래곤볼〉

"의장! 유인물로 갈음하고 어서 의사 진행을 합시다!" 나는 주주총회장에서 대표이사에게 질의 중이었다. 발언이 길어지니 어김없이 누군가가 방해한다. 분명 직원이다. "일 년에 한 번 주주총회에서 발언하는 것인데, 뭐가 급하다고 발언을 빨리 마치라는 것입니까? 정 일이 급하시면 먼저 들어가세요." 짜증이 솟아 직원과 다투었다. 의장은 웃으면서 방해하는 직원의 발언을 중단시킨다. 빨리 의사 진행을 하자고 한 누군가는 의장의 한마디에 얌전해졌다. 나는 발언을 이어갔다.

이 책의 본문 1장부터 살펴보자. 저자는 이렇게 말한다.

버핏의 스승 벤저민 그레이엄은 주식이 기업 일부에 대한 소유권이라고 가르쳤다. 주식은 종목 코드가 아니다. 기업의 소유주처럼 생각하려면 다음 세 가지를 알아야 한다.

1. 기업이 어떤 사업을 하는가? 어떤 방식으로 돈을 버는가?
2. 기업의 재산 상태는 어떠한가? 자산은 얼마이고, 부채는 얼마인가?
3. 경영자는 누구이고, 대주주는 누구인가? 경영자는 역할을 잘 수행하는가? 대주주는 기업에 관심을 기울이고 있는가?

기업의 소유자처럼 생각하기 위해 알아야 할 3가지가 있다는 것이다. 이 중 1번과 2번은 우리나라의 주주에게도 익숙한 내용이다. 그런데 경영자? 지배주주? 대주주? 우리나라 투자자가 흔히 혼동하는 개념이다. 막연히 안다고 생각할 뿐이다.

이제 미국의 주식시장과 우리나라 주식시장의 결정적인 차이 하나를 알려주겠다. 미국 기업은 대체로 지배주주가 없고, 우리나라는 대체로 지배주주가 있다. 방금의 일화에서 내가 발언한 주주총회가 열린 기업도 마찬가지다. 우리나라의 상장기업엔 지배주주가 있기에, 비지배주주가 출석해도 할 일이 없다. 비지배주주의 출석 없이도 거의 모든 것을 결정할 수 있다. 가봐야 할 일이 없기에 비지배주주는 더욱 주주총회에 가지 않는다. 지배주주는 더욱 비지배주주를 무시한다. 악순환이다.

특히나 작은 상장기업의 주주총회라면 이런 경향이 더 두드러진다. 비지배주주는 오지 않는다. 한 명도 없을 때도 많다. 대신 직원들이 자리를 채운다. 직원들 처지에서 생각해보자. 직원들은 회사에서 늘 얼굴을 마주하는 사장님께서 불편함 없이 주주총회를 진행하도록 돕는 게 도리다. 이것이 직장인의 미덕이고 세상을 사는 지혜다. 적은 지분을 가지고 어쩌다 찾아온 주주의 발언을 방해하지 않을 이유가 굳이 어디에 있겠는가?

저자가 알아야 한다는 질문 중 3번째 질문엔 "대주주는 기업에 관심을 기울이고 있는가?"라는 내용이 있다. 그런데 여기서 '대주주'는 우리가 흔히 생각하는 '지배주주'가 아니다. '오너'도 아니다. 특정 기업에 어느 정도 지분을 가지고, 경영자를 감시할 유인이 있는 주주를 의미한다.

미국엔 대체로 지배주주가 없기에, 어느 정도 지분을 가진 대주주가 경영자를 잘 감시하면 다른 주주에게도 도움이 된다. 다른 주주들은 경영자를 잘 감시하는 대주주에게 무임승차를 할 수 있다. 좀 더 편한 투자를 할 수 있다.

우리나라는 미국과 다르다. 오직 지배주주와 비지배주주라는 2가지 주체가 대립한다. 그 대립을 이해하고 나름의 방법으로 해결하지 않으면 가치투자에 실패하기 쉽다.

주식시장 공포추리극 지배주주 미스터리

늘 댁과 함께 현장을 목격하고 있는 코난이 훨씬 저승사자 같지만….

― 아오야마 고쇼, 〈명탐정 코난〉

우리나라 기업에 대체로 지배주주가 있다는 것은 현상만 보면 큰 문제가 아니다. 선진국 중에서도 지배주주가 있는 나라가 많다. 영국을 제외한 유럽 여러 나라엔 지배주주가 있다. 독일 대기업 중 85%는 25% 이상의 지분을 가진 지배주주가 있다.

하지만 우리나라의 지배주주를 자연스러운 것으로 인정하려면, 상속세라는 엄청난 허들을 떠올려야 한다.

우리나라의 상속세율은 무척이나 높다. 명목상의 최고세율은 50%지만, 최대주주 할증을 포함하면 60%다. 상속재산이 30억 원만 초과해도 초과분에 대해 최고세율을 적용받는다. 상장사 지배주주는 대부분 최고세율을 적용받는다는 소리다. 주식 이외에 다른 재산이 없다면 상속이 되는 순간 지분의 5분의 3은 국가에 귀속되는 것과 마찬가지다. 기존 지배주주의 지분이 50%라면 자녀의 지분은 20%로 줄어들게 된다. 만약 기존 지배주주에게 아내와 여러 자녀가 있다면 지분은 더욱 줄어든다. 이런 일이 다시 한번 반복되면, 즉 2세에서 3세로 지분이 상속되면 지분이 더더욱 줄어들게 된다.

그런데 어떻게 우리나라 기업엔 지배주주가 있는 것일까? 왜 2세를 넘어 3세, 심지어 4세 오너가 존재하는 것일까? 무슨 이유로 드라마엔 그토록 자주 3세, 4세가 남자 주인공으로 등장하고, 이들과의 사랑이 주제가 되곤 하는 것일까?

만화 〈명탐정 코난〉에서 코난은 가는 곳마다 미스터리를 멋진 추리로 해결한다. 하지만 진짜 미스터리는 따로 있다. 코난이 가는 곳마다 살인 사건이 일어나는 것이야말로 진짜 미스터리다. 메구로 경감은 코난을 저승사자라고 의심한다. 나도 코난이 저승사자라고 생각한다. 코난이 집에 있어야만 세상이 평화로워질 것이다.

메구로 경감처럼 투자자인 우리는 이상한 현상을 보고 원인을 추리해야 한다. 막연히 현상을 받아들이고 눈앞의 살인 사건만 파헤치다 보면 중요한 것을 놓치기 쉽다. 좋은 투자자가 될 수도 없다. 학교 공부는 암기와 무비판적인 수용이 도움이 된다. 하지만 투자 공부는 다르다. 우리는 높은 상속세율에도 불구하고 지배주주가 존재하는 미스터리를 풀어야 한다. 이 미스터리를 푸는 순간 당신은 우리나라 시장에 적응할 실마리를 하나 찾게 될 것이다.

계왕성의 중력은 지구의 10배다. 그래서 힘껏 힘을 주어야 뛸 수 있다. 가치투자자에게 우리나라 주식시장은 계왕성과 같다. 정신을 번쩍 차려야 살아남을 수 있다. 앞으로 왜 우리나라 주식시장의 난이도가 계왕성과 같은지 알려주겠다.

혹시나 우려되어 미리 말하는데, 도망가지 말라. 희망은 있다. 아무리 계왕성이라고 해도 중력이 존재하는 건 지구와 같다. 걸을 수도 있고 뛸 수도 있다. 난이도가 높아 그렇지, 가치투자의 원리가 작동하는 건 똑같다. 게다가 많은 투자자는 계왕성의 중력을 10배가 아닌 100배쯤으로 착각하고 있다. 심지어 중력의 세기는 시간에 따라 약해지고 있다. 이런 인식과 현실의 틈새에서 기회가 생긴다. 무엇보다 계왕성에서 훈련한 당신은 무척이나 강력해질 것이다.

그런데 2세, 3세 심지어 4세 지배주주가 존재하는 미스터리를 풀기에 앞서 워밍업으로 작은 미스터리를 하나 더 풀고 가자. 이 책의 본문 1장에 나온 억만장자 가치투자자 세스 클라먼은 가치 사기꾼을 조심하라 말했다.

2
가치투자 고수를 찾습니다

한국인도 호모 사피엔스

우리의 의문들로 돌아가 보자. 캘리포니아, 유럽, 온대 오스트레일리아, 적도 이남 아프리카와 같이 비옥하고 매우 적합한 지역에서 왜 농업이 독립적으로 시작되지 못했을까? 그리고 독립적으로 농업이 시작된 지역 중에서도 어째서 어떤 지역은 다른 지역보다 훨씬 더 일찍 시작되었을까?

— 재레드 다이아몬드, 《총, 균, 쇠(Guns, Germs, and Steel)》[*]

[*] 재레드 다이아몬드, 《총, 균, 쇠》, 문학사상사, 207p

이 책의 본문 2장에서 저자는 청년 버핏을 설명한다. 버핏은 1950년대의 수익률이 제일 높았다. 1956년 버핏투자조합이라고 불리는 헤지펀드를 시작하고 운영하면서 그레이엄의 가르침을 충실하게 따랐다. 50센트에 팔리는 1달러짜리 주식에 투자했다.

가치투자가 우리나라에 본격적으로 알려진 지 20년이 흘렀다. 그동안 많은 투자자가 가치투자를 공부했다. 스스로 가치투자자를 표방하는 투자자는 많다. 지금도 버핏을 존경하는 사람을 쉽게 찾아볼 수 있다. 매년 열리는 버크셔 해서웨이의 주주총회는 큰 화제가 된다. 버핏이 어떤 종목을 샀는지는 순식간에 우리나라에도 알려진다. 유튜브나 블로그, 카페 등에서도 인기 있는 주제다.

버핏의 인기를 생각하면 누군가 1950년대 버핏의 헤지펀드 전략을 추종하는 펀드 하나쯤은 만들었어야 당연하다. 누군가 지인들을 통해 투자 자금을 모으고, 샌본 맵이나 뎀스터 밀과 같은 기업을 발굴해 경영권을 취득하며, 자본을 효율적으로 재배치하였어야 당연하다. 이 일을 수년, 수십 년간 반복해 어느 정도 이름을 알렸어야 한다. 나중에 거듭 언급하겠지만 우리나라에 샌본 맵이나 뎀스터 밀 같은 기업은 널렸다.

버핏은 샌본 맵과 뎀스터 밀의 경영권을 차지했다. 물론 우리나라와 미국엔 지배주주 유무라는 결정적인 차이가 있다. 지배주주가 있는 기업에서 헤지펀드가 지분을 모아 경영권을 차지하는 것은 어려운 일이다.

하지만 우리나라라고 해서 모든 기업에 다 지배주주가 있는 것은 아니다. 지배주주가 있다고 하더라도 그중에는 지분이 취약한 기업도 다수 존재한다. 그런데도 버핏의 헤지펀드와 같은 펀드는 나타나지 않았다. 버핏의 일대기를 연구하는 사람은 많아도 이를 따르는 펀드는 없다. 버핏을 따르더라도 주로 '최근'의 버핏을 연구하고 따른다. 우리나라 사람은 유독 말만 많고 실천을 안 하는 것일까? 그럴 리 없다. 재레드 다이아몬드에 따르면 민족이나 인종에 따른 능력 차이는 거의 없다. 미국 사람도 우리나라 사람도 모두 유전적인 차이가 거의 없는 호모 사피엔스다.

대신 미국과 우리나라는 토양이 다르다. 미국은 헤지펀드의 설립과 운영이 무척이나 자유롭다. 심지어 버핏의 시절엔 규제가 전혀 없다시피 했다. 펀드라기보다는 우리나라의 계契와 비슷했다. 서브프라임 모기지 사태 이후 도드-프랭크 법Dodd-Frank Act이 제정되면서 약간의 규제가 생겼을 뿐이다.

덕분에 버핏은 헤지펀드를 쉽게 만들었다. 이 펀드엔 지인들이 삼삼오오 투자했다. 장인인 톰슨 박사는 25,000달러를 투자했다. 누나 도리스와 남편 트루먼 우드가 10,000달러를, 고모 앨리스 버핏이 35,000달러를 투자했다. 버핏을 포함 구성원은 7명이었다. 버핏과 투자자들은 오마하 클럽에서 모였다. 거기서 규약을 정했다. 펀드를 만드는 게 어찌나 쉬웠는지, 나중엔 버핏이 너무 여러 개의 헤지펀드를 만드는 바람에 하나로 합치는 일도 있었다.

정부 공인 기울어진 운동장

기업 생태계 혈맥으로서의 국내 사모펀드의 역할이 제한적이고, 해외 사모펀드와의 경쟁에도 한계('기울어진 운동장')[*]

부끄럽지만 나도 한때 펀드를 만들까 검토했었다. 나도 버핏을 존경하기 때문이다. 버핏의 헤지펀드를 우리나라에서 구현하고 싶었다. 하지만 검토하는 과정에서 많은 자료를 읽고, 한계를 절감했다.

우선 우리나라는 헤지펀드에 대한 규제가 엄격하다. 우리나라에서 미국의 헤지펀드에 비견할 수 있는 펀드는 '전문투자형 사모펀드' 또는 '경영 참여형 사모펀드PEF'다. 미안하다. 어려운 법률 용어를 쓰지 않고자 했지만 이름부터 복잡하다. 어쨌든 누군가 이런 펀드를 만들려면 관계 당국에 등록하거나 신고해야 한다. 이를 위해 법이 정한 요건을 갖추는 게 필요하다. 등록과 신고 이후에도 관계 당국의 감시, 감독을 받아야 한다. 그런데도 종종 사고가 터지는 건 무슨 이유인지 모르겠다.

그나마 설립과 운영상의 난이도만 문제라면 해결이 쉽다. 하지만 제도적으로 버핏 방식의 전략을 아예 쓸 수 없게 해놓았다면 이건 다른 문제다. 도무지 해결이 안 된다.

예를 들어 우리나라에서 '전문투자형 사모펀드'는 어떤 기업의

---

[*] 〈사모펀드 체계 개편방향〉, 금융위원회·금융감독원, 2018. 9.

지분을 10% 넘게 취득하면 10% 넘는 지분에 대해 의결권을 행사할 수 없다. 이유는 알 수 없지만 법이 이렇게 정해놓았다. 반면 '경영 참여형 사모펀드'는 짧은 기간 내에 반드시 10% 이상의 지분을 취득해야만 한다. 처음부터 경영 참여를 목적으로 기업에 투자해야 한다. 이것도 법이 정해놓았다.

결국 우리나라에서 만들어진 펀드는 버핏처럼 단순 투자를 하다가 경영권을 취득하는 것과 같은 행위를 할 수 없다는 소리다.

외국 펀드는 이런 규제가 없다. 위 보고서〈사모펀드 체계 개편 방향〉의 '기울어진 운동장'은 이걸 비유한 것이다. 위 보고서는 이런 문제점을 고치겠다고 발표한 보고서다. 보고서가 나온 지 2년이 넘었다. 그러나 현실은 바뀐 게 없다. 오히려 여러 가지 사고가 터지면서 사모펀드에 관한 인식이 더욱 안 좋아졌다.

우리나라엔 버핏 방식의 헤지펀드가 설립되고 발전하기 위한 환경이 조성되어 있지 않다. 재레드 다이아몬드는《총, 균, 쇠》에서 어떤 지역은 우연히 환경이 좋아 농업이 일찍 시작되었다고 설명한다. 반면 어떤 지역은 지리적인 이유로 농업의 발달이 늦었다. 이 차이는 나중에 엄청난 결과를 가져왔다. 농업을 일찍 시작해 발달한 문명은 그렇지 않은 문명을 지배했다. 그리고 현대의 문명은 농업이 그리 중요하지 않다. 금융이 훨씬 중요하다.

그런데 우리나라에서 버핏 헤지펀드처럼 단순 투자를 하다가 경영 참여로 전략을 바꾸는 행위를 할 수 없는 건 비단 펀드만이 아니다. 일반인들도 어렵다.

비어버린 초식

곽정은 싸우면 싸울수록 솜씨가 숙달됨을 느꼈다. 몇 번이나 반복해 보는 사이 혼자 창안해 본 3장을 스승께 배운 15장 가운데 섞어 쓸 수 있게 되었다. 구양공자는 몇 차례의 선제공격이 소용없게 되자 권법이 서서히 느려지기 시작했다. 어떻게 해서든지 곽정의 기력을 소모시켜 보자는 저의였던 것이다. 그런데 곽정의 17장 타법打法이 먼저와는 어딘가 다름을 발견한 것이다(옳지! 이 일 장은 아직 완전히 숙달되지는 않았구나. 그러기에 처음에는 쓰지도 않았구나).

— 김용,《사조영웅전》

종종 저녁 식사 후 금융감독원 전자공시 사이트에서 노닌다. 간혹 시간 가는 것을 잊는다. 놀다 보면 쇠락하는 기업들을 만난다. 아니, 쇠락이라기보단 눈에 띌 정도로는 성장하지 않는다는 표현이 적당하겠다. 우리나라에선 저평가 기업을 찾기 위해 굳이 쇠락하는 기업까지 볼 필요도 없다.

그런데 이런 저평가 기업 중엔 현금성 자산이 시가총액보다 많은 기업이 꽤 있다. 투자부동산이나 유형자산으로 기록된 부동산까지 포함하면 현금성 자산과 부동산이 시가총액보다 많은 기업은 더 많다.

그레이엄은 현금의 가치에 높은 비중을 두었다. 그레이엄의 가르침을 따르는 투자자 중에서는 부동산의 가치를 무작정 크게 할인하는 경우가 흔하다. 하지만 우리는 본질에 근거한 투자를 해야 한다. 우리나라 기업의 투자부동산과 유형자산은 주로 오피스와 공장용지다. 미국이야 땅이 넓으니 기업이 망했을 때 외딴곳의 공장용지가 잘 팔리지 않을지도 모른다. 토지가 소중한 우리나라는 딱히 그렇지도 않다. 특히 수도권과 동남권의 공장용지는 거래가 잘된다. 예전엔 공장용지였지만 지금은 인근에 아파트가 들어서 가치가 올라간 곳도 많다. 장부상의 가치보다 훨씬 비싼 가격으로 매매되는 경우도 흔히 일어난다. 그러니 부동산의 가치를 할인해야 하는 경우보다 오히려 크게 할증해야 하는 기업이 많다.

그럼에도 현금과 투자부동산과 유형자산의 가치가 시가총액보다 높은 기업이 부지기수인 것은 예사로운 일이 아니다. 이런 자산의 가치가 심지어 시가총액의 몇 배를 넘는 기업도 많다. 극심한 저평가다.

하지만 우리나라의 투자자들은 도저히 버핏처럼 과감히 매수할 수가 없다. 분산도 해야 하고 현금 비중도 조절해야 한다. 왜 그럴까?

버핏은 애초 단순 주식 투자 전략을 염두에 두고 투자한 주식이 아주 오랫동안 저평가된 채 머물러 있으면, 경영 참여 전략으로 바꿀 수 있었다. 지배권을 획득할 때까지 계속 주식을 살 것이었기 때문이다. 뎀스터 밀도 처음에는 단순 주식 투자로 시작한 경우다. 가격이 움직이지 않으면, 버핏이 움직였다.

버핏은 헤지펀드를 운영하면서 3가지 전략을 마련하고 있었다. 단순 주식 투자, 워크아웃, 경영 참여가 그것이다. 여기서 워크아웃은 특수한 상황에 대한 투자이므로 다른 전략과는 다소 결이 다르다(이 전략도 우리나라에서 쓰기 어려운데, 나중에 설명하겠다). 하지만 단순 주식 투자와 경영 참여 전략은 서로 밀접하다. 단순 주식 투자를 했는데 오랫동안 저평가 상태에 머무르면 주식을 더 취득해 경영 참여로 전략을 바꿀 수 있기 때문이다.

우리나라의 현실은 다르다. 앞서 첫째, 우리나라엔 미국과 달리 대개 지배주주가 존재한다는 점과 둘째, 앞에서 버핏 방식의 헤지펀드를 운영할 수 없는 현실에 관해 설명했다. 그러나 이 두 가지 문제 이외에도 우리나라에서 버핏과 같이 전략을 중도에 바꾸는 식의 투자를 할 수 없는 이유는 다양하다(그 이유에 대해서도 나중에 조금 더 설명하겠다). 적대적인 인수는 아주 예외적으로만 일어난다.

이 때문에 우리나라에선 단순 주식 투자를 했으면 끝까지 단순 주식 투자를 해야 한다. 주식이 저평가된 채 머물러 있다면? 그러면 손해를 무릅쓰고 팔거나 계속 기다리는 것 이외에 마땅한 방법이 없다. 그나마 단기간 상승했을 때 재빨리 팔고 나오거나, 저평가 주식을 살 다른 누군가를 찾아 열심히 홍보하는 것 정도가 대책이다. 가치투자가 테마주 투자로 이어지는 경우가 많고, 각종 홍보문자나 리딩방이 성행하고, 인터넷에 올라온 기업 분석 글, 특히 정성과 설득력이 강한 글일수록 글 자체에 대한 찬반보다 홍보해서 떠넘기려는 것이냐는 식으로 글쓴이의 의도를 의심하는 진흙탕 싸움이 수시로 벌어지는 이유다. 억만장자 가치투자자 세스 클라먼이 조심하라고 강조한 가치 사기꾼을 흔히 만날 수 있다.

다시 한번 강조하지만, 중력 10배라고 해도 중력이 작용하는 건 똑같다. 사실 단순 주식 투자 전략만을 써도 수익을 낼 수는 있다. 이 책에서 이야기하는 평균회귀의 원리는 어디에나 있다. 하지만 단순 투자 전략은 경영 참여 전략과 함께할 때 더욱 강력하다.

우리나라 경제의 발전을 위해서도 두 전략을 이어서 쓸 수 있게 하는 편이 더 좋다. 경영 참여 전략을 써서 자본을 좀 더 생산적, 효율적으로 배치하면 주가는 상승한다. 누군가 경영 참여 전략을 사용해 지배권이 바뀔 수도 있고 간섭받을 수도 있다는 위협이 있어야 지배주주도 비지배주주에게 관심을 기울인다. 지배주주와 비지배주주의 이해관계가 좀 더 일치된다. 지배주주가 비지배주주에게 신경 쓰면 단순 주식 투자 전략도 더 잘 먹힌다. 기업 하나하나가 자본을 좀 더 생산적, 효율적으로 배치하려 노력하기에 가격이 가치에 수렴하는 현상이 더 쉽게 일어나기 때문이다. 그뿐만 아니다. 개별 기업이 자본을 생산적으로 배치하면 기업들이 모인 우리 사회 전체의 생산성도 향상된다. 우리나라 경제의 발전을 위해 좋은 일이다.

사실 단순 주식 투자에서 경영 참여로 옮겨가는 전략은 오랜 역사를 지녔다. 버핏의 스승인 벤저민 그레이엄도 진작 사용했다. 그레이엄은 1920년대의 상황에서는 드물게 노던 파이프라인Northern Pipeline이라는 기업에 주주환원을 요구해 성공했다.

무협 작가 김용은 초식과 초식이 연결되면 서로 보완이 되고 더욱 강력해지는 무림을 묘사했다. 상상이지만 현실적이고 설득력이 있기에 그가 신필로 불리는 것이다. 《사조영웅전》에서 개방의 방주인 홍칠공은 개방의 장로들에게조차 강룡십팔장의 18가지 초식 중 한두 개만을 전수한다. 하지만 주인공인 곽정에게는 15개나 되는 초식을 전수한다. 그런데도 곽정은 부족한 3개 초식 때문에 구양공자와의 대결에서 고전한다.

불행히도 우리나라의 가치투자자는 한 가지 초식만을 가지고 시장에서 싸우는 개방의 장로다. 여러 초식을 이어 쓰는 정통 가치투자 고수들이 없기에 무림은 더욱 혼란하다. 도무지 가격이 가치에 잘 붙지 않는다. 가치투자의 무공이 잘 먹히지 않으니 사파의 고수들 역시 사라지지 않는다. 사파의 고수들은 리딩방을 운영하고 주가를 조작하고 심지어 가치투자를 사칭하는 가치 사기꾼이 된다. 이런 사파의 고수들 때문에 하수들조차 괴롭힘을 받는다.

그래도 다행인 건 한 가지 초식은 어쨌든 통한다는 것이다. 곽정은 부족한 3개의 초식을 스스로 창안했다. 우리나라의 가치투자자도 우리나라의 실정에 맞게 부족한 부분을 보완하는 초식을 만들 수 있다.

다음 장에서는 새로운 초식까지는 아닐지라도 우리나라에서 가치투자를 바라볼 시선 하나를 설명한다.

3

장초의 나라에
오신 것을 환영합니다

부동산 불패와 주식 필패

그때 인제 부동산 사장님께서 사시라고 했는데, 뉴스를 보니까 집값이 더 떨어진다고

해서 잡겠다고 그래가지고, 그 말을 믿고 안 사고 좀 기다렸는데 4년 조금 넘었는데,

지금 집값이 따블이 됐어요.

— 김광규, 〈나 혼자 산다〉, 2020년 10월 2일 방영

    몇 년 전 내가 살던 아파트의 리모델링을 논의하는 회의에 참석

했다. 세대수가 많아 몇몇 동별로 일자를 나누어 회의했는데도 관

리사무소의 회의실은 사람들로 넘쳐났다. 저마다의 의견이 자유롭게 오갔다. 의사소통이 안 될 땐 고성도 나왔다. 그러자 누군가 상대방의 주장을 반박하며 나가라고 소리쳤다. 하지만 누군가를 회의장에서 내보낼 권리는 아무도 가지고 있지 않았다. 오히려 나가라는 발언에 대한 성토가 이어졌다. 회의는 길어졌고, 밤은 깊어만 갔다.

본문 2장과 3장에서 버핏은 샌본 맵, 뎀스터 밀 그리고 버크셔 해서웨이의 경영권을 차지했다. 앞서 우리나라의 상속세는 최고세율이 50%, 최대주주 할증까지 포함하면 60%에 달한다는 사실을 설명했다. 이런 강력한 허들이 있는데도 우리나라의 기업엔 대부분 지배주주가 있다. 이게 어떻게 가능할까?

터널링tunneling은 지배주주가 사적 이익을 추구하는 행위를 의미한다. 마치 기업에 지하 터널을 뚫어 기업의 부를 빼 가는 것과 같기에 이런 말이 붙었다. 터널링의 형태는 다양하다. 지배주주가 높은 연봉을 가지고 갈 수도 있다. 친인척을 채용하거나 채용한 것처럼 가장해 보수를 빼내 갈 수도 있다. 기업의 자산을 헐값에 매각하거나 자산을 비싸게 매입하면서 리베이트나 비자금을 만들 수도 있다. 심지어 가정부를 기업에 직원처럼 올리고, 직원을 동원해 명품을 밀수할 수도 있다.

하지만 이런 방식의 터널링은 한계가 있다. 사실 높은 연봉을 가져가 봐야 얼마나 가져가겠는가. 사회적으로 용납된 기준이라는 게 있다. 게다가 우리나라는 이상하게도 연봉에 대해 엄격한 편이다. 이런 엄격한 기준을 넘는지를 주주들도 보고, 노동자들도 보고, 언론도, 정치권도 본다. 게다가 높은 연봉에는 높은 소득세가 붙는다. 우리나라는 소득세율도 높다. 사회적인 손가락질을 받는 것에 비해 지배주주가 얻을 수 있는 실질적인 이익의 크기가 생각보다 작다. 리베이트나 비자금의 조성도 큰 리스크를 안아야 한다. 감옥은 춥고 고달프다. 그래서 정말 좋은 터널링은 지분 터널링이다. 비지배주주의 지분을 빼앗아 가는 터널링이다.

지분 터널링의 대표적인 방법은 지배주주의 지분이 높은 기업과 지배주주의 지분이 낮은 기업을 합병하는 것이다. 이 과정에서 우리나라의 법률은 터널링을 돕는다. 우리나라의 법률은 상장주식은 시가로, 비상장주식은 자산가치와 수익가치를 2 대 3으로 가중평균한 값으로 주식의 가치를 평가하도록 하고 있다(다른 나라는 이런 도식적인 기준을 정해두지 않는다). 따라서 지배주주는 합병할 때 자신의 지분이 낮은 상장기업의 시가를 낮게 유도한다. 그리고는 지배주주의 지분이 높은 비상장사와 합병한다.

상장사끼리 합병할 때도 마찬가지다. 우리나라의 법률은 상장주식을 시가로 평가하도록 하고 있으므로 늘 지배주주의 지분이 높은 상장기업의 주가가 높고 지배주주의 지분이 낮은 상장기업의 주가가 낮을 때 합병이 일어난다.

설령 지배주주가 굳이 인위적으로 주가를 왜곡하지는 않는 선량함을 가졌다고 하더라도, 자신에게 유리하게 주가가 형성된 시점을 택할 권한이 있다. 지배주주 처지에서 굳이 비지배주주에게 유리한 시점을 택할 이유가 어디 있겠는가? 법이 정한 대로 가치를 평가한 것이기에 비지배주주는 소송으로 다투어도 한계가 있다.

심지어 지배주주에게 유리한 합병이 계속 반복해서 일어나면 시장도 적응한다. 투자자는 바보가 아니다. 당연히 지배주주의 지분이 높은 기업은 억지로라도 이익이 나고 주가가 오를 것이고, 합병당할 것으로 예상되는 기업은 그 반대의 일이 일어날 것 정도는 생각한다. 이것이 재귀적인 작용을 해 시장을 미리 움직인다. 투자자들은 지배주주의 지분이 높은 기업을 비싼 값에 매수하고, 지배주주의 지분이 낮은 기업을 매수하는 것을 꺼린다.

2010년대 대유행한 것으로 자사주의 마법을 이용하는 지분 터널링도 있다. 어떤 기업이 지주회사와 사업회사로 인적분할을 하면 원래의 주주는 분할된 두 개 기업의 주식을 모두 가지게 된다. 그런데 기존 기업이 자사주를 보유하고 있는 경우, 두 기업은 법적으로 별개의 법인체가 되므로 지주회사에도 사업회사의 주식이 배정된다. 따라서 지주회사는 사업회사에 대해 의결권을 행사할 수 있다. 여기에 지주회사와 사업회사의 지분을 모두 가진 지배주주가 사업회사의 주식을 양도하는 대가로 지주회사의 자사주를 받으면, 하나의 기업이 지주회사와 사업회사로 나누어졌을 뿐 경제적인 실체의 변화는 전혀 없는데도 지배주주의 지배력이 강화된다. 전체 기업 가치는 변화가 없는데 지배주주 지분의 가치가 높아졌다면 결과야 뻔하다. 그만큼 비지배주주의 지분가치는 감소한다.

이외에도 유상증자를 하거나 전환사채, 신주인수권부사채를 발행해 비지배주주의 지분가치를 낮추는 방법은 흔하다.

이런 법과 제도 덕분에 지배주주는 높은 상속세율에도 불구하고 2세, 3세, 4세까지 지배력을 유지하며 꾸준히 사적 이익을 취할 수 있다. 이 사적 이익으로 상속세 부담을 상쇄할 수 있기에 지배력은 계속해서 유지된다. 따지고 보면 지배주주의 상속세는 결국 비지배주주의 이익을 가져가 납부하는 것이나 마찬가지다. 상속세는 비지배주주에게 전가되는 세금이다. 진정으로 상속세를 내는 이는 지배주주가 아니라 비지배주주다.

우리나라의 광복 직후로 돌아가 보자. 당시는 자영농이 적었고 대지주와 소작농이 많았다. 1934년에 이미 한국에도 상속세가 도입되지만, 세율이 낮았다. 낮은 세율을 더욱 감면해주는 이런저런 예외들도 많았다. 한편 소작농들은 소작하는 면적이 작았고, 높은 소작료를 부담해야 했다. 사회보장제도도 없었기에 병이 들거나 늙으면 얼마 안 되는 땅을 팔아야 했다. 지주가 더욱 대지주가 되고, 자영농이나 반소작농이 소작농으로 전락하게 되는 배경이다.

본문 3장에서 버핏은 비교적 손쉽게 버크셔의 최대주주가 되었다. 기존 지배주주의 동생으로부터 주식을 매입했고, 임시 주주총회를 열어 이사회를 장악했다. 현재 우리나라에서 비지배주주들은 가진 부富를 빼앗기지나 않으면 다행이다.

우리나라 아파트의 가격은 높다. 강남 아파트 몇 채면 소규모 상장사 하나를 살 수 있을 정도다. 하지만 아파트는 불패한다. 많은 이가 아파트로 부를 일군 친척이나 친구, 아내 친구 남편을 알고 있다. 배우 김광규의 이야기처럼 방송에서도 크게 화제가 된다. 한편, 많은 이가 주식을 하다 패가망신한 친척과 지인도 알고 있다. 이유가 뭘까? 사실 아파트엔 지배주주가 없다. 터널링도 거의 불가능하다. 간혹 조합장이나 입주자대표회의 회장이 터널링을 하더라도 높은 보수를 받거나 리베이트를 받는 정도다. 비지배주주의 지분가치를 확확 줄여버리는 주식에 비하면 애교다. 아파트 한 채의 구분소유권은 법과 제도가 철저하게 보호한다.

아파트의 가치를 주식의 가치와 비슷한 방식으로 평가해보면 말이 안 될 정도로 가격이 높다는 것을 알 수 있다. 아파트의 높은 가격과 주식의 낮은 가격엔 이유가 있다. 높은 아파트의 가격은 얼마나 시장에서 비지배주주의 주주가치가 침해되고 있고 주식 투자의 매력이 없는지를 보여주는 상징이다. 아파트 투자로 성공한 경험이 사회적으로 공유되었다. 주식 투자로 실패한 경험 역시 사회적으로 공유되었다.

여기까지는 벌어진 사실이고 다음부터는 가치평가의 영역이다. 나는 한도 없이 아파트의 가격이 높아지고 주식의 가격이 낮아질 수는 없다고 생각한다. 어디든 정도가 있는 법이다. 2세, 3세, 4세까지 승계되기는 했지만, 5세까지의 승계는 장담할 수 없다. 우리나라의 법률도 언제까지나 이렇게 허술하지는 않을 것이다.

덩크 슛 vs 풋내기 슛

내겐 소연이하고 특훈을 한 풋내기 슛이 있단 말이다!!

— 이노우에 다케히코, 《슬램덩크》

찰리 멍거는 장기적인 이익이 있으면 기업에 돈을 좀 써도 된다고 주장했다. 분석할 때, 좀 더 질적인 측면을 중시했다. 버핏이 실체가 있는 숫자 그 이상을 생각할 수 있도록 도와주었다.

아멕스의 일화는 우리나라 가치투자자에게 큰 가르침으로 남아 있다. 좋은 기업을 적당한 가격에 사는 것이 평범한 기업을 낮은 가격에 사는 것보다 더 나은 투자다. 나도 동의한다.

하지만 좋은 기업을 고르는 건 여간 어려운 일이 아니다. 버핏 자신도 좋은 기업을 판단하는 게 쉽지 않았다. 이 때문에 버핏은 헨리 브랜트에게 식당 등을 돌아달라고 부탁했을 것이다. 특히 우리나라는 제조업 중심의 산업 구조를 가지고, 경기 변동에 민감하며, 중간재를 수출하는 기업이 많은 나라다. 소비시장도 작다. 아멕스와 같이 무형의 해자를 가지고 꾸준히 성장하는 기업을 찾기 더욱 어렵다.

좋은 기업을 적당한 가격에 사는 게 평범한 기업을 낮은 가격에 사는 것보다 딱히 더 높은 수익을 안겨주는 것도 아니다. 본문 2장에서 이야기했듯, 버핏은 담배꽁초 투자를 했던 1950년대에 수익률이 제일 높았다.

좋은 기업을 적당한 가격에 사는 투자를 한 건 버핏 헤지펀드의 규모에서 오는 한계 때문이기도 했다. 버핏 헤지펀드의 규모는 1억 달러가 넘었다. 낮은 가격에 팔리는 평범한 기업들은 버핏의 자금에 비해 시가총액이 너무 작았다. 의미 있는 투자가 되려면 시가총액이 1억 달러 이상이고 저평가되기까지 해야 했다.

그러나 이 책을 읽는 투자자들은 대부분 걱정이 없다. 규모에서 오는 한계가 없다. 삼성전자에도 투자할 수 있고 시가총액이 100억 원을 조금 넘는 기업에도 투자할 수 있다. 투자의 진정한 목적을 잊어서는 안 된다. 투자는 돈을 벌기 위해 하는 것이다. 사실 가치투자도 그 자체로 어떤 도덕적인 우위에 있지 않다. 엄연히 우리나라에서 그나마 통하는 전략이고 돈을 벌 수 있기에 실천하는 것뿐이다. 다시 말해 시가총액이 큰 기업을 사서 돈을 벌었다고 하여 그 돈이 더 가치 있을 리 없다.

같은 이유로 평범한 기업을 낮은 가격에 사서 돈을 벌든, 좋은 기업을 적당한 가격에 사서 돈을 벌든 아무런 상관이 없다.

시선을 달리해 생각해보자. 상속세와 터널링 등 여러 이유 덕분에 우리나라는 담배꽁초의 나라가 되었다. 그것도 한두 번 피우고 말 담배꽁초가 아니라 거의 새것이나 다름없는 장초가 가득한 나라다. 이걸 행운으로 생각하라. 기회로 잡아라. 굳이 성가시게 말보로를 사러 가는 서학 개미를 이해하기 힘들다.

점수를 내기 위해 꼭 덩크 슛을 해야 하는 것도 아니다. 풋내기 슛을 해도 된다. 덩크 슛보다 풋내기 슛의 난이도가 훨씬 낮다. 굳이 좋은 기업을 고르려는 노력을 열심히 기울일 바엔, 평범한 기업을 싸게 사라.

대놓고 말했어

"외국계 펀드의 기업 매수는 금전만이 목적이라는 지적도 있습니다만?"

"돈을 버는 게 잘못됐나요? 잘못된 건가요? 제가 하려는 건 규칙에 따른 정당한 기업 회생입니다. 그 결과로 얻는 정당한 보수에 문제라도 있습니까? 일본은 자본주의 사회죠? 그게 문제가 됩니까? 문제 있습니까?"

"저 자식, 대단하네. 대놓고 말했어."

— 2007년 방영된 NHK 드라마 〈하게타카〉 중 와시즈의 기자회견

　몇 년 전 한 외국계 헤지펀드의 '5%룰' 위반 사건을 검토했었다. 이 외국계 헤지펀드는 해외의 프라임브로커(헤지펀드가 요구하는 금융 서비스를 제공하는 금융 투자회사다. 골드만삭스나 메릴린치 같은 대형 증권회사가 많다)와 우리나라의 한 상장기업에 관해 총수익스왑Total Return Swap, TRS(일정한 수수료를 내고 주식을 실제로 보유했더라면 얻었거나 잃었을 경제적 효과만 거래하는 계약)이라는 계약을 체결했었다. 그런데 이것이 5% 넘는 지분을 취득하면 공시해야 하는 규정을 위반한 것인지가 문제 되어 금융당국이 조사에 나선 것이다. 참고로 이 외국계 헤지펀드는 적대적 인수를 노린 것도 아니

었다. 단순히 행동주의 투자에 나섰을 뿐이었다. 우리나라의 언론은 난리라도 난 것처럼 보도했지만, 내가 보기엔 주장도 합리적인 수준이었다.

한편 버핏은 본문 2, 3장에서 별다른 어려움 없이 샌본 맵, 뎀스터 밀, 버크셔 해서웨이를 인수한다. 너무도 쉽게 지분을 매수하고, 이사회에 입성했다. 버핏이 연달아 적대적 인수에 성공한 배경에는 당시의 우호적인 환경이 있었다. 몇 가지만 살펴보자.

일단 주식이 분산되어 있었다. 사실 굳이 법과 제도를 지배주주에게 유리하게 설정해놓지만 않으면 지배력은 분산된다. 엔트로피 법칙처럼 지배력의 분산은 자연스러운 현상이다. 세월이 흐르면서 지배주주는 세금도 낼 것이고, 아들딸들에게 나누어 상속도 할 것이며, 돈이 필요할 때 시장에서 매각도 할 것이기 때문이다. 미국은 이미 1920년대부터 다른 나라에 비해 주식이 분산된 편이었지만, 1950년대 분산의 정도가 가장 컸다. 1950년대 위임장 대결이 유행한 배경이다.

이것이 1960년대엔 시장에서 주식을 사들여 경영권을 확보하는 방식으로 진화했다. 적대적 인수를 노리는 주체는 먼저 시장에서 충분히 많은 지분을 사 모은다. 그리고 주로 주주들과 경영진이 대응하기 어려운 토요일 오후에, 그것도 짧은 기간 내에 응하는 주주들만을 대상으로, 나머지 일정 지분을 매입하겠다는 공개매수를 발표하곤 했다. 이것은 유행하던 TV 프로그램 이름을 따 '토요일 밤의 특집Saturday Night Special'이라 불렸다.

생각해보자. 적대적 인수의 대상이 되는 기업은 저평가된 기업이 많다. 그런데 누군가가 저평가된 기업 인수를 노리고 기존 주주의 주식을 시장에서 사 모으면, 그 사실을 모르는 기존 주주들은 만약 사실을 알았다면 팔지 않았을 법한 낮은 가격에 주식을 팔게 된다. 또한 적대적 인수를 노리는 누군가가 상당한 지분을 모은 다음 짧은 기간에 공개매수를 제안하면, 남은 주주들은 딜레마에 빠진다. 약간의 프리미엄을 받고 공개매수에 응하지 않았다가 그 적대적 인수를 시도하는 주체가 비지배주주의 이익을 아랑곳하지 않는 기업 사냥꾼이면 큰일 나기 때문이다. 신중히 결정해야 할 문제지만 1960년대 기업 사냥꾼들은 기간을 촉박하게 주었다.

억울하지 않은가? 오랜 기간 저평가를 참아온 주주가 약간의 프리미엄만을 받고 주식을 팔아야 하는 상황에 놓이는 게 불공평하다고 생각하지 않는가? 만약 누군가 지분을 사 모으고 있다는 사실을 미리 안다면 충분한 검토를 할 수 있지 않았을까? 1960년대에도 미국엔 주식이 극도로 분산되어 있었기에 대주주도 드물었고, 기관투자가도 거의 없었다. 개인 주주들은 기업의 진정한 가치를 몰랐고, 정보에도 어두웠다. 대응할 만한 힘도 없었다.

그래서 주주들을 보호하기 위해 '5%룰'이 생겼다. 주주들을 보호하기 위해 공개매수를 하려는 자가 있는지, 공개매수의 가능성은 있는지, 있다면 누구인지를 미리 알리는 것이 공정하다고 생각했고 윌리엄스 법Williams act이 1968년에 제정되면서 '5%룰'이 도입된 것이다. 이제 다른 주주들 몰래 많은 지분을 사 모아 기업을 인수할 수는 없게 되었다.

버핏은 1969년 헤지펀드를 청산하고 버크셔 해서웨이의 경영에 주력한다. 이후 우호적인 인수만을 진행했다. 버핏이 1969년 헤지펀드를 접은 주된 이유는 당시의 주식시장이 고평가되었기 때문이다. 하지만 이후 다시 주식이 저평가되는 시대가 와도 적대적인 인수 활동에 나서지 않았다. 여기에는 뎀스터 밀에서와 같이 부정적인 사회적 이목을 부담스러워하는 버핏의 성품에 더불어 적대적 인수를 남몰래 진행할 수 없게 된 이후의 환경이 영향을 주었을 것이다.

내가 몇 년 전 검토했던 외국계 헤지펀드의 5% 공시 의무 위반 사건은 결국 한참 후에야 검찰에서 무혐의로 끝났다. 애초 총수익 스왑 계약은 경제적인 이익만을 목적으로 체결되는 것이다. 투자자는 주식을 소유하지 않는다. 혹시라도 프라임브로커가 헤지를 위해 주식을 소유할 수도 있지만, 소유하지 않을 수도 있다. 헤지를 할지 말지, 한다면 어떻게, 얼마나 할지는 프라임브로커가 알아서 정한다. 내가 검토했던 계약서엔 프라임브로커가 헤지 목적으로 소유한 주식을 투자자가 넘겨받을 수 있는 권리도 없었다. 그런데도 이것이 문젯거리가 되어 수사기관에 통보되는 것 자체가 억지스러웠다. 어떻게든 시끄러운 비지배주주로부터 지배주주를 보호해주고 싶은 당국의 의지가 느껴졌다.

사실 '5%룰' 위반이 형사처벌 대상인 것도 이상하다. 윌리엄스 법을 만든 미국은 '5%룰'을 위반했다고 해서 형사처벌 하지 않는다. 윌리엄스 법은 적대적 인수를 막으려는 법이 아니다. 단지 정보에 어두운 주주를 보호하기 위한 법이다.

십 년도 더 된 드라마지만 일본 NHK의 〈하게타카〉를 추천한다. 고상한 책보다 오히려 우리나라와 비슷한 현실을 다룬 드라마가 더 공부가 될 때가 많다. 이 드라마에서 효율적으로 기업을 개선하고 이를 통해 돈을 벌려는 주인공을 일본 사회는 인정하지 않는다. 돈만 아는 괴물처럼 묘사한다. 마치 주인공이 부정한 일을 벌인다는 뉘앙스의 대사들이 사뭇 비장하다. 비정상이 정상인 주인공을 두고 진지하게 비판하니 이 무슨 부조리인가? 그 부조리가 이 드라마의 웃음 포인트다.

한편으로 정상이 정상으로 인식되고 비정상이 비정상으로 인식되면 우리나라의 자본시장은 과연 얼마나 발전할 수 있을까? 가치투자자들은 또 얼마나 많은 돈을 벌 수 있을까? 사실 방향성은 어느 정도 정해져 있다.

그런데 비정상을 정상으로 바꾸기 위한 첫 발짝은 사실 세금이다. 그것도 나와는 상관없을 법한 부자들이 내는 상속세다. 감정이 논리를 이기는 문제이기 때문에 해결이 어렵다. 다음 장에서 살펴보자.

4
모든 문제의 근원, 세금

주인이 아니라 스토커

30년 동안 증권가에서 일하면서 약속이 지켜지는 상식적인 세상을 간절히 꿈꾸게 되었다. 일요일에 만나기로 약속한 사람이 아무 연락 없이 약속 장소에 나오지 않는 일이 많았다. 밥값을 받으려고 계산대 앞에 섰는데 돈을 내지 않고 유유히 걸어 나가는 사람도 많이 봤다. 월급날이 지났는데도 통장에 돈이 들어오지 않는 황당한 일도 여러 번 겪었다.

— 박영옥, 《주식회사의 약속》*

지난여름 상장기업인 일신방직은 유형자산 양도결정을 공시했다. 양도되는 공장용지의 매매가는 3,000억 원이 넘었다. 시가총액의 약 2배 정도였다. 다음 날 주가는 크게 올랐다. 하지만 장이 끝나기도 전에 다시 내리기 시작했다. 종가는 전날의 종가와 비교해 2% 남짓 상승한 선에서 끝났다. 멋진 피뢰침이었다.

훌륭한 기업을 적정 가격에 매수하는 편이 나은가, 평범한 기업을 싼 가격에 매수하는 것이 나은가? 이 책의 전반을 흐르는 주제다. 비슷한 주제로 "자산이 많은 기업이 좋은가, 이익이 많이 나는 기업이 좋은가, 혹은 현재 우량한 기업이 좋은가, 앞으로 성장성이 기대되는 종목이 좋은가?" 같은 것들이 있다.

하지만 여기에 진짜로 선행되어야 할 물음이 있다. 주주는 과연 기업의 주인인가? 우리나라에서?

훌륭한 기업을 적정 가격에 매수하면 그 훌륭한 기업이 주주의 것이 되는가? 평범한 기업을 싼 가격에 매수하면 그 평범한 기업이 주주의 것이 되는가? 자산은 주주의 것인가? 이익은 주주의 것인가? 성장이 중요하다면 그 성장은 과연 주주의 것인가? 정작 기업은 주주를 주인이 아니라 스토커라고 생각하는데, 주주 혼자 기업은 내 것이라고 생각하면서 훌륭한 기업인지 따지는 것은 아닐까?

만약 자산도, 이익도, 성장도 주주의 것이 아니라면 어떤 것이

* 박영옥, 《주식회사의 약속》, 프레너미, 7p

나은지에 대한 논쟁은 공허하다. 주주와는 무관한 논쟁이다. 방구석에서 축구 해설을 하며 차범근이 나은지 손흥민이 나은지를 논쟁하는 것이나, 스스로 배가 나와 움직이기도 싫어하면서 슈퍼맨과 배트맨 중 누가 더 힘이 센지를 논의하는 것과 같은 차원의 논쟁이다.

그런데도 왜 이런 논쟁이 흔할까? 설마 그렇지는 않으리라 생각하면서도, 가치 사기꾼들 입장에서 당장의 고평가를 정당화하는 면에서 소용이 있는 것이 아닐까 하는 의심이 든다. 자산은 바로, 지금 즉시, 주주에게 분배할 수 있는 성질을 지닌다. 그런데도 우리나라에서 배당은 너무도 적고 자사주 매입은 드물다. 자산이 많은 기업에 투자하는 비지배주주는 "자산이 많아도 주주와는 아무런 상관이 없구나" 하고 너무나 직접적으로 느낄 수 있다.

하지만 이익과 성장은 다가오는 정도가 덜하다. 이익과 성장이 계속되는 동안은 분배를 미루고 재투자를 하는 게 효율적인 것도 이론적으로 사실이다. 주주의 것이 아닌 건 마찬가지지만 이익과 성장이 계속되는 동안은 "나중에 내 것이 되겠지" 하고 상상이라도 할 수 있다. 게다가 이익이나 성장은 분기별로 변동성이 큰 편이다. 짧은 호흡으로 미리 실적을 예상하거나 혹은 실적을 입수하거나 또는 실적을 입수했다고 선전하는 가치 사기꾼 입장에서는 이익과 성장을 강조할 수밖에 없다.

간혹 이익과 성장을 넘어 꿈을 논의하기도 한다. 꿈을 먹고 사는 기업에서 비지배주주가 자신의 몫을 주장할 여지는 거의 없다.

지배구조 문제는 꿈에 가려진다.

게다가 꿈을 이유로 높은 주가를 원하는 지배주주는 주가를 낮게 유지해 상속세를 낮추려는 지배주주와는 다른 종족이다. 이런 기업의 지배주주는 대개 상속을 이미 포기했다. 주가를 더 높여 자신과 투자자들이 투자금을 회수할 기회를 만드는 데 열심이다. 유상증자를 실시하거나 전환사채, 신주인수권부사채를 발행해 비지배주주의 돈을 자신의 것으로 만들려면 높은 주가가 유리하다. 적어도 주가가 높으면 좋다는 점에서 지배주주와 비지배주주의 이해관계는 일치한다. 우리나라에 극심한 고평가 기업과 극심한 저평가 기업이 혼재하는 이유다. 자산과 기업의 주가가 잘 연동하지 않는 이유다.

버핏은 시즈 캔디의 지배권을 취득했다. 지배권이 있었기에 1972~2007년 동안 시즈 캔디가 벌어들인 이익 14억 달러를 고수익 기업의 인수에 사용할 수 있었다. 그러므로 버핏처럼 지배권을 취득하는 것도 아니면서 제2, 제3의 시즈 캔디를 찾으려고 노력하는 건 돌이켜 생각해볼 문제다.

그런데 이번엔 반대로 생각해보자. 여기에서 끝나면 이 책을 번역한 의미가 없다. 우리나라에서 주주는 진짜로 기업의 주인이 아닌가? 주주는 정말로 스토커에 불과한가? 의심하고, 가치 판단을 하고, 역발상으로 사고하는 훈련을 해보자는 것이다.

일신방직의 주가는 적어도 공시 '당일' 급등했다. 기업의 주인이 주주라는 이데올로기는 현대 자본주의 사회에서 너무나도 강력한 이데올로기다. 전 세계에서 상식으로 인정받는다. 금융 교육이 부족하다고 비판받는 우리나라 학교에서도 주주가 기업의 주인이라는 것 정도는 가르친다. 언론도 주주의 권리를 대놓고 침해하라고 기사를 쓰진 않는다. 대신 그래도 재벌 오너가 경영하는 게 왠지 외국인이나 먹튀 자본이 돈을 버는 것보다 더 나은 느낌이 들도록 기사를 쓸 뿐이다. 상법과 자본시장법도 주주 평등을 전제로 한 규정이 많다. 지배주주가 사익을 누릴 기회가 많긴 하지만, 너무 대놓고 비지배주주의 이익을 침해하면 형사처벌을 받는다. 사회적 손가락질도 따라온다.

게다가 우리나라 기업이 분배를 적게 할 뿐, 분배를 아예 하지 않는 건 절대 아니다. 외환위기 이후 부채를 줄이고 내실을 다져온 기업은 정부나 가계보다 우량하다. 특히 자산이 많은 기업은 대체로 배당할 여력이 넘친다. 지배주주의 이익을 위해 배당이 필요한 경우 인정사정없이 배당할 때도 있다. 너무 많이 유휴자산을 쌓아놓고 있는 것도 눈치가 보인다. 때문인지 배당의 절대적인 규모나 이익 대비 배당의 정도도 시대의 변화에 따라 점차 늘어나는 추세다.

자산과 기업의 주가도 '잘' 연동하지 않는다는 것이지, '아예' 연동하지 않는 건 아니다. PBR이 낮아질수록 주가는 잘 내려가지 않는다. PBR 0.3보다 PBR 0.2인 기업이 드물고 PBR 0.2보다 PBR 0.1인 기업이 드물다. 무한히 기업의 PBR이 낮아질 수는 없는지 PBR 0.01인 기업은 아직 발견하지 못했다.

지배주주의 입장도 생각해보자. 정작 지배주주는 더 많은 주식을 더 싸게 사거나 비지배주주로부터 빼앗는 데 열중한다. 더 적은 세금을 내고 상속하거나 증여하려 노력한다. 정말로 주주가 기업의 주인이 아니라면 이렇게 정성을 기울일 이유가 없다. 사실은 진짜로 소중하기 때문에 가치가 없어 보이려 노력하는 것이다. 진실은 주식이 보물과도 같기에 배당을 적게 하고 사익을 추구해 비지배주주가 무관심하거나 허무주의에 빠지기를 내심 바라는 것이다.

그러니 정신을 바짝 차릴 필요가 있다. 간혹 물량 간수 잘하라는 말을 할 때가 있다. 투기적인 테마주에서 흔히 나오는 이야기다. 세력이 물량을 확보하기 위해 주가를 흔든다는 소리다.

하지만 물량 간수를 잘하라는 이야기는 정작 평소 거래도 안 되고, 주가도 정체되어 있으며, 가격과 가치의 괴리가 큰 가치주에 대해서 할 소리다. 우리나라는 담배꽁초의 나라다. 담배꽁초도 여간 장초가 아니다. 지배주주는 당신의 장초를 노리고 있다.

이런 상황을 역이용하라. 담배꽁초가 몇몇 기업에 불과하다면 분산투자가 불가능할 것이다. 하지만 담배꽁초가 넘쳐나면 분산이 쉽다. 우리나라는 장초가 넘쳐나는 나라다. 우리나라 시장의 진정한 이점이다. 아무리 무관심과 허무주의가 팽배해도 느슨하게나마 가치투자의 원리는 사실 작동한다. 점점 더 잘 작동해가는 중이다.

상속세라는 큰 중력

상속집행인 측은 주식가격은 회사가 1932년에 손실을 기록한 사실뿐만 아니라 그해 소유자가 사망한 날짜의 낮은 시장가격에 의해 결정되어야 한다고 주장했다. 그러나 나의 신념은 그들 주식이 해당 기업에 대한 지배적 이익을 대표하고 있고, 소유자는 회사와 회사 자산에 대해 자신이 원하는 일은 무엇이든 할 수 있기 때문에, 주식가치는 기업 가치와 마찬가지로 평가되어야 한다는 것이었다.

— 벤저민 그레이엄, 《벤저민 그레이엄(Benjamin Graham)》[*]

　다행스럽게 유예되긴 했지만 2020년 하반기 주식양도소득세 과세에 논의가 뜨거웠다. 소득세법과 시행령에 따르면 2020년 말을 기준으로 특정 종목을 3억 원 넘게 보유한 주주는 대주주가 되고 말기 때문이다. 대주주는 주식양도소득세를 내야 하는데, 세율은 중소기업 여부, 보유 기간에 따라 다르지만 22~33%(지방소득세 포함)에 달한다.

　대주주 양도소득세의 부과 기준은 계속하여 하향됐다. 2017년 말에는 15억 원, 2019년 말에는 10억 원이 기준이었다. 매년 연말을 기준으로 양도소득세가 계산되는 산식 때문에 연말마다 주식시장은 약세가 된다. 대주주 요건을 피하려는 억지스러운 매도 때문에 가뜩이나 저평가된 시장에서 대주주 아닌 대주주의 부_富는

---

[*] 벤저민 그레이엄, 《벤저민 그레이엄》, 굿모닝북스, 353p

기관이나 외국인 투자자에게 넘어간다.

이처럼 세금은 사람들의 행동에 지대한 영향을 미친다. 투자할 때 세금을 아는 건 아주 중요하다. 버핏 또한 주주 서한의 많은 부분에서 어떤 채권에 투자해야 세금이 절약되고, 배당과 자사주 매입 중 어떤 것이 세금 측면에서 유리하며, 장기적으로 보유했을 때 세금이 이연됨으로 인해 어떤 이점이 있는지 등을 상세히 설명한다.

좀 더 가까운 예로 수년 전 소득공제가 되던 항목들이 대거 세액공제로 바뀌면서 근로소득 5,500~7,000만 원은 연평균 세금이 2~3만 원, 7,000만 원 이상은 134만 원 늘어나는 일이 있었다. 증세가 없다던 정부의 약속이 무산되며 연말정산 파동으로 이어졌고, 정부 지지율도 곤두박질쳤다.

다른 예로 요즘의 전월세 대란은 실거주해야 양도소득세를 더 감면해주는 세제 개편에 따라 주택 소유자가 직접 거주하게 된 영향도 있다. 최근 십여 년 동안 거리에 수입차가 많이 늘어난 데에는 차량 가격과 상관없이 리스료를 비용으로 처리해 세금을 줄일 수 있게 한 제도 탓이 컸다. 수년 전 배당소득증대제도가 실행되던 사이 주식 투자자들은 체감할 수 있을 정도로 배당이 늘어나는 것을 경험했다.

변호사들이 거래의 구조를 짜고 계약서를 작성할 때도 어떤 구조가 세무적으로 가장 유리한지가 결정적인 역할을 한다.

그러니 입장을 바꾸어 생각해보자. 내가 2~3만 원 혹은 많아야

100만 원 남짓한 연말정산에 민감하다면, 최대주주 할증을 포함해 최대 60%의 상속세를 내야 하는 지배주주는 세금에 얼마나 민감하겠는가?

더욱이 우리나라는 상장주식에 대해 '시가'를 기준으로 상속세를 부과한다. 주식의 가격이 높으면 높을수록 더 많은 상속세를 내야 한다. 배당을 더 주고, 자사주를 매입, 소각하는 등 더 많은 주주환원을 해 주주가치를 높일수록 더 많은 상속세를 내야 하는 역설적인 상황이 펼쳐진다. 보수를 적게 가져가고 여타 사익을 적게 누려서 더 큰 이익을 내면 낼수록 더 많은 상속세를 내야 한다. 불필요한 현금을 보유하지 않고 자본을 더 효율적으로 배치하면 더 많은 상속세를 내야 한다. 일감 몰아주기를 하지 않고, 지배주주가 세운 다른 기업이 나서서 통행세를 걷지 않으면 더 많은 상속세를 내야 한다. 주식을 차명으로 보유하지 않고, 비자금을 만들지 않으면 더 많은 상속세를 내야 한다. 지배주주에게 유리한 합병을 하지 않고, 지배주주에게 유리한 지배구조 개편을 하지 않으면 더 많은 상속세를 내야 한다. IR을 잘하고, 회계 투명성을 더욱더 높이며, 주주들과 잘 소통하면 할수록 더 많은 상속세를 내야 한다.

박근혜 대통령의 탄핵에는 삼성그룹 승계를 위해 최순실에게 한 로비가 결정적인 역할을 했다. 삼성그룹 승계를 위한 삼성물산과 제일모직 합병 사건을 거치면서 전 보건복지부 장관과 전 국민연금 기금운용본부장 등이 형사처벌을 받았다. 이재용 삼성전자 부회장이 오랜 기간 구속되어 있다 풀려났고, 심지어 최근에 다시 기소되었다. 정권 교체부터 이 모든 것의 근본을 추적하다 보면 상속세를 만난다.

변호사로서 업계를 조망해보면, 가장 유능한 변호사는 상속세를 가장 적게 내면서 가장 문제가 되지 않을 승계 구조를 짜주는 사람이다. 기업도 마찬가지다. 기업에서 지배주주의 최측근이 되는 사람은 가장 지배주주 입장에 서서 상속세를 적게 낼 수 있도록 구조를 짜고 실행에 옮기는 사람이다.

심지어 상속세를 절감하기 위해 상장을 하는 경우도 많다. 비상장기업은 자산가치와 수익가치를 가중 평균해 상속세를 계산하지만, 상장기업은 시가를 기준으로 상속세를 계산하기 때문에, 비상장기업을 상장해 저평가를 받으면 상속세를 절감할 수 있다. 나는 비상장사를 자문하면서 국내 유수의 증권사로부터 이런 장점을 들어 상장을 권유하는 프레젠테이션을 받기도 했다.

벤저민 그레이엄은 자신이 법원에서 상속재산의 가액을 감정하는 감정인으로 활동한 것을 자랑스럽게 생각했다. 회고록에서 별도의 장을 만들어 기술할 만큼의 가치가 있다고 하였다.

우리나라 법원엔 벤저민 그레이엄 같은 활동을 전문적으로 하는 이가 없다. 간혹 소액주주들이 주식매수청구를 하는 사건 등에서 주식의 가치를 감정하기도 하지만, 정말 간혹 있는 일이다. 법원이 주로 의뢰하는 감정인들은 대부분 부동산이나 동산의 가치를 평가한다.

앞서 우리나라는 가치투자자들에게 10배의 중력이 작용하는 계왕성과 같다고 하였다. 우리나라에도 가치투자의 원리가 작용하긴 하지만 미약하게 작용한다고 하였다.

이 엄청난 중력의 근본적인 이유가 세금에 있다. 세금의 차이를 이야기하지 않고, 훌륭한 기업을 적정 가격에 매수하는 편이 나은지, 평범한 기업을 싼 가격에 매수하는 게 훨씬 나은지를 논의하는 것은 본질을 외면하는 것이다. 미국에서 논의되는 최신의 가치평가 이론, 원리를 공부하는 것도 그 효과가 반감된다. 세금이라는 중력이 미치는 영향력이 너무 크기에 어떤 기업의 사업 모델이나 해자나 성장 가능성 같은 건 상대적으로 덜 중요할 정도다. 철강을 생산하건 기계를 제조하건 유통업을 하건 다 그 나물에 그 밥처럼 느껴지는 이유도 여기에 있다.

그런데도 세금 제도의 차이를 이야기하지 않고 막연히 미국과 비교하며 대중에게 주식 투자를 권하는 건, 대중을 지배주주의 먹잇감으로 던져놓는 것과 마찬가지다. 진정한 금융 교육의 시작은 여기에 있다.

이건희 삼성전자 회장의 별세로 18조 원의 재산에 11조 원의 상속세를 물어야 하는 상황이 화제가 되었다. 별세 후 2개월 동안 주가가 많이 오르지 않기를 빈다. 생각해보니 이 사건 역시 시장의 모순을 생각해볼 수 있는 기회다.

사실 우리나라 자본시장에 큰 영향을 미친 판례나 법률의 뒤를 쫓다 보면 삼성그룹이 나온다. 이재용 부회장이 걸어간 길을 공부하게 된다. 대체로 비지배주주에게 부정적인 내용의 판례나 법률이다. 그런데 또 아는가? 이재용 부회장이 가는 길은 강력하다. 이 번을 계기로 상속세가 합리적으로 개정될지? 만약 그렇게 된다면 주식시장에는 상상을 초월하는 활황이 불어오리라 생각한다.

하지만 상속세율의 개정은 당장 가능할 것 같지 않다. 이건희 회장의 별세도 상속세에 관한 여론이나 주의를 환기하는 정도의 사건에 그칠 가능성이 크다. 그전까지 우리나라의 투자자는 무엇을 보고 투자를 해야 할까? 다음 장에서 살펴보자.

5
스카우터 너머 기업의 실체

스카우터를 벗어! 이놈들은 전투에 따라 전투력을 변화시킨다. 이런 숫자는 이제 쓸모가 없어!

― 토리야마 아키라, 《드래곤볼》

2014년 12월 5일 0시 50분 뉴욕에서 출발해 한국으로 가려던 대한항공 KE086 항공기가 탑승 마감 뒤 공항 활주로로 이동하다가 10분 만에 멈춰 섰다. 비행기는 후진해 게이트 쪽으로 돌아와 한 사람을 내려놓았다. 내린 사람은 승무원 유니폼을 입은 사무장이었다. 수년간 세상을 떠들썩하게 했던 땅콩 회항 사건의 시작이다. 조현아 대한항공 부사장에서 이명희 일우재단 이사장, 조현민 대한항공 전무 등으로 이어진 대한항공 일가 갑질 사건의 시작이 기도 하다.

대한항공 일가는 사회적인 손가락질을 받았다. 하지만 땅콩 회항 사건의 또 다른 주인공인 사무장의 고통은 사라지지 않았다. 탈모를 얻었다. 일상으로의 복귀도 어려웠다. 조직을 배신한 사람으로 손가락질하는 사람도 생겼다. 출근하면 항상 혼자였고, 붐비는 시간에 밥을 먹으러 가도 아무도 옆에 앉지 않았다.

대한항공 일가가 갑질을 할 수 있었던 이유, 도리어 갑질의 피해자인 박창진 사무장이 고통을 당한 이유는 대한항공 일가가 무슨 '인피니티 스톤'을 가지고 있기 때문이 아니다. '주식'을 가지고 있기 때문이다. 대단한 양의 주식도 아니다. 지주회사인 한진칼을 통해 그룹을 지배했고 부채도 많은 편이었기에, 전체 대한항공 그룹의 자산 대비 지배주주가 보유한 자본의 양은 매우 적었다. 그런데도 기업에서 절대적인 권력을 휘두를 수 있었다. 이것이 주식의 막강한 힘이다. 주식이란 진정 이런 것이다.

마법 공식은 이해하기 쉬운 공식이다. 초보 투자자들이 따를 만하다. 한국에서도 마법 공식대로 투자하면 수익이 난다.*

하지만 우리는 '기업'에 투자를 하는 것이지, '공식'에 투자를 하는 것이 아니다. ROE는 기업 일부만을 보여주는 그림자 같은

---

* 강환국,《할 수 있다! 퀀트 투자》, 에프엔미디어, 269p

지표다. 기업의 실체, 기업의 본질, 기업의 진짜 가치는 그 너머에 있다. ROE만 믿고 주식 투자를 하는 건 마치 현실에 존재하는 힘을 상관하지 않고 스카우터를 통해 전투력을 측정하는 것이나 마찬가지 행위다.《드래곤볼》에서 사이어인인 손오공의 형은 전투력 측정기인 스카우터를 믿고 방심하다 당했다.

그린블랫 역시 이런 문제점을 잘 안다. 그는《주식시장을 이기는 작은 책》이후《주식시장을 이기는 큰 비밀(The Big Secret for the Small Investor)》을 썼다. 이 책에서 그린블랫은 '가치'라는 단어의 의미를 정확히 이해해야 하고, 가치의 본질이 무엇이며 가치가 어디에서 형성되는 것인지 알아야 한다고 주장한다. 이를 위해 마법 공식 이외에도 다양한 가치평가 방법을 제시했다.

그러면 가치투자자는 기업의 실력을 보여주는 일부 지표인 ROE 등을 넘어 실체를 파악하는 노력을 하면 되나? 만약 노력 끝에 기업의 실제 가치를 파악하고, 이것이 시가총액에 비해 크게 할인되어 있다면, 투자하고 기다리는 것이 마법 공식을 사용하는 것보다 더 나은 투자인가?

이 역시 우리나라 시장의 특수성을 고려해야 한다. 기업의 실제 가치를 꽤 정확히 파악했다고 하더라도 그 가치는 비지배주주인 투자자 당신에게 잘 귀속되지 않는다. 기업의 실제 가치는 대체로 대한항공 일가와 같이 몇몇 지배주주만이 누릴 수 있다. 따라서 기업의 실제 가치가 가격에 반영되는 경우는 드물게 일어난다. 정통의 가치투자를 추구하는 투자자들이 한두 개의 기업만을 깊이 분석한 뒤 집중투자를 하다가 물리는 이유가 여기에 있다. 차라리 마법 공식에 따라 분산투자를 하는 게 더 높은 수익이 날 수 있는 것이다.

가치투자자는 퀀트 투자자를 인정하지 않는 경향이 있다. 하지만 퀀트처럼 분산 투자하는 건 현실을 고려하면 우리나라에서 나쁘지 않은 전략이다. 그렇다고 기업에 관한 공부를 게을리해도 된다는 뜻은 아니다. 기업을 잘 알면서도 우리나라 시장의 한계를 인식하고 퀀트처럼 분산투자를 하는 것과, 그냥 몇몇 지표만 보고 퀀트 투자를 하는 것은 다르다. 전자가 어렵지만, 더 수준 높은 투자다. 특히 우리나라의 기업 지배구조는 조금씩이나마 개선되고 있으므로, 스카우터를 벗고 기업의 실체를 보려 하는 가치투자자들은 훨씬 더 큰 돈을 벌 것이다.

스카우터를 벗고 실체를 보라는 건 좋은 이야기다. 하지만 세부적으로 들어가면 어떻게 가치평가를 하는 것이 옳은지 기준이 흔들릴 때가 많다. 다음 장에서는 본문 6장에서 언급된 방법을 중심으로 우리나라의 실체에 맞게 수정해보자.

6
한국식 마법의 멀티플 계산법

자사주

삼성그룹이 미국계 엘리엇펀드의 삼성물산·제일모직 합병반대에 맞서 KCC를 '백기

사'로 끌어들이는 반격 카드를 내밀었다. 삼성물산은 10일 오후 자사주 899만 557주

(5.75%) 전량을 KCC에 매각키로 했다고 밝혔다.

　　— 〈이데일리〉, '삼성의 반격'…삼성물산 자사주 '백기사' KCC에 전량 매각(종합)[*]

* 〈이데일리〉, 2015년 6월 10일 자

일단 자사주부터 보자. 우리나라와 미국의 자사주는 다르다. 현실에서 다르게 취급되니 기업 가치를 평가할 때도 이 책을 수정해 읽어야 한다. 이름이 같다고 하여 같은 기준이 적용될 것이라고 순진하게 생각하면 안 된다.

본문 6장에서 저자는 시가총액이 유통 주식 수의 변화에 의해서도 증가하거나 감소한다고 설명한다. 기업이 주식을 더 발행하면 시가총액은 증가하지만, 기업이 자사주를 매입하면 시가총액은 감소한다는 것이다.

하지만 우리나라의 기업은 자사주를 매입하더라도 대체로 소각하지 않는다. 오히려 보유하다가 우호적인 백기사가 필요한 때 내다 팔거나, 인적분할을 할 때 자사주의 마법을 부릴 용도로 활용하거나, 비록 지금은 불가능해졌지만 자사주를 이용해 비지배주주의 비중을 줄여 상장폐지를 하거나, 여타 지배주주의 이익을 위해서 활용하는 경우가 흔하다.

그러므로 우리나라에서 자사주는 언제든지 시장에서 다시 유통될 수 있는 것으로 판단하는 것이 옳다. 그것도 지배주주에게 유리하게 유통될 가능성이 크다고 생각하는 것이 옳다. 기업의 시가총액을 계산할 때 굳이 자사주를 빼고 고려할 이유가 없다.

소수지분

의무공개매수 요건을 폐지함으로써 국내 M&A를 자유화

— 이경식 한국은행총재와 임창열 경제부총리가 캉드쉬 IMF 총재에게 보내는 경제 계획 메모[*]

1997년 초 외국인들은 미도파 주식을 집중 매수했다. 매집은 M&A와 관련 있다는 소문이 나돌았다. 1997년 초 17,000원대에 머무르던 주가는 1997년 3월 5일 45,100원으로 치솟았다. 미도파에 대한 공개매수가 임박했다는 소문도 돌았다. 1997년 4월 1일이 되면 의무공개매수제도가 시행된다. 그 전에 공개매수를 해야 비용이 적게 든다.

M&A를 통해 지배주주가 자신의 지분을 팔면 비지배주주의 운명은 어떻게 될까? 지배주주의 지분과 달리 비지배주주의 지분은 매각되지 않는다. 지배주주는 경영권 프리미엄을 받고 높은 가격에 팔 수 있지만, 비지배주주들은 시장에서 팔든지 남든지 알아서 하면 된다. 만약 새로운 지배주주가 이른바 무자본 M&A 세력과 같이 기업의 부를 탈취할 생각만 가지고 있는 경우, 비지배주주는 앉아서 당할 수밖에 없다. 비지배주주는 경영권을 넘기는 의사결정에 참여하지도 못했고, 경영권 프리미엄도 얻지 못했다. 하지만 리스크는 떠안아야 한다.

---

[*] IMF 홈페이지에서 볼 수 있음, https://www.imf.org/external/np/loi/020798.htm

이런 상황이 불공평하다고 느낀다면 예민한 감각을 가진 편이다. 우리나라의 많은 투자자는 지배주주가 경영권 프리미엄을 받고 지분을 매각하고, 비지배주주는 기업에 남는 상황을 자연스레 받아들인다. 바로 선진국에선 당연시되는 '의무공개매수제도'를 사실상 경험하지 못했기 때문이다.

하지만 미국의 일부 주를 포함한 대다수의 선진국은 의무공개매수제도를 두고 있다. 이 제도에 따르면 경영권을 인수하려는 새로운 지배주주는 기존 지배주주의 지분뿐만 아니라 비지배주주들의 지분까지 같은 가격에 공개매수제안을 해야 한다. 비지배주주의 지분은 지배주주의 지분과 동등한 취급을 받아야 한다. 이런 제도 아래에서는 비정상적으로 높은 경영권 프리미엄이 발생할 여지가 없다.

미국의 일부 주는 의무공개매수제도를 두지 않고 있긴 하다. 하지만 지배주주가 비지배주주에게 손해가 되는 경영권 양도를 하면 책임을 져야 한다. 이사회 역시 주주에게 손해가 될 인수 시도가 있다면 방어를 할 책임이 있다. 삼성전자의 하만 인수 과정에서 소액주주들이 집단소송을 여러 차례 제기한 것도 이런 법적 근거가 있었기 때문이다. 이런 문제 때문에 많은 경우 새로운 지배주주는 비지배주주의 지분까지 전부 매수한다.

이 책 본문 2장에서 살펴본 버핏의 전략 중 '워크아웃'은 M&A가 예상되는 저평가 주식이나 발표되었지만 차익거래 기회가 있는 주식을 산 다음, M&A가 성사되면 현금 또는 인수하는 기업의

주식을 받아 수익을 얻는 방식의 투자를 포함한다. M&A가 일어
나면 비지배주주도 이익을 현실화할 수 있다는 걸 전제로 한 전략
이다. 비지배주주의 지분은 외면되고 소외되는 우리나라에서는 버
핏의 '워크아웃' 투자 전략을 사용하기 어렵다.

저자는 마법의 멀티플을 계산하는 본문 6장에서, "소수 지분은
소액주주들이 보유한 소량의 주식을 가리킨다. 소수 지분이 10%
이면, 대주주의 지분을 우리가 모두 인수해도 90%에 불과하다. 기
업을 모두 소유하려면 협상을 통해서 소수 지분도 인수해야 한다.
기업 가격을 계산할 때에는 소수 지분도 부채처럼 시가총액에 가
산한다"라고 설명한다. 이 역시 경영권을 인수하는 새로운 지배주
주가 비지배지분의 가치를 정당하게 쳐주는 것을 전제로 한 설명
이다. 우리나라에선 수정해 읽고 해석해야 한다.

한때 우리나라에도 의무공개매수제도가 있었다. 인수인이
100% 인수하는 방식이 아닌 '50%+1주'를 취득하는 절름발이 의
무공개매수제도긴 했지만, 그래도 경영권 인수 과정에서 비지배주
주의 일부 지분이 가치를 인정받을 여지가 있었다. 외환위기 직전
인 1997년 4월 1일 시행된 증권거래법에서 이 제도가 도입되었었
다. 이후 외환위기를 겪으면서 의무공개매수제도는 제대로 사용되
어보지도 못한 채 기억 속에서 사라졌다. IMF는 우리나라에 의무
공개매수제도의 폐지를 요구했고, 정부는 이를 수용했다.

왜 IMF가 우리나라에 의무공개매수제도를 없앨 것을 요구했는
지는 알 수 없다. 의무공개매수제도가 있으면 기업을 인수하려는

측에서는 더 많은 자금이 필요하다. 그러므로 외국 자본이 국내 자본을 인수하기 쉽게 하려고 폐지했을 수도 있다. 이유야 어쨌든 의무공개매수제도는 국제적 표준에 가깝지만 우리나라엔 없다. 우리나라가 당연시하는 현재의 규범이 비정상이다. 비정상인 것을 모르고 있을 뿐이다.

비정상인 규범을 수정하는 것은 나중의 문제다. 우리나라 투자자들은 현실의 제도에 적응해 투자해야 한다. 소수지분의 가치가 기업의 실제 가치보다 할인될 수밖에 없음을 고려해야 한다. 주식의 가치를 구할 땐 이 장의 공식보다 할인해서 계산해야 한다. 코리안 디스카운트를 적용해 보수적으로 안전마진을 구해야 한다. 다만 이런 보수적인 가치평가 방식이 비정상임을 인식하고 비판적으로 생각해야 한다. 이것이 가치투자자가 추구할 방향이다.

우선주

[특징주] 조 회장 별세 후 4거래일 연속 상한가, 이날도 20% 이상 올라…주가 5거래일만 250% 뛰어

— 〈머니투데이〉, 한진칼 우선주, 또 20% 껑충…상한가는 풀렸다*

* 〈머니투데이〉, 2019년 4월 12일 자

2019년 3월 27일 열린 대한항공 주주총회에서 조양호 회장의 연임안이 부결되었다. 재벌 총수가 주주들의 반대로 등기이사에 오르지 못하는 사태가 벌어진 것이다.

조양호 회장은 주주총회 직후인 2019년 4월 8일 LA의 한 병원에서 별세했다. 그리고 그날 한진칼의 우선주는 상한가를 기록했다. 다음 날 한진칼 우선주는 또 상한가를 기록하면서 본 주의 가격을 뛰어넘었다. 총 4거래일 연속 상한가를 기록한 뒤 그다음 날도 크게 오르며 장을 마쳤다.

저자는 우선주가 정해진 배당을 이자처럼 정기적으로 받으므로 채권과 비슷하다고 설명한다. 그러므로 부채와 마찬가지로 우선주의 가격을 시가총액에 더하라고 한다. 그러나 이런 설명은 채권처럼 고정적인 금액의 배당이 지급되는 미국의 우선주에나 가능한 설명이다.

우리나라엔 고정적인 배당이 지급되는 우선주가 많지 않다. 대부분은 보통주에 액면가의 1%(액면가가 주당 5,000원이라면 50원)만큼 배당을 더 지급하는 우선주다. 보통주에 배당을 안 하면, 우선주에 배당을 안 해도 된다. 대체로 배당을 안 하면 의결권이 잠시 부활하지만, 다음 해에 배당하면 다시 의결권이 사라진다. 보통주에 극히 적은 배당을 하면, 우선주엔 극히 적은 보통주의 배당보다 아주 조금만 더해 배당하면 된다.

주식의 가치는 '의결권의 가치'와 '배당받을 수 있는 가치'의 합이다. 이걸 법률적으로는 공익권, 자익권이라고 부르는데, 이런 복잡한 용어를 기억할 필요는 없으니 넘어간다. 어쨌든 주식의 가치를 의결권 가치와 배당에 관한 가치로 나누는 경우, 우리나라 우선주는 의결권 가치는 없으면서 보통주에 비해 액면가의 1% 정도 배당을 더 받는 가치가 있을 뿐인 열등한 주식이다.

그런데 지배주주가 기업을 좌지우지하고 극단적으로 사익을 추구하며 배당엔 신경 쓰지 않는다면 보통주와 우선주엔 어떤 일이 벌어질까? 지배주주가 배당을 무시하면, 주식이 가진 배당에 관한 가치는 사정없이 할인된다. 하지만 의결권의 가치는 할인의 폭이 작다. 의결권 가치는 본래 상법이나 자본시장법에 의해 정해지는 것이다. 지배주주가 마음대로 빼앗을 수 있는 게 아니다. 그러므로 지배주주가 얼마나 주주친화적인 경영을 하는지에 따라 주식이 가진 배당에 관한 가치는 큰 영향을 받지만, 의결권 가치에는 별다른 영향이 없다.

앞서 우리나라 우선주의 대부분은 액면가의 1% 배당을 더 주는 대신 의결권이 없는 주식이라 설명했다. 지배주주가 배당을 무시하면 보통주는 그나마 의결권 가치라도 남는다. 하지만 우선주는 애초에 의결권 가치가 없는 주식이기에 지배주주가 배당을 무시하면 남은 가치라고 할 만한 것이 없다. 보통주와 우선주의 괴리가 크게 생기는 이유다.

한편 지배주주가 이익을 잘 분배한다면 보통주의 가치에서 배당받을 권리가 차지하는 비중이 커진다. 우선주는 어쨌든 간에 보통주보다 액면가의 1%나마 배당받을 권리가 더 큰 주식이다. 우선주의 가치 역시 크게 상승할 수밖에 없다. 지배주주가 이익을 공평하게 나누면 나눌수록, 비록 액면가의 1%에 불과한 배당 프리미엄이지만, 이것이 심지어 의결권의 가치를 뛰어넘는 상황이 생길 수도 있다.

물론 한진칼 우선주가 4일 연속 상한가를 기록하고 그다음 날도 20%나 오른 데에는 우선주의 수가 적어 유동성이 낮아 투기적인 수요가 몰린 탓이 크다.

하지만 적어도 첫날 기록한 상한가엔 논리가 있다. 조양호 회장의 별세로 상속을 받는 지배주주는 상속세를 내기 위해서든, 아니면 KCGI라는 행동주의 펀드에 대항하기 위해서든, 비지배수주를 대우해줄 유인이 커진다고 투자자들은 생각했다. 배당을 늘릴 것으로 예상했다. 배당받을 권리로서의 가치가 커지니 당연히 보통주의 가치도 커지지만, 우선주의 가치는 더욱 커진다. 괴리가 좁혀진다.

조양호 회장이 별세하기 전에도 이익을 주주들과 잘 공유하여왔다면, 이런 민망한 상황이 벌어지진 않았을 것이다. 우리나라에서 보통주와 우선주의 괴리는 지배주주가 얼마나 사적 이익을 추구하는지를 보여주는 지표다. 그러므로 채권과 별로 비슷하지 않은 우리나라 우선주를 저자가 설명하듯 시가총액에 더해 계산할 필요는 없다.

이 장에서 우리는 마법의 멀티플을 우리나라 상황에 맞추어 수정하는 법을 배웠다. 중요한 건 이름이 아닌 실체다. 자사주, 소수 지분, 우선주뿐만 아니라 다른 경우에도 통용되는 원칙이다. 그런데 우리가 이 책에서 마법의 멀티플을 공을 들여 알아보는 건 다름이 아니다. 바로 안전마진을 얻기 위해서다.

7

어려우면서도 쉬운
우리나라 안전마진

주식을 끊어라

[단독] '35억 주식투기' 이미선 헌법재판관 부부, 주식 못 끊었다.*

　문재인 대통령은 2019년 8월 26일 필승코리아 펀드에 가입하면서 평생 주식·펀드를 일절 해본 적이 없다고 밝혔다. 홍남기 경제부총리는 2020년 10월 22일 국정감사장에서 주식 투자를 해

* 〈한국일보〉, 2020년 10월 7일 자

본 적이 없다고 밝혔다. 박지원 전 의원(현 국가정보원장)은 2019년 4월 10일 이미선 헌법재판관의 인사청문회에서 "차라리 남편과 워런 버핏처럼 주식을 하는 게 맞지, 왜 헌법재판관이 되려 하느냐?"라고 비꼬았다. 임종석 전 청와대 비서실장은 2018년 12월 31일 국회에서 외국인 주주에게 배당을 퍼주는 KT&G에 대한 견제 장치를 만들어야 한다는 취지로 발언했다. 이동걸 산업은행장은 2020년 11월 19일 기자회견에서 강성부 KCGI 대표는 사모펀드 대표이고 자기 돈은 0원이라고 주장했다.

본문 7장에서 저자는 1972년부터의 주식 데이터를 분석한다. 시간적 지평이 상당하다. 저자는 그린블랫이 와튼스쿨 학생이던 1976년 부채보다 현금 및 유동자산이 많은 주식을 찾아내서, 주가가 주당순자산보다 훨씬 낮을 때에만 매수하는 그레이엄의 기법을 분석한 일화를 소개한다. 대학생도 투자에 관해 깊은 연구를 한다.

도널드 트럼프 미국 전 대통령은 자서전인 《거래의 기술(The art of the deal)》 첫머리에, 오전 9시 사무실에 도착하자마자 투자은행의 담당자에게 전화해 홀리데이 인Holiday Inns의 주식을 어느 정도 매수했는지 보고받는 장면을 묘사했다. 트럼프는 이 주식이 다소 저평가되었다고 하면서, 주식을 더 사서 홀리데이 인의 경영권을 손에 넣는 방법도 있고, 이미 오른 현재의 가격에 매도하는 방법, 혹은 프리미엄을 붙여 홀리데이 인에 되사라고 요청하는 방법이 있다고 설명했다. 본문 2, 3장에서 다룬 버핏의 전략과 큰 차이가 없다. 주식 투자에 대한 전 대통령의 이해가 이렇게 깊다.

박지원 전 의원은 버핏처럼 주식을 하라고 조언했다. 이미선 헌법재판관 부부는 2020년 3월 26일 기준으로 버크셔 해서웨이 220주 등의 주식을 보유한 것으로 드러났다. 하지만 기사는 주식을 끊지 못했다며 비난한다. '끊고, 못 끊고' 같은 표현은 술, 담배, 도박에나 어울리는 서술어인 줄 알았다. 주식을 못 끊었다는 표현이 주식에 대한 사람들의 인식을 대변한다.

나는 전에 어떤 사건을 맡으며 검찰 출신 전관 변호사들 앞에서 투자 이론을 설명한 적이 있다. 이걸 알아야 의뢰인의 생각을 이해해 변론을 잘할 수 있는 사건이었기 때문이다. 그 과정에서 큰 노력이 들었다. 그런데 전관 변호사들은 불과 몇 년 전까지만 해도 직접 수사를 하던 이들이다. 변호사로서 의뢰인의 이야기를 들어주려는 태도인데도 이렇게 설득이 어려운데, 만약 여전히 범죄를 수사하는 검사여서 피의자의 이야기를 의심하고 이해하지 않으려 했다면 이해시키기가 훨씬 힘들었을 것이다. 기본적인 가치관조차 공유하지 않는 사람이 당신을 수사하고 있고, 당신의 언어가 전달되지 않으며, 그런데도 그가 당신의 신체를 구속할 수 있는 권한을 가지고 있다고 생각해보라.

비지배주주를 대리해 지배주주를 만날 때도, 소수주주권을 행사한 사건에서 판사를 설득할 때도, 심지어 다른 비지배주주와 의사소통을 할 때도 비슷한 기분을 자주 느낀다. 말문이 턱턱 막힌다.

사회 전체의 역량은 법과 제도만큼이나 중요하다. 역량은 단기간에 축적되지 않는다. 개개인의 인식과 이해도, 경험, 노하우가 오랫동안 겹겹이 쌓여야 한다. 미국은 손쉽게 1972년부터의 데이터를 분석하고, 불과 19세인 와튼스쿨 학생이 그레이엄의 방법론을 검증한다. 주식 투자에 대한 전 대통령의 이해도도 높다. 투자를 다룬 미국의 판례나 논문을 읽어보더라도 같은 인상을 받는다.

한편, 우리나라는 대통령이 주식 투자를 일절 해본 경험이 없고, 경제부총리 역시 마찬가지다. 유력 국회의원은 인사청문회에서 주식 투자를 비꼬고, 언론 역시 (해로운) 주식 투자를 끊지 못하였다고 비난한다. 산업은행장은 한진칼의 주식을 20% 넘게 소유하는 PEF의 대표를 일컬어 자기 돈이 0원이므로 굳이 한진칼의 중대사를 협의할 필요가 없다고 주장한다. 투자에 대해 정치인과 공무원, 언론 등의 인식이 저러한데, 나머지는 말할 것도 없다.

주식 투자를 모르는 사람이 정책을 만들고 주식시장을 규제한다. 주식 투자를 모르는 사람이 시장을 감시, 감독한다. 주식 투자를 모르는 사람이 투자자를 수사하고 기소하며 판결한다. 우리나라 주식의 안전마진을 더 보수적으로 평가해야 하는 또 하나의 이유다. 그런데 안전마진이 도대체 무엇이기에 이리 강조를 하는 것일까?

철저한 안전마진

피고인들은 국민연금 등 물산 주주들의 합병 찬성 및 주식매수청구권 행사 최소화를 목적으로 '주가 악재를 양사 1분기 실적에 반영하거나 합병 이사회 전에 공개하여 주가에 먼저 반영시켜 주가를 낮춘 후, 에피스 나스닥 상장 추진 계획 또는 물산의 건설 수주 발표 등 주가 호재를 합병 이사회 후인 7~8월에 집중시켜 주가를 부양'하는 방법을 활용하여 합병 이사회 직후부터 주식매수청구 기간까지 양사 주가가 상승하는 추세를 조성하기로 하였다.

— 검찰, 〈삼성 이재용 부회장에 대한 공소장〉

이 책에서 저자는 안전마진을 강조한다. 비단 저자만이 아니라 많은 가치투자자가 안전마진을 중시한다. 안전마진은 왜 중요할까? 저자는 안전마진이 충분해야 평균회귀가 작동할 때까지 버틸 수 있다고 설명한다. 안전마진은 투자자에게 버틸 기회, 버틸 가능성을 주기에 중요하다. 초보 투자자들이 종종 착각하지만, 안전마진은 매우 방어적인 개념이다. 더 큰 이익을 노리고 안전마진이 큰 종목을 찾는 게 아니다.

안전마진은 방어적인 개념이기에 내재가치 대비 할인율만을 가지고 판단하지 않는다. 대차대조표를 통해 부채, 현금을 살핀다. 예를 들어 아무리 PBR이나 PER이 낮아도 부채가 많다면 버틸 가능성이 떨어진다. 회계가 불투명한 기업은 PBR, PER이 낮아도 안전마진이 있다고 할 수 없다. 내가 이해하기에 복잡한 기업도 마찬가지다. 게다가 우리나라의 산업은 대체로 경기 변동에 민감하다. 우리나라의 환율과 금리 역시 곧잘 요동친다.

안전마진은 방어적인 개념이기에, 내재가치 대비 할인율이 높다고 하여 내재가치까지 오를 것을 기대하는 건 오만이다. 내재가치 측정에 몇몇 실수, 불운이 더해져도 쉽게 잃지 않는 정도를 기대하면 족하다. 이렇게 쉽게 잃지 않고 되도록 수익을 올리기를 반복하면서 장기적으로 복리 효과를 누리려 노력해야 한다.

안전마진을 추구하면서 내재가치까지 오를 것을 기대하는 건 우리나라에서 더욱 어려운 일이다. 특히 우리나라의 가치주들은 좀처럼 평균회귀하지 않는다. 우리나라에서 가치투자를 오랜 기간 실천해본 사람들은 실제 내재가치가 주가에 반영되어 이익을 실현한 경우가 생각보다 드물다는 것을 경험적으로 안다. 이유 없이 오르거나, 엉뚱한 테마주에 속해 오르는 경우가 허다하다. 게다가 이렇게 오른 주가는 다시 원래의 자리로 돌아가는 경우가 많다.

우리나라의 주식시장은 중력이 10배인 계왕성이다. 적대적 인수가 거의 불가능하고, 행동주의자의 압력이 잘 통하지 않는다. 그래서 내재가치가 아무리 높다고 해도 그 가치까지 주가가 오르기는 쉽지 않다. '극단적인 저평가'에서 '평범한 저평가' 사이를 오가는 경우도 많다. 그렇다고 해서 극단적인 저평가 주식이 평범한 저평가 주식보다 더 잘 오르는 것도 아니다. 순서대로, 공식대로 움직이지 않는다. 그러니 억울하지만 이론적인 내재가치가 아니라 코리안 디스카운트가 반영된 현실적인 내재가치를 감안해야 한다.

높은 상속세가 있는 한 지배주주는 주가가 높게 형성되기를 원하지 않는다. 터널링의 유혹도 끊이지 않는다. 잠시 오르던 주가가 제자리로 돌아가는 건 사실 당연한 결과다.

우리나라에서 투자자는 더 오랜 기간을 버티는 것을 각오해야 한다. 몸에 좋은 것을 먹고 규칙적인 운동을 하면서 지배주주보다 오래 살아야 한다. 결코 쉬운 일이 아니다. 오랜 기간 버티는 투자를 각오하는 만큼 더욱 안전마진을 철저히 따져 투자해야 한다.

뜻밖의 안전마진

한일시멘트의 주가는 2018년 8월, 12만 원대에서 올 5월에는 8만 원대로 30% 넘게 하락했는데, 금감원은 이 주가 하락에 허 회장의 인위적 조작이 일부 영향을 끼쳤다고 보고 있습니다.

— 〈SBSCNBC〉, 금감원 특사경, '한일홀딩스' 허기호 회장 정조준…왜?[*]

상속세를 생각할 수밖에 없는 우리나라 지배주주는 주가가 높게 형성되기를 원하지 않는다고 설명했다. 평균회귀 현상은 드물다고 말했다. 빨리 돈을 벌고자 하는 공격적인 관점에서 보면, 따분한 시장이다.

하지만 방어적인 관점에서 보면 우리나라만큼 안전한 시장이 드물다. 어련히 지배주주가 저평가를 알아서 유도해놓았을 것이기 때문에 내재가치 대비 할인율이 높은 기업이 수두룩하다.

[*] 〈SBSCNBC〉, 2020년 7월 17일 자

나는 간혹 지배주주에게 주주가치의 제고를 요청하는 비지배주주의 부탁을 받아 대리인 자격으로 지배주주를 만난다. 그리고 정말 간혹, 자신의 기업이 내재가치 대비 적당한 수준으로 평가받는다고 억지를 부리는 지배주주를 발견하기도 한다. 보통은 저평가라고 보는 이유에 대해 친절히 설명하지만 그래도 억지를 부리면 "대표님, 현재의 주가대로 대표님의 지분을 파실 수 있겠습니까? 파신다면 사겠습니다. 10% 프리미엄을 더 드릴 수도 있습니다"라고 말한다. 빈말이 아니다. 기업의 내재가치가 주가보다 훨씬 높으면 쉽게 인수 자금을 조성할 수 있다. 지분을 인수하겠다는 PEF나 자산가도 쉽게 물색할 수 있다.

기업의 내재가치 대비 할인율이 높다는 사실은 지배주주 스스로 잘 안다. 이런 질문을 받는 지배주주 중 자신의 지분을 팔겠다고 하는 지배주주는 전혀 없다.

게다가 상장폐지를 걱정할 필요가 적다는 점에서도 우리나라의 시장은 안전하다. 지배주주 처지에서 기업의 상장이 폐지되면 주가가 아닌 수익가치와 자산가치의 가중평균에 따라 상속세를 평가받아야 한다. 그러면 크게 불리해진다.

본문 7장에서 저자는 "현금흐름과 회계이익이 일치하는 건전한 사업이어야 하며, 지속적으로 많은 영업이익을 기록한 사업이어야 한다"라고 말한다. 하지만 우리나라에선 이 기준을 좀 더 완화해서 생각해도 된다. 특히 영업이익은 지속적이거나 많지 않아도 된다. 겉보기보다 우량한 경우가 많다. 보수, 감가상각비 등 비용을 더 쓰거나, 이른바 통행세를 받거나, 이익이 나는 사업을 지배주주에게 몰아주거나 하여 이익을 줄이는 경우가 흔하기 때문이다. 이익은 내기가 어렵지, 줄이기는 쉽다. 시험에서 일등을 하기가 어렵지, 꼴찌를 하기는 쉬운 것과 같은 이치다.

덕분에 안전마진을 추구하는 투자자 관점에서 우리나라 시장을 보면 뜻밖에도 미국 시장보다 안전마진이 충분한 기업을 쉽게 찾을 수 있다. 미국 시장에서 이익이 잘 나지 않고 PBR이 낮은 기업이라면 진짜로 쇠락하는 중이거나 투자자들이 모르는 위험이 있을 가능성이 크다. 하지만 우리나라는 의심을 좀 덜 해도 된다. 지배주주가 가치투자하기 편하게 하려고 저평가를 시켜놓은 것은 아닐 것이기에, 그야말로 뜻밖의 안전마진이라 할 수 있다.

이처럼 좀 더 보수적으로, 뜻밖에 쉽게 찾을 수 있는 안전마진을 확보하면서 투자하고 버티다 보면 분명 기회를 얻을 수 있다. 게다가 하나의 기회만 있는 것이 아니다. 여러 가지 기회가 있다. 그중 하나는 법과 제도가 개선되면서 생기는 기회다.

8

대한민국 법과
제도와 평균회귀

중력 10배

"채권이 쓰레기인 걸 어떻게 아나? 모기지론 목록만 수천 페이지가 넘는데."

"다 읽었습니다."

"읽었다고?"

"네."

"그걸 만든 변호사들 빼고 그걸 누가 읽어?"

― **영화 〈빅쇼트The Big Short〉, 마이클 버리와 투자자의 대화 중**

영화 〈빅쇼트〉의 주인공인 가치투자자 마이클 버리Micheal Burry는 우리나라 주식에 투자한다. 그 역시 우리나라 지배구조의 문제점을 안다. 2019년 8월 28일 블룸버그와의 인터뷰에서, "한국은 고도의 기술력과 높은 교육 수준 등 상당한 잠재력이 있지만, 주식은 항상 너무 싸다. 경영진은 주주를 오너와 동등하게 대우하지 않는다"라고 말했다.

의결권 자문회사인 서스틴베스트의 류영재 대표는 외국계 펀드의 담당자와 대화한 이런 일화를 소개한다. "이 펀드는 알다시피 전 세계 연금 중에서 지난 12년 동안 수익률이 제일 높습니다. 연평균 12%가 넘어요. 그 비결을 물어봤더니 이분이 '아시아 주식에서 한국 주식을 안 샀기 때문에' 수익이 높았다고 그럽니다. 그래서 (제가) '이번 정부 들어서 스튜어드십 코드도 도입이 되고, 또 지배구조 개선도 하고 그렇게 하면 바뀌지 않겠습니까?' 그랬더니 하시는 얘기가 (내가) '그런 순진한 얘기에 속지 않아서 이 자리까지 올 수 있었다'라고 그러면서 '한국은 대주주가 배당도 안 하고, 또 (회사를) 뗐다 붙였다 하면 대주주 지분율은 자연스럽게 높아지고 그만큼 일반 주주는 거지가 되는데 왜 한국 주식에 투자하겠습니까?'라는 얘기를 합니다."

본문 8장에서 저자는 평균회귀와 추정 오류에 관해 이야기한다.

마이클 모부신은 2000년 경제적 이익을 기준으로 기업들의 순위를 매겨서 5개 그룹으로 분류하고 2010년까지 실적을 추적했다. 그 결과 5개 그룹 모두 실적이 평균으로 수렴하는 추세를 뚜렷이 보였다.

저자는 본문 1장에서 "평균회귀 원리는 주식시장은 물론 산업과 경제 전반에도 작용한다. 그래서 경기순환에 의해 호황과 불황이 반복되고, 주식시장에는 고점과 저점이 형성된다"라고 설명했었다.

만약 평균회귀의 원리가 산업과 경제 전반에 작용하는 것이라면, 법과 제도는 어떠할까?

일례로 2017년 말 섀도보팅제가 폐지되었다. 섀도보팅은 정족수 미달로 주주총회가 무산되지 않도록 주주 의결권을 예탁원이 대신 행사하는 제도였다. 사실 황당하기 그지없다. 주식의 주인이 아니라 단순히 주식을 보관한 예탁기관이 대신 의결권을 행사하는, 정말 말도 안 되는 제도이기 때문이다. 오랫동안 섀도보팅이 있었기에 기업들은 주주들로부터 의결권을 모으는 것에 대해 전혀 신경을 쓰지 않았다. 비지배주주가 주주총회에 나타나 봐야 불편하다고만 생각했다. 3월 중하순의 같은 시기, 같은 날에, 그것도 이른바 슈퍼주총데이에 몰아서, 서울에 사무실이 있음에도 불구하고 찾기 어려운 지방의 공장에서, 10시도 아닌 9시, 8시부터 주주총회를 열었던 것에는 이런 배경이 작용하였다.

물론 섀도보팅이 폐지된 현재도 크게 달라진 건 없어 보인다. 애초 정족수 미달로 문제가 되는 경우는 주로 지배주주의 의결권이 3%로 제한되는 감사, 감사위원 선임 안건이었다. 그런데 부결이 나도 상법에 따르면 기존의 감사가 계속 업무를 수행할 수 있다. 만약 기존의 감사가 업무를 수행하기를 원하지 않는다면? 법원에 일시감사의 선임을 신청하면 된다. 덕분에 기업들은 여전히 별다른 무리 없이 임원진을 꾸릴 수 있다. 너도나도 감사 선임이 부결되다 보니 기업들도 부끄러움이 없다. 의결권이 모이지 않은 건 모두 비지배주주의 무관심 탓이다.

크게 달라지지 않았다고 인정하는 이유는 한 번에 법과 제도가 개선되지는 않는다는 설명을 위해서다. 부족하긴 하지만 섀도보팅의 폐지는 폐지다. 그리고 모든 기업이 구태를 답습하는 것도 아니다. 많은 기업이 주주총회를 한가한 날로 분산해 개최하고, 전자투표제도 시행한다. 주주들을 모으려는 노력도 기울인다.

다른 하나의 예를 들어보자. 2020년 4월 1일에는 삼광글라스와 이테크건설 투자 부문, 군장에너지의 합병 발표가 있었다. 최초 발표된 합병 비율은 유가증권 상장기업인 삼광글라스는 '시가'를 기준으로, 다른 기업들은 '자산가치와 수익가치를 가중평균한 가치'를 기준으로 하는 것이었다. 코로나19 등으로 삼광글라스의 주가는 당시 매우 낮았다. 이 합병으로 지배주주의 지분율은 더욱 높아지고 비지배주주의 지분율은 낮아지게 된다. 지배주주에게 유리한, 우리나라에 흔하디흔한 종류의 합병이다.

평소 같았다면 이런 비율의 합병은 별다른 문제 없이 진행되었을 것이다. 하지만 금융감독원은 여러 번 합병신고서의 정정을 요구했다. 이에 따라 합병 비율의 기준은 애초 '시가'에서 '시가에 10%를 할증한 것'으로 바뀌더니, 최종적으로는 '자산가치'로 바뀌었다.

물론 변경에도 불구하고 합병은 지배주주에게 유리했다. 합병 안은 국민연금의 반대에도 불구하고 주주총회에서 통과되었고, 지배주주의 지배력도 크게 강화되었다. 그래도 금융당국이 정정 신고를 요구하는 방법으로 합병 비율의 불공정을 바로잡는 일은 그동안 매우 드물었다. 대단히 공정하게 바뀌진 않았지만, 변화는 변화다.

가장 중요한 변화로 2020년 12월 10일 수년 만에 상법이 개정되었다. 많은 이가 바라던 집중투표제도는 빠졌다. 감사, 감사위원 선임과 관련한 3%룰도 애초의 정부안에 비해 약화되었다. 하지만 이 역시 변화는 변화다. 한꺼번에 모든 것을 이룰 수는 없다. 일부라도 그리고 느리게라도 법률이 개정되면 우리 자본시장은 그만큼 효율적으로 바뀐다.

우리나라는 이미 여러 부분에서 선진국이다. 세계 10위권의 경제 규모를 가지고 있다. 코로나19 사태를 잘 막았기 때문에 앞으로의 순위는 더욱 상승할 것이다. 인적 자원의 수준도 매우 높다. 동학 개미들의 투자 공부에 관한 열정을 보고 깜짝 놀랄 때가 많다. 책이나 유튜브를 통해 투자 지식을 계속해서 흡수하고 있다.

우리나라의 위상과 비교해보면 현재의 법과 제도는 후진적이기 그지없다. 하지만 법과 제도는 IMF 외환위기를 겪으면서 정비된 것이다. 외부의 압력에 의해 정비된 것이기 때문에 나름 당시의 시대상을 반영했다. 당시로선 선진적인 부분이 있었다. 우리나라의 수준이, 경제 규모가, 역량이 22년 동안 매우 높아졌기에 맞지 않는 옷을 입고 있는지도 모른다.

이재용 부회장은 삼성물산과 제일모직의 합병에서 제일모직에 유리하게 시세를 조종한 혐의로 기소되었다. 합병 주주총회에서 찬성 의결권을 얻기 위해 박근혜 대통령에게 뇌물을 준 혐의로 구속되었었고, 현재도 재판을 받고 있다. 이재용 부회장조차 지배주주에게 유리한 합병을 진행했다가 큰 어려움을 겪고 있다. 앞으로 이런 식의 합병이 많아질까, 줄어들까?

우리나라의 배당성향은 국제적으로 최저 수준이다. 현금과 현금성 자산을 불필요하게 기업이 유보한다. 효율적으로 쓸 곳도 없으면서 배당에 인색하기에 ROE는 낮아진다. 이에 대한 비판이 높다. 이런 배당성향이 앞으로 높아질까, 아니면 낮아질까?

고평가된 기업 중에는 극심히 고평가된 기업도 있지만, 우리나라의 많은 상장사는 저평가된 상태다. PBR 1 이하인 기업을 찾는 건 매우 쉽고, 0.1, 0.2, 0.3 수준의 기업도 많이 보인다. 본문 2장에서 저자가 설명했듯, 벤저민 그레이엄은 버핏에게 1달러를 50센트에 사라는, 간단하면서도 강력한 투자 아이디어를 전수했다. 우리나라엔 10센트, 20센트, 30센트에 살 기회도 많다. 50센트는 그냥 평범하고, 70센트, 80센트는 고평가로 보일 정도다. 이런 상황이 계속될까, 아니면 줄어들까?

외국의 경우 저평가가 계속되면 적대적 인수를 당하거나 행동주의 투자자의 투자 대상이 된다. 우리나라는 적대적인 인수나 행동주의 투자가 어려운 법적, 제도적 요인이 있다. 지배주주의 지분이 높고, 적대적인 인수나 행동주의 투자에 적대적인 환경적인 요인도 존재한다. 이런 요인이 완화될까, 아니면 계속될까?

우리나라엔 저자가 본문 8장에서 설명한 반우량 주식이 많다. ROE는 극히 낮은 수준이다. 그런데 이 낮은 ROE는 기업의 실체, 본질과는 무관하게 낮은 주주환원, 지배주주의 사적 이익 추구에서 비롯된 경우가 많다. 진짜로 ROE가 낮은 상태에서 평균회귀하는 것과, 충분히 ROE를 높일 수 있는데도 일부러 하지 않다가 평균회귀하는 것 중 어느 쪽이 더 쉬울까?

마이클 버리는 우리나라 지배구조의 문제점을 알면서도 우리나라의 많은 기업에 투자했다. 〈빅쇼트〉에서 그려졌듯 그의 투자에 관한 열정, 끈기는 보통이 아니다. 수천 페이지의 모기지론 목록을 다 읽는 건 기본이다. 우리나라 시장에 대해서도 철저히 분석했을까, 아니면 유독 우리나라에 투자할 때만 대충 했을까?

만약 평균회귀의 원리와 추정 오류가 주식시장은 물론 산업과 경제 전반에도 적용되는 것이라면, 법과 제도에도 적용될 것으로 보는 것이 합리적이다. 우리나라의 위상, 역량을 생각하면 어느 수준이 평균일까?

마이클 버리는 영화에서 운동도 하고 드럼도 치면서 떨어지는 수익률을 감내하려 노력한다. 내 돈을 돌려달라는 투자자들의 원성까지 무시할 정도로 역발상의 달인이다. 멋진 모습이다. 그런데 나는 마이클 버리보다 이런 주식시장에서 생존해온 우리나라의 가치투자자가 더 멋지다. 가치투자자들이 무릎을 꿇고 있었던 것은 엄청난 추진력을 얻기 위함일 뿐이다.

그런데 사실 법과 제도의 변화만으로는 부족하다. 투자에 대한 사회 전반의 인식이 개선될 필요가 있다. 많은 이가 투자를 알아야 한다. 나 혼자만 투자를 알아봤자 한계가 있다.

9

모든 이가
투자를 알아야 한다

이사는 주주가 아닌 법인의 이익을 위해 일한다

(주식회사의 이사는 회사를 위해 일할 뿐 주주를 위해 일하는 게 아니라는 대법원의 판결은) 방
관리인은 '방'을 위해 일하는 사람일 뿐, '방 안 사람'을 위해서 일하는 것은 아니라는
뜻이다. (중략) 그런데 방이라는 무생물은 좋고 나쁘다는 감정을 느낄 수 없지 않은가?
대체 누구 좋으라고 도배를 새로 한 것일까?

— 천준범, 《법은 어떻게 부자의 무기가 되는가》

레버리지 바이아웃LBO(차입인수)은 세계적으로 널리 쓰이는 경

영권 거래 방법이다. 기업을 인수하는 주체가 상대방 기업의 자산을 담보로 돈을 빌려 상대방 기업을 인수한다. 기업의 기존 주주들은 인수하는 주체로부터 매매 대금을 받고 주주의 지위를 넘겨준다. LBO를 경제적인 관점에서 보면 기존 주주들이 기업의 모든 자산을 매각하고 그 돈으로 배당을 받아가는 것과 같다.

그런데 LBO는 우리나라에서 문제가 된다. 기업의 주인은 원래 주주 아닌가? 주주가 자산을 팔아 배당해가든, 인수하는 주체에게 자산을 담보로 내어줘 인수 자금을 빌리도록 한 뒤 매매 대금을 받아가든, 주주 마음대로 할 수 있어야 하는 것이 아닐까?

우리나라는 LBO를 배임죄로 처벌하는 나라다. 세계적으로 유례없다. 물론 몇몇 사건에서는 LBO를 배임죄로 판결하지 않은 예도 있다. 하지만 대법원은 2020년 10월 15일 선고된 하이마트 LBO 사건을 비롯하여 많은 사건에서 LBO를 배임이라고 판단했다. 이렇게 어떤 경우는 LBO를 배임죄로 처벌하고 어떤 경우는 처벌하지 않는 식으로 법을 적용하면 LBO 시장은 정상적으로 작동되지 않는다. 누가 감옥에 갈 각오를 하고 LBO 방식으로 기업을 인수하겠는가?

앞서 우리나라는 의무공개매수제도가 없고, 지배주주가 자신의 지분만 경영권 프리미엄을 받고 파는 걸 당연하게 생각한다고 설명했다. 사실 지배주주가 자신의 지분만 높은 경영권 프리미엄을 받고 팔기 위해 인수 주체에게 기업의 자산을 담보로 제공한다면 큰 문제다. 그러므로 LBO가 처벌받든 아니든 평범한 주식 투자자와는 상관없는 것 아닐까?

문제는 LBO를 배임으로 처벌하는 우리나라 대법원의 논리다. 대법원은 주식회사라는 '법인'과 주주인 '개인'은 엄연히 법적으로 다른 인격체를 가진 주체라고 한다. 사실 여기까지는 법률 상식이 있는 성인이라면 모두가 동의하는 대목이다. 하지만 대법원은 이렇게 주체가 다른 이상 설령 모든 '주주'의 동의가 있었다고 하더라도 기업의 대표이사가 '법인'의 재산을 마음대로 담보로 제공할 수 없다고 한다. 주식회사라는 '법인'만 놓고 보면 '법인'에는 별다른 대가 없이 '법인'을 인수하려는 주체에게 자산이 담보로 제공되어 손해를 입었기 때문이다.

저자는 본문 6장에서, 마법의 멀티플은 일종의 고성능 PER이라고 설명한다. 1980년대 기업 사냥꾼들이 즐겨 사용하던 도구라는 것이다. 대부분의 평범한 투자자는 기업의 이익에만 관심이 있다. 하지만 기업 사냥꾼들은 마법의 멀티플을 사용해서 기업의 대차대조표에 숨겨진 보물을 찾아낼 수 있었다.

여기서 저자는 마법의 멀티플을 사용하기에는 전제가 필요하다고 한다. 기업은 주주의 것이어야 한다는 전제다. '기업 인수자는 자산을 매각할 수 있고, 기업이 보유한 현금을 회수할 수 있으며, 기업의 현금흐름을 전용할 수 있다고 가정'할 수 있어야 한다는 것이다. 그러므로 '주주' 개인과 '법인'인 기업이 달라 '주주'가 마음대로 '법인'의 자산을 처분할 수 없다는 대법원의 논리대로라면 마법의 멀티플은 잘 작동하지 않게 된다.

본문 9장에서 칼 아이칸의 계획은 "첫째, 저평가된 기업을 골라 상당한 지분을 산다. 둘째, 경영진에게 기업을 매각하도록 압박한다. 이에 더해 경영권 장악을 위한 의결권 경쟁을 시작한다. 셋째, 경영진이 기업을 매각하지 않으면, 공개매수를 제안해서 기업의 경영권을 차지한다"라는 것이었다. 아이칸의 계획은 공개매수가 있기에 실패하지 않는다. 공개매수 가격이 주가를 떠받치기 때문이다.

하지만 기업을 인수해보아야 기업의 자산을 마음대로 처분할 수 없다면 공개매수의 의미가 반감된다. 공개매수해서 인수해봐야 자산을 마음대로 처분할 수 없다. LBO로 기업을 인수하는 주체에게 자산을 담보로 내어줄 수도 없다. LBO는 기업의 불필요한 자기자본을 줄여 자본을 효율적으로 재배치하도록 도와준다. 기업을 인수하는 주체 관점에서 LBO가 되지 않으면 기업의 매력이 떨어진다. 큰 규모의 인수 자금이 시장에서 조성되기 어렵다. 심지어 공개매수 단계부터 자금의 조성은 어려운 일이 된다.

경영진에게 지분을 매각하도록 하는 압박 역시 마찬가지다. 기업을 거래하는 시장이 활성화되어 있어야 제값을 받고 매각하도록 압박할 수 있다.

대법원의 논리는 또 다른 이상한 결론으로 이어진다. '주주' 개인과 '법인'인 기업은 다르므로 '법인'인 기업의 대표이사가 반드시 주주들의 이익을 위해 일하지 않아도 된다는 논리다. 분명 법인은 주주들을 위해 있는 것인데, '주주'의 이익과 무관한 '법인' 자체의 이익은 과연 무엇인지 의문이다. 이런 논리에 따라 법원은 과거 에버랜드 판결에서 어쨌든 기업에 돈이 들어오기는 하였으므로 주주에게 손해가 되는 전환사채 발행이라고 하더라도 임원들에게 책임이 없다는 판결을 하기도 하였다.

이런 이유로 상법에 이사들은 주주들의 비례적인 이익을 보호해야 하는 선관주의의무, 충실의무를 진다는 규정을 입법해야 한다는 운동도 한창이다. 원래 주식회사는 주주의 이익을 위해 있는 것이므로, 상법에 있는 이사의 선관주의의무, 충실의무는 결국 주주를 위해 지는 것으로 해석하면 되었을 일이다. 그런데 대법원이 이사는 '주주'가 아닌 '법인'을 위해서만 일하는 것이라 하면서 불필요했을 입법운동을 해야 하는 것이다.

법원이 이런 논리의 판결을 하는 건 나름의 이유가 있을 것이다. 하지만 진정 판사 하나하나가 투자를 잘 이해했다면 이런 판결이 나올까 하는 의문이 든다.

미국의 기업들은 대개 델라웨어주에 설립된다. 회사법이 잘 정비되어 있고 세무적으로도 유리하기 때문이다. 덕분에 델라웨어주 법원은 자연스레 회사법을 전문적으로 다루는 법원이 되었다. 법원은 기업 분쟁을 자주 다룬다. 많이 다루다 보니 자연히 판사의 자본시장에 대한 이해도 높다. 미국에선 더욱 우수하고 세련된 판례들이 쌓여만 간다.

편승하기

"정말 친절하시군요. 하지만 뭔가 착각하신 것 같아요. 전 아무도 죽이지 않았습니다."

그러자 할머니가 웃으며 대꾸했습니다.

"어쨌든 집이 그랬으니, 마찬가지인 셈이지요. 저길 보세요!"

할머니가 집 한쪽 구석을 가리키며 말을 이었습니다.

"나무판자 밑으로 발 두 개가 튀어나와 있잖아요."

그 장면을 본 도로시가 너무 놀라 낮게 비명을 질렀습니다. 집을 받치는 커다란 기둥 아래 코가 뾰쪽한 은 구두를 신은 발 두 개가 정말로 삐쭉 튀어나와 있었습니다.

— 라이먼 프랭크 바움Lyman Frank Baum, 《오즈의 마법사》

저자는 본문 2장에서 버핏에게 단순 주식 투자, 워크아웃, 경영 참여로 구분되는 3가지 투자 전략이 있다고 설명하면서, 부가적으로 편승하기라는 전략도 있다고 설명했다. 편승하기는 경영 참여를 하는 다른 주주의 꽁무니를 쫓아 단순 주식 투자를 하는 전략이다. 편승하기 전략을 사용하려면 경영 참여를 하는 다른 주주들이 많아야 한다. 적대적 인수나 주주행동주의 투자를 하려는 주체가 시장에 다수 존재해야 한다.

아이칸은 태편에서 1978년 말 13D 공시를 했다. 윌리엄스 법이 제정된 이후이기 때문에 5% 이상의 주식을 보유하면 공시해야 할 의무가 있다. 아이칸은 태편에서 경영권을 차지할 정도의 지분을 인수하지 않았다. 5% 정도의 지분만을 획득했다. 아이칸은 이듬해

4월 의결권 대결을 벌여 이사회에 진출했다. 조용히 경영권을 장악할 정도의 지분을 인수해 이사회에 진출한 버핏과는 다른 대목이다.

아이칸 덕분에 이익을 본 주주는 많다. 아이칸은 의결권 대결을 할 때 주주들에게 하였던 약속대로 기업을 매각하는 일에 힘을 쏟았다. 일렉트로룩스는 주당 18달러에 공개매수를 했다.

아이칸은 우리나라에도 투자했었다. 아이칸이 투자한 KT&G는 배당을 크게 늘렸고, 기업 가치도 상승했다. 하지만 아이칸에 대한 여론은 좋지 않았다. 행동주의 성향을 보인 대부분의 외국계 헤지펀드에 대한 여론은 대동소이했다.

《오즈의 마법사》에서 북쪽 마녀는 도로시에게 감사하다고 말한다. 회오리바람을 타고 와 동쪽 마녀를 죽이고 먼치킨을 해방해줬다는 것이다. 도로시는 동쪽 마녀를 죽이고 먼치킨을 해방할 생각이 전혀 없었다. 단지 회오리바람을 타고 날아왔을 뿐이다. 도로시의 의도야 어쨌든 간에 먼치킨들과 북쪽 마녀는 고마워했다. 태평의 주주도 아이칸에게 고마워했을 것이다.

판사부터, 정치인이나 언론부터, 그리고 주주 하나하나, 투자하지 않는 국민 하나하나까지도 투자를 알아야 한다. 그래야 사회 전반의 수준이 높아지고 합리적인 의사소통이 가능하다. 가치투자도 더 잘된다.

하지만 우리나라 사람의 마음속 깊은 곳에는 투자를 경원시하는 심리가 내재되어 있다.

10

탐욕의 가치

점잖아야 하는 13D 공시

"이것은 훔친 것이 아닙니다. 길에서 얻은 것도 아닙니다. 누가 저 같은 놈에게 일 원짜리를 줍니까? 각전角錢 한 닢을 받아 본 적이 없습니다. 동전 한 닢 주시는 분도 백에 한 분이 쉽지 않습니다. 나는 한 푼 한 푼 얻은 돈에서 몇 닢씩 모았습니다. 이렇게 모은 돈 마흔여덟 닢을 각전 한 닢과 바꾸었습니다. 이러기를 여섯 번을 하여 겨우 이 귀한 '대양大洋' 한 푼을 갖게 되었습니다. 이 돈을 얻느라고 여섯 달이 더 걸렸습니다."

— 피천득, 〈은전 한 닢〉

애초 미국의 13D 공시와 우리나라의 5% 보고 제도는 적대적 인수를 방어하기 위한 제도가 아니다. 공개매수나 적대적 인수 시도와 같은 정보를 정보에 어두운 주주들에게 공정하게 알려주고자 하는 제도다. 적대적 인수를 막기 위한 제도로 알고 있었다면, 아니다. 우리나라 언론이 왜곡한 기사를 읽고 막연히 그렇게 생각했을 가능성이 크다. 절차가 공정하기만 하면 적대적 인수는 기존 주주들에게 큰 이익이 된다. 국가가 나서서 적대적 인수를 방어하는 제도를 둘 이유는 없다.

하지만 13D 공시 제도가 사실상 적대적 인수를 어렵게 만든 건 사실이다. 너무 낮은 가격에 적대적 인수를 시도하면 이사들은 방어할 수 있다. 아니, 방어해야 한다. 이사들은 주주의 이익을 보호해야 하는 충실의무가 있다.

포이즌 필Poison pill* 도 같은 논리다. 포이즌 필은 지배주주의 사적 이익을 보장하기 위한 장치가 아니다. 낮은 가격에 인수하려는 주체로부터 주주들의 장기적인 이익을 보호하기 위한 것이다. 그래야 그 합법성이 인정된다.

13D 공시 제도가 사실상 적대적 인수를 어렵게 만든 것처럼 포이즌 필도 적대적 인수를 어렵게 만든 건 사실이다. 1987년 개봉

---

* 적대적 인수가 시도될 때 기존 주주들에게 복수의 보통주와 교환할 수 있는 우선주를 발행하거나, 기존 주주들에게 낮은 가격으로 주식을 매입할 수 있는 권리를 주는 제도를 말한다. 기존 주주들은 보유지분의 가치가 더 높아지기 때문에 프리미엄을 받을 수 있지만, 인수자 측에서는 더 많은 돈이 든다.

한 올리버 스톤 감독의 영화 〈월 스트리트Wall Street〉에서 적대적 인수의 대가 고든 게코는 "탐욕은 좋은 것이다!"라고 하였다. 하지만 그 무렵이면 이미 기업 사냥꾼의 시대는 저물고 있었다. 적대적 인수를 막는 다양한 장치가 작동 중이었다.

시대는 변했다. 적대적 인수 시대가 저물고 주주행동주의 투자 시대가 도래했다. 10장에서 저자는 주주행동주의 투자를 설명한다. 주주행동주의 투자는 적대적 인수만큼 큰 자금이 없어도 할 수 있다. 대니얼 롭, 로버트 채프먼은 발칙하다. 13D 공시를 이용한다. 13D 공시에 공개서한을 첨부하기로 한 것이다.

공시 자료는 정보의 보고다. 우리나라 투자자도 수준이 높아졌다. 이제 공시 자료를 그냥 지나치지 않는다. 수시로 찾아보고 알람 설정도 해놓는다. 적어도 자신이 투자한 기업의 실적은 놓치지 않으려는 분위기다. 이 때문에 기업의 실적 발표 시즌이 되면 금융감독원 전자공시사이트는 눈에 띄게 느려진다. 동시 접속자가 폭주한다. 간혹 먹통이 되기도 한다. 기업의 공시가 몰리는 날엔 프로그램을 이용한 데이터 추출을 차단하기도 한다.

롭과 채프먼의 아이디어가 별것 아닌 것으로 보일지도 모르겠다. 하지만 진지한 투자자라면 공시를 본다. 투자자에게 미치는 영향은 컸을 것이다. 투자 사이트의 게시판에 비할 바가 아니었을 것이다. 특히 롭과 같이 지배주주가 "주주의 이익에 우선해 사적 이익을 편취"한다거나, "불공정한 가격으로 자산을 도둑질"한다는 등의 직설적인 표현을 사용하였다면 더욱 그랬을 것이다. 같은 종목에 물려 고생 좀 하는 투자자라면 더욱 공감하고 열광했을 것이다.

그런데 우리나라는 이런 아이디어를 실행에 옮길 수 없다. 금융감독원은 DART편집기(기업 공시를 올리기 위한 전용 프로그램. 공시를 위해서는 이 프로그램을 사용해야 한다)에 아래와 같이 주의 사항을 기술해두었다.

> 보유목적은 보고서 제출일 현재 아래 각호에 열거된 사항과 관련이 있거나 그러한 결과를 야기할 수 있는 계획을 가지고 있거나 주주제안 등을 할 경우 그러한 계획 및 제안의 내용과 방법을 객관적이고 구체적으로 기재하여야 하며, '주가 저평가' 등 투자자의 오해를 불러일으킬 수 있는 주관적인 내용 등을 기술하여서는 아니 된다.

5% 이상의 주식을 매입하는 투자자라면 대체로 진지한 투자자다. 진지한 투자자는 저평가된 주식에 투자한다. 고평가 주식에 5%씩이나 투자할 이유는 없다. 우리나라에도 5% 공시를 한 투자자 중 롭이나 채프먼처럼 발칙한 투자자가 있다면 5%나 투자하는 이유를 다른 투자자와 공유하고, 경영진에게도 개선 방안을 공개 토론하고 싶을지도 모른다.

그러나 우리나라는 거지가 힘들여 모은 은전 한 닢을 관조적으로 묘사하는 나라다. 피천득 선생님의 글은 아름답다. 이걸 부정하는 것은 아니다. 동시에 어려운 거지 생활을 하면서 은전 한 닢을 모은 거지에게도 감동하고 싶다. "탐욕은 좋은 것이다!"라는 주장이 수용되는 미국이 부럽다. 이래서야 롭과 같이 13D 공시를 활용하는 그런 투자자가 쉽게 나오기 어렵다.

탐욕을 외면한 자리엔

사회의 룰이란 건, 전부 똑똑한 놈들이 만들고 있지.

무슨 소린지 알겠냐?

그 룰은 똑똑한 놈들이 자기네 좋을 대로 만들고 있다는 소리다.

— 미타 노리후사, 《꼴찌, 동경대 가다!》

기왕 몇 가지 더 이야기하고 싶다. 다시는 대한민국을 무시하지 말라고 알리고 싶다. 5% 공시는 시작에 불과하다. 우리나라에서는 위임장 대결이 거의 이루어지지 않지만, 간혹 위임장 대결이 벌어지긴 한다. 이렇게 주주들에게 위임장을 달라고 권유할 때에는 미리 참고서류(의결권 대리행사 권유)를 공시해야 한다.

그런데 우리나라에서는 이 참고서류에 의결권 대리행사를 권유하는 이유를 적을 때 반드시 1,000자 이내로 해야 한다. 자기소개서가 생각난다면 기분 탓이다. 신기한 게 1,000자를 넘어가면 금융감독원으로부터 전화를 받게 된다. 나도 다른 소액주주들을 대리해서 공시했다가 전화를 받은 적이 있다. 1,000자를 조금 넘었을 뿐인데 바로 전화가 올 줄은 몰랐다. 자동으로 1,000자가 넘는지 세는 프로그램이 있거나, 이걸 세는 담당자라도 있는 게 분명하다. 참고로 공시자료는 정정해도 정정 전 자료가 완전히 지워지지 않는다. 과거의 내역을 추적해서 볼 수 있다. 정정 전과 정정 후를 비교하는 정오표도 넣어야 한다. 정오표를 보면 1,000자를 넘어서 지운 내용이 무엇인지 눈에 더욱 잘 띄게 되어 있다. 장난 같은 제도다.

의결권 대리행사 권유를 할 수 있는 기간도 촉박하다. 사실상 주주총회 의안과 의안의 순서 등이 정해져야 의결권 대리행사 권유의 공시를 올릴 수 있다. 그런데 의안은 주주총회 소집통지가 공시되어야 알 수 있다. 그러니 주주총회 소집통지가 공시되어야 의결권 대리행사 권유의 공시를 할 수 있다.

주주총회 소집통지는 주주총회 '2주' 전에만 하면 된다. 그러므로 경영진 측에서 2주 전 여건을 꽉 채워 촉박하게, 그것도 늦은 업무 시간에 공시하면 아까운 하루를 까먹게 된다. 의결권 대리행사 권유 공시를 한 직후부터 곧바로 의결권 대리행사 권유를 할 수 있는 것도 물론 아니다. 공시한 후 2영업일을 기다려야 한다. 영업일은 토요일, 일요일 같은 공휴일은 제외된다. 실질적으로 비지배주주가 의결권을 모을 수 있는 기간은 열흘 정도밖에 없다.

이 와중에 경영진은 주주들의 이메일과 주소 등이 담긴 주주명부를 가지고 있다. 미리 몇몇 주요 주주를 방문하거나 이들에게 연락하는 건 의결권 대리행사 권유 위반이 아니다.

물론 상법에 따르면 비지배주주도 주주명부를 열람하고 등사할 수 있는 권리가 있다. 하지만 경영진이 거부한다면? 경영진은 사소한 권리행사도 가로막는 경우가 많다. 그래야 성가신 주주가 팔고 나가고 주가는 저평가되어 세금이 절약된다. 의지가 있는 비지배주주라면 어쩔 수 없이 법원에 주주명부 열람, 등사 가처분을 신청해야 한다. 그러면 경영진은 소송을 최대한 지연하면서 시간을 끈다. 경영진이 소송에서 비지배주주에게 단기적인 차익을 추구하는 투기꾼이라는 등의 모욕을 주는 서면을 제출하는 것은 덤이다.

우여곡절 끝에 법원으로부터 가처분을 인용하는 결정을 받았다고 치자. 주주총회까지 남은 기간은 이제 정말로 며칠 안 될 것이다. 그런데 간혹 경영진 중에서는 법원의 결정이 있어도 주주명부를 열람, 등사해주지 않고 무시하는 사람들이 있다. 그러면 비지배주주는 다시 법원에 간접강제라는 결정을 내어달라고 신청해야한다. 주주명부 열람, 등사를 신청할 때 미리 간접강제(피고가 법원의 결정을 따르지 않으면, 1일당 얼마의 강제금을 원고에게 지급하도록하여 결정의 실효성을 강화하는 명령)를 함께 신청하는 방법도 있다. 하지만 경영진에게 과거에 열람, 등사 결정을 따르지 않았거나 하는 전력이 없다면 간접강제를 잘 인용해주지 않는다. 인용해주더라도 소액만 인용해준다. 경영진은 간접강제금 내는 걸 별로 두려워하지 않는다. 애초 간접강제금은 기업이 지급하는 것이지, 경영진이 사적으로 지출하는 것도 아니다.

주주명부 열람, 등사는 그나마 쉬운 편이다. 법원도 인용 결정을 잘 내려준다. 하지만 회계장부 열람, 등사는 또 다른 차원이다. 상법은 이유만 있으면 소액주주가 쉽게 기업의 회계장부를 열람, 등사할 수 있다고 규정되어 있다. 상법에는 열람, 등사를 거부하는 기업 측이 거부하는 이유를 주장, 입증하라고 하고 있다. 하지만 실제 현실은 반대다. 많은 경우 확실한 비리의 증거가 없으면 인용 받기 어렵다.

이런 수많은 디테일은 어떻게 만들어진 것인지 의문이다. 상당히 똑똑한 분들이 자기네 좋을 대로 만들고 있는 게 분명하다. 국민이 투자를 모르고 탐욕을 꺼리는 동안 똑똑한 분들이 틈새를 채운다. 막연히 잘되리라 생각해서는 안 되는 이유다.

기왕 공부한 것 조금만 더 투자를 알아보자. 어떻게 하면 더 효율적으로, 덜 잃어가며, 우리 시장에서 오래 버티면서, 탐욕스러울 수 있는지 다음 장에서 몇 가지 더 설명한다.

11
버티면서 내공 쌓기

처음에 이 위에서 자면 그 추위를 도저히 참지 못하여 전신의 공력을 다 움직여 맞서야 하지만 오래오래 계속되면 자연히 습관이 되어 꿈속에서도 끊임없이 수련하는 셈이 된다. 보통 사람이 내공을 수련하는 것은 가장 열심히 했다 하더라도 매일 몇 시간 동안은 잠을 자야 한다. 내공의 수련은 하늘을 거슬러 기혈을 움직이는 것으로 평상시와 다른 것이어서, 매번 잠을 잘 때마다 기혈은 다시 예전처럼 움직이게 되어 낮에 연마했던 것 중에 열에 아홉은 다시 없어지게 된다. 하지만 이 침상 위에서 자면 꿈속에서도 대낮과 같은 내공이 길러질 뿐만 아니라 공력도 더욱 증가되는 것이다.

— 김용, 《신조협려》

지금까지 저자가 주장하는 바를 우리나라의 제도, 현실과 비교해 수정해가며 읽었다. 법과 제도가 따분하고 이해하기 고통스러운 것이지만 어쩔 수 없다. 가치투자자는 따분하고 고통스러운 심정의 대가로 돈을 번다. 대중을 따르면 마음은 편해진다. 독립적인 생각을 하는 건 많은 에너지가 소요되는 일이다. 투자 공부 역시 편하기를 원한다. 당장 수익이 날 것 같은 정보를 원하지, 원리나 개념, 그 이면의 사회 구조를 알려 하지 않는다.

힘들어도 몇 가지 개념을 좀 더 고민해보자. 내공을 쌓아보자.

집중투자

저자는 본문 11장에서 집중투자를 이야기한다. 만약 확실한 기회를 알 수 있다면 집중투자를 해도 된다. 행동주의 투자나 지배주주 사이의 분쟁에 편승하거나, 상속, 기업 지배구조의 개편 등에서 기회를 찾을 수 있을지도 모른다.

이런 확실한 기회 없이 단순히 저평가 주식이라는 이유로 집중투자를 해도 되는가? 우리나라는 중력 10배의 계왕성이라고 설명했다. 만약 단순히 저평가된 주식이라면 집중투자는 곤란하다. 좀처럼 오르지 않는 것을 각오해야 한다.

대신 계왕성이기에 장점도 있다. 너무 오랫동안 저평가가 계속되어온 탓인지 추정 오류가 크게 발생했다. 사람들은 계속해서 가치주는 오르지 않는다고 생각한다. 지수 자체가 10여 년 횡보했으니 바이오나 5G 같은 테마에 속하지 못한 가치주의 주가가 현재 어떠한 수준일지는 쉽게 짐작할 수 있다. 시장엔 이런 주식이 많이 있다. 덕분에 큰 어려움 없이 분산된 포트폴리오를 구성할 수 있다. 이것도 기회이니 분산하라.

지주회사

저자는 본문 11장에서 부러진 다리 문제를 제기한다. 단순히 저평가된 종목으로 포트폴리오를 구성할 때 저평가되었는지만 판단하고 매수하면 되는가? 포털이나 증권회사가 제공한 HTS, 혹은 전문적으로 주식 정보를 제공한 업체의 선정화면Screener을 사용해 저평가된 기업을 매수하면 되는가? 아니면 이렇게 선정한 기업 중 내가 생각하기에 부러진 다리가 있다고 생각하면 반영해 제거해야 하는가?

때에 따라 다르다. 이 역시 법과 제도를 중심으로 살펴보자.

선정화면을 사용해 저평가 종목을 검색하면 지주회사가 상위에 검색되는 경우가 많다. 왜 그럴까? 지주회사는 부러진 다리이니 조심해야 하는가?

지주회사 주식은 우리나라 시장에서 대표적으로 추정 오류가 발생하는 주식이다. 지주회사는 자회사를 지배하는 회사다. 공정

함만 따지면 경영권 프리미엄이 없는 게 바람직하겠지만, 정도의 차이가 있을 뿐 어느 나라든지 경영권 프리미엄은 있다. 지주회사는 자회사를 지배하기에 지주회사의 지분은 시장 가치보다 프리미엄을 받아야 마땅하다. 설령 프리미엄이 없다고 하더라도 지주회사의 가치는 자회사 가치의 합을 넘어서야 논리적으로 정상이다. 지주회사의 가치가 자회사 가치보다 적으면 이론적으로는 누군가 지주회사를 인수해 자회사를 처분하여 수익을 얻을 수 있다. 여기에 더해 지주회사 자체도 일정 규모의 사업을 하거나 현금과 부동산 등 자산을 보유한 경우가 많다.

그런데 우리나라 시장에서 지주회사는 도리어 자회사보다 할인되어 평가받는다. 왜 할인될까? 우리나라에서는 적대적인 인수나 주주행동주의 투자가 거의 불가능하다. 누군가 지주회사를 인수해 자회사를 처분하는 행위를 할 수 없다. 하지만 좀 더 깊게 생각해보면, 적대적인 인수나 주주행동주의 투자를 할 수 없는 건 지주회사에 국한된 게 아니다. 우리나라의 대부분 상장기업 역시 이런 행위를 할 수 없기는 마찬가지다. 굳이 지주회사만 저평가될 이유는 없다.

지배력 측면에서 바라보면 자회사보다 지주회사 주식이 더욱 소중하다. 지주회사 주식이 더 가치가 있기에 인적분할로 지주회사가 설립되었을 때, 지배주주는 보유한 자회사의 주식을 지주회사가 보유하고 있던 자사주나 유상증자한 신주와 교환한다. 한진칼과 한국테크놀로지그룹의 경우와 같이 형제간의 경영권 분쟁은 지주회사에서 일어난다.

다만 지주회사는 지배주주에게 소중하기 때문에 더욱 사적 이익을 추구하는 경향이 있다. 배당을 적게 주는 것은 물론이다. 자사주 처분, 유상증자 실시, 전환사채나 신주인수권부사채 발행, 합병이나 분할 등으로 지배주주의 지분을 늘리기 위해 노력한다. 그 과정에서 비지배주주의 지분가치가 침해되는 경우도 많다. 주가가 높아봐야 상속세만 더 내게 되기 때문에 적극적으로 저평가를 해결할 유인도 없다.

이런 상태가 지속하니 이를 설명하는 여러 이론이 등장했다. 대표적인 논리가 더블카운팅이다. 이미 자회사의 주식이 상장되어 가치가 반영되어 있어서 지주회사의 가치를 다시 한번 적용해서는 안 되고, 당연히 할인되어야 한다는 논리다. 억지스럽다. 내가 법인이나 신탁을 통해 아파트를 소유한다고 해서 더 가난해지는 것은 아니다. 지주회사는 저평가되어야 한다는 오류를 일으켜놓고 그 오류를 정당화하려 하면 안 된다.

2020년 11월 2일 엘지화학은 주주총회에서 물적분할 안건을 통과시켰다. 많은 주주가 반대했다. 엘지화학이 배터리사업을 직접 소유하든, 아니면 100% 자회사를 통해 간접 소유하든 간에 가치가 변동되어야 할 이유는 없다. 엘지화학의 지분이 100% 아래로 내려가더라도 이것이 여러 전략적 투자자들로부터 투자를 받기 위한 것이라면 기업의 가치는 오히려 증대될 수도 있다.

결국 반대의 이유는 우리나라 시장에서 지주회사는 할인되는 현상이 있기 때문이다. 만약 지배주주가 지주회사에서 사적 이익을 덜 취하고, 적대적 인수나 행동주의 투자가 가능한 사회였다면 반대가 있을 이유가 없다. 잘못된 지배구조로 불필요한 사회적인 비용이 발생한 예다.

그러니 지주회사 모두가 부러진 다리는 아니다. 간단히 과거 자사주 처분, 유상증자 실시, 전환사채나 신주인수권부사채 발행, 합병이나 분할 등으로 지배주주의 지분을 늘리기 위해 노력한 전과가 있는 기업을 걸러내는 것을 추천한다. 우리나라의 법과 제도가 개선되면 될수록 가장 유리한 상황이 펼쳐질 것이다.

자산주

선정화면을 사용해 저평가 종목을 검색하면 상위에 검색되는 또 다른 예로 극심하게 저평가된 자산주를 들 수 있다. 그레이엄은 1달러짜리 주식을 50센트에 사라고 가르쳤지, 10센트, 20센트, 30센트에 사라고 가르치지 않았다. 그레이엄의 상상력이 부족했다. 그레이엄으로서도 21세기 초 동방의 한 나라에 이 정도로 저평가된 주식이 널릴 것이라고는 상상하기 어려웠을 것이다. 버핏이 매수한 샌본 맵, 뎀스터 밀, 버크셔 해서웨이도 우리나라 자산주에서 흔히 볼 수 있는 수준의 큰 저평가는 아니었다.

우리나라의 자산주는 PBR이 0.1, 0.2, 0.3인 경우가 허다하다. 자산주는 현금성 자산과 부동산을 보유하고 있는데, 우리나라의 특성상 부동산을 보유한 기업이 많다. 그런데 이런 기업은 부동산의 가치를 장부상 취득 시의 가격으로 기재하고, 심지어 건물의 가치는 감가상각하기 때문에 실질적인 PBR은 더 낮다. 이 정도의 PBR이면 더 떨어질 여지가 없으므로 하방이 막혀 있다. 지배주주는 혹시라도 상장폐지되면 더 높은 상속세를 내야 하기에 상장 유지를 위해 노력한다. 부채도 거의 없으므로 경기 변동이나 위기에도 강하다. 안전마진이 확실하다.

이 정도로 자산의 가치가 크면 영업으로 벌어들이는 수익이 적더라도 인플레이션에 따른 자산가치의 상승만으로 상당한 돈을 번다. 자산 재평가를 하지 않는 이상 장부에 반영되지는 않지만, 어쨌든 꾸준히 돈을 번다. 어떤 사람이 일해서 돈을 벌지 않고 아파트가 올라 돈을 벌었다고 해서 그 돈의 가치가 달라지는 것은 아니다. 자산주도 같은 이치다.

자산주의 저평가 현상 역시 적대적인 인수나 행동주의 투자가 불가능하므로 생기는 현상이다. 이런 기업은 지배주주가 사적 이익을 추구하는 경우가 많고, 저평가를 해소하려고도 하지 않는다.

그런데도 이런 비정상적인 상태를 설명하고자 훌륭한 기업을 적정 가격에 사는 게 낫다거나 ROE를 극히 중시하는 등의 논리가 퍼진다. 그 훌륭한 기업이 사업으로 돈을 벌어 저평가된 자산주만큼의 부富를 일구려면 얼마나 걸릴지 생각해보라. 저ROE도 정도의 문제지, 이 정도로 PBR이 낮은 주식에서 저ROE가 논의될 이유는 없다. 설령 훌륭한 기업을 적정 가격에 산다고 해도 훌륭한 기업이 벌어들이는 부가 주주에게 잘 환원되지 않는 건 자산주와 별반 차이가 없다.

그러니 지주회사에서 추천한 것과 같은 방식으로 과거의 이력을 잘 살피는 정도로 걸러내는 것을 추천한다. 과거의 이력을 살피는 것은 과거 비지배주주의 이익을 침해한 지배주주는 다시 그런 행동을 할 가능성이 높기 때문이다. 물론 과거에 하지 않았다고 하여 앞으로도 하지 않을 것이라는 보장은 없다. 하지만 지배주주도 사람인 이상 성향이라는 게 존재한다. 좀 더 도덕적이고 윤리를 추구하는 사람이 있고 그렇지 않은 사람도 있다. 사적 이익을 추구하더라도 노골적인 사람이 있고 정도를 넘지 않으려는 사람도 있다.

소형주

선정화면을 사용해 저평가 종목을 검색하면 상위에 검색되는 또 다른 예로 소형주가 있다. 종전에는 시가총액 천억 원 이하의 소형주들이 주로 검색되었는데, 지수가 오랜 기간 횡보한 데다가 가치투자를 추구하는 펀드들에서 환매가 이어진 탓인지 최근에는 천억 원 이상의 주식 중에서도 상위에 검색되는 주식이 많아지는 편이다.

사람들은 막연히 익숙한 이름을 지닌 기업에 투자하면 안전하다고 생각하는 경향이 있다. 언론이나 유튜브나 게시판에서 화제가 되는 기업에 투자하는 것을 좋아한다. 애널리스트의 보고서가 발행된 기업이 우량하다고 착각한다.

나는 약 10년 전 상장폐지된 기업의 대표이사를 구치소에서 접견한 적이 있다. 한창 주식 투자에 빠져 공부할 무렵이었기 때문에 현실에서 기업을 경영한 이야기가 궁금해서라도 더 자주 접견해서 이것저것을 물었다. 이 대표이사가 경영한 기업은 상장폐지 수개월 전 시가총액이 300억 원 정도인 소형주였다.

내가 물었던 질문 중에는 자산도 별로 없고 적자도 자주 나는 기업을 왜 인수했었는지가 있었다. 그는 웃으며 아무리 기업의 가치가 낮아도 상장 그 자체로 100억 원에서 150억 원 정도의 가치가 있다고 대답했다. 아무리 낮아도 상장이 되어 있으면 유상증자 등 자본 조달이 편하고, 그 자체로 기업의 평판이 좋아지며, 경영권 거래도 훨씬 수월하다는 것이다. 이걸 조개껍데기에 비유해 셀shell로서의 가치라고 한다. 10년 전 100억 원에서 150억 원을 이야기했으니 현재는 셀로서의 가치가 더 커졌을 것이다.

소형주는 하방이 막혀 있다. 최소한 셀로서의 가치도 있기 때문이다. 여기에 더해 자산이나 사업이 어느 정도 우량하면 더욱 가치가 높다. 그러니 선정화면에서 검색되는 소형주를 제외할 필요는 없다.

선정화면을 사용해 저평가 종목을 검색할 때 제외할 건 회계를 믿을 수 없는 중국 주식 정도다.

선정화면 찾기

정확히 이 책이 이야기하는 마법의 멀티플 기준으로는 종목을 검색할 선정화면을 찾기 어려울 수도 있다. 하지만 마법의 멀티플 자체가 엄청나게 복잡한 개념도 아니고 어려운 공식도 아니다. 시가총액에 부채나 잉여자산을 더하고 빼서 나온 기업 가격_{enterprise value}을 분자로 하고 기업에서 나오는 영업이익을 분모로 해서 나누면 된다. 우리나라의 많은 저평가 주식은 이미 시가총액보다 현금이나 현금성 자산, 투자부동산 등을 많이 보유하고 있다. 내가 본 바로는 마법의 멀티플의 분자가 되는 기업 가격이 마이너스인 경우도 많다.

퀀트 투자를 할 것이 아니라면 선정화면은 출발선에 불과하다. 선정화면의 지표는 공시된 재무제표의 숫자를 기초로 한 것이다. 하지만 이 숫자는 실질과 다르다. 어차피 전자공시사이트에서 사업보고서를 읽어가며 실질적인 가치를 계산하는 것이 필요하다. 유료 서비스도 좋지만, 네이버조차 금융서비스에서 PER, PBR, ROE 등의 지표를 제공한다. 마법의 멀티플이 조금 더 높거나 조금 더 낮다고 해서 반드시 순서대로 투자 수익률도 높아지는 건 아니다. 일단 시작하는 것이 중요하다.

분산 종목 수, 분할, 현금, 레버리지

저자는 마법의 멀티플을 적용해 선정된 종목을 20개 이상으로 유지해 분산하는 것을 추천한다. 나도 동의한다.

저자는 한꺼번에 매수해도 괜찮고 분할해서 매수해도 괜찮다고 이야기한다. 이 역시 동의한다. 특히 우리나라의 경우 저평가가 해소되기를 기다려야 하는 기간이 긴 편이다. 급히 사지 않아도 된다. 그사이에 안 올라간다. 설령 올라가더라도 비슷한 종류의 다른 주식이 많이 있으니 걱정하지 않아도 된다. 그러니 성급하게 매수하려 하지 말고 약간의 현금 유동성을 보유하는 것을 추천한다. 주가가 하락하는 마켓 타이밍을 예상해 기회를 잡기 위해 현금을 보유하라는 이야기가 아니다. 저평가주를 사더라도 가치와 가격의 연동이 느슨하니 얼마든지 더 떨어질 수 있고, 저평가 해소에 걸리는 시간이 기니 버틸 여력을 남겨놓아야 한다는 소리다. 안전마진과 같이 방어적인 관점에서 하는 조언이다.

같은 이유로 레버리지를 사용하는 것은 추천하지 않는다. 레버리지 사용을 말린다고 하더라도 분명 일부는 사용할 것이다. 이해되지 않는 바는 아니다. 대부분 주거 안정 문제를 해결하지 못한 채 주식 투자에 나선다. 집값이 높은 우리나라 시장의 특성 때문에 어쩔 수 없다. 집을 매수하거나 전세보증금을 올려주어야 할 일은 늘 생긴다. 사용하더라도 지극히 보수적인 범위 내에서 만기가 긴 레버리지를 사용하라.

대지여 솟아올라라

사실 법과 제도적인 문제가 해결되지 않아도 주가는 오를 수 있다. 아무리 우리나라가 중력 10배 계왕성이라도 땅이 솟아오르면 어쩔 수 없이 오를 수밖에 없다. 서브프라임 위기 전 주가지수는 2,000을 돌파했었는데, 당시의 지배구조 문제가 지금보다 심하면 심했지, 덜하지는 않았을 것이다. 현재와 같이 가치주가 침체한 국면은 시기적으로 가치투자자에게 운이 따르지 않은 영향도 있다.

하지만 여기에 운이 따른다고 생각해보라. 미국의 경기가 침체되고 있다. 상대적으로 양호한 중국과 우리나라로 돈이 몰릴 수 있다. 반도체 산업을 가진 우리나라의 경제는 희망적인 편이다. 환율을 예상하는 건 어려운 일이지만 쉽게 해외 주식에 많은 비중을 실을 상황이 아니다.

여기에 우리나라의 부동산 투자는 사실상 막혀 있다. 우리나라의 주식 이외에는 마땅한 투자 대상이 없다. 유튜브 등을 통해 주식에 관한 관심도 부쩍 늘었다. 동학개미들은 대부분 좋은 타이밍에 시장에 참가했고 돈을 벌었다. 주식시장에서 빠져나갈 이유가 없다.

여기에 더해 지배구조 개선에 관한 논의는 더욱 첨예한 이슈가 되고 있다. 이재용 부회장이 재판을 받고 있고 시세 조종 혐의로 기소도 되었다. 쉽게 사적 이익을 추구하며 비지배주주의 이익을 빼앗을 분위기가 아니다. 상법 등 비지배주주의 이익을 보호하는 법률도 일부나마 개정되었다. 만족스러운 정도는 아닐지라도 입법이 되긴 된 것이다.

만약 법과 제도가 더 개선되면, 그동안 거친 환경 속에서도 이 책의 원리에 따라 마법의 멀티플을 기준으로 투자하던 가치투자 자는 오랫동안 고통스럽게 내공을 수련한 덕분에 주식시장에서 더욱 의미 있는 수익을 거둘 것으로 확신한다.

12
8가지 원칙에 대한 한국적인 부연

처는 왈칵 성을 내며 소리쳤다. "밤낮으로 글을 읽더니 기껏 '어떻게 하겠소?' 소리만 배웠단 말씀이오? 장인바치 일도 못 한다, 장사도 못 한다면, 도둑질이라도 못 하시나요?" 허생은 읽던 책을 덮어 놓고 일어섰다. "아깝다. 내가 당초 글읽기로 십 년을 기약했는데, 겨우 칠 년이구나." 하고 획 문밖으로 나가 버렸다.

— **연암 박지원, 《허생전》**

저자는 마지막 장에서 심층 가치투자를 위한 8가지 원칙을 정리했다. 몇 가지만 부연한다.

대중에 포함되는 가족

"대중이 왼쪽으로 갈 때 우리는 오른쪽으로 간다." 좋은 말이다. 하지만 당면한 문제가 하나 있다. 여기서 말하는 대중에는 가족도 포함된다. 역발상 투자를 할 수 있는 사람은 소수다. 남편이 역발상 투자자일 때 아내도 역발상 투자자일 가능성은 거의 없다. 반대도 마찬가지다. 오랫동안 부동산 불패 신화가 만들어진 우리나라의 경우 주식에 대한 불신이 있기에 더욱 그렇다. 저평가가 해소되기에는 원래 시간이 오래 걸린다. 투자의 방향이 맞아도 그것이 증명되기까지는 인내해야 한다는 소리다.

그러니 부부는 서로 설득하고, 상대방이 이해하도록 노력해야 한다. 함께 인내해야 한다. 별것 아닌 것 같지만 이것이야말로 가치투자 성공의 첫걸음이다.

저자도 인정한 한국 주식의 저평가

저자는 기업 가격이 인수하는 기업에 대해 우리가 지불해야 하는 진정한 가격이라고 한다. 현금은 유리한 요소이므로 기업 가격에서 차감해야 한다고 주장한다.

그런데 우리나라 기업은 업무와 무관한 투자부동산을 많이 보유한 편이다. 그러므로 부동산의 유동화가 비교적 쉬운 우리나라의 사정을 생각해 투자부동산도 차감하는 게 옳다. 유형자산으로 계상된 부동산도 과다한 경우가 많다. 특히 부동산의 경우 현재의 가치가 재무제표에 반영되지 않았을 가능성이 크다. 이런 자산들을 적당히 계산해서 차감해야 옳다. 이렇게 차감하다 보면 상당수의 우리나라 가치주는 마법의 멀티플이 마이너스가 나올 것이다. 사실 현금과 현금성 자산만 차감해도 마법의 멀티플이 마이너스가 나오는 경우가 많이 있다.

저자에 의하면 가격이 내재가치보다 낮을수록 수익률이 높아지며 이는 어디에나 적용되는 원칙이라고 한다. 나는 이 책을 번역하기 전 저자인 토비아스 칼라일과 이메일을 주고받았다. 저자가 우리나라 주식의 개별적인 특성에 대해 얼마나 정통한지는 알 수 없지만, 저자도 한국 주식이 극심하게 저평가되었다는 데는 동의했다. 우리는 이런 저평가된 주식이 널린 환경에 살고 있다. 덧붙여 저자의 주장대로라면 가격이 내재가치보다 낮을수록 수익률이 높아지는 것은 어디에나 적용되는 원칙이라고 하므로 사서 기다리면 된다.

상속

저자는 기업에서 살펴보아야 하는 세 가지로 내재가치 대비 가격, 대차대조표, 사업을 들었다. 우리는 여기에 하나 더, 상속을 살피는 게 좋다. 아직 상속이 진행되지 않은 기업보다 상속이 끝난 기업이 유리하다. 지배주주가 비교적 젊어 오랜 기간 기다려야 하는 기업보다는 지배주주의 나이가 많은 기업이 유리하다.

외부 주주에 의한 주주행동주의가 거의 불가능한 우리나라의 현실상 비지배주주는 지배주주 사이에 분쟁이 발생한 경우에나 편승할 기회를 엿볼 수 있다. 한진칼과 한국테크놀로지그룹 등의 사례에서 그 가능성을 확인할 수 있다. 형제가 많고 형제 중 누군가의 지분율이 공고하지 않다면 기회가 그만큼 많다. 그리고 운동하고 건강을 챙기면서 지배주주보다 오래 살기 위해 노력하자.

자산과 이익

저자는 대차대조표의 현금 등 자산은 무시하면서 이익 추세만 보는 투자자가 많다고 주장한다. 미국의 기업들은 현금흐름 중 많은 부분이 주주에게 환원되므로 자산을 무시하고 이익 추세에 민감한 경향도 조금은 이해된다.

하지만 우리나라 기업은 현금흐름을 환원하는 것도 아니므로 자산을 보지 않고 이익 추세에 민감한 경향이 이해되지 않는다. 우리나라엔 자산이 많은 기업이 많기에 자산을 무시해선 안 된다.

아무리 우리나라의 법과 제도가 미비하고 지배구조가 잘못되어 있어도 주식이 기업 일부의 소유권이라는 원칙까지 부정되는 수준으로 엉망은 아니다. 기업이 보유한 자산은 주주인 당신의 것이 맞다. 자산의 분배도 잘 안 되지 않을 뿐, 가끔은 된다. 자산을 무시해선 안 되는 또 다른 이유다.

너무 높아진 주택 가격 때문에 좌절하는 사람이 많다. 주식은 기업 일부의 소유권이므로 주식을 소유함으로써 간접적으로 빌딩, 상가, 토지, 호텔, 공장을 소유할 수 있다. 직접 소유할 때보다 주식을 통해 소유하면 훨씬 싸다.

평범과 비범

저자는 버핏이 천재여서 고성장, 고수익 기업을 찾아낼 수 있었고, 평범한 사람들은 가격이 내재가치보다 훨씬 낮은 주식을 사는 편이 낫다고 말한다.

사실 자신의 평범함을 아는 것만으로 비범하다고 할 수 있다. 방송과 유튜브, 블로그와 카페 등을 보면 앞으로 성장할 산업, 성장할 기업을 찾는 논의가 한창이다. 평범한 사람들이 하는 일이다. 이들이 대중이고 왼쪽으로 가는 사람들이다. 인터넷 커뮤니티마다 구성원들이 까는 주식이 오르는 게 법칙이 된 이유다. 평범함을 멀리하고 비범해져라. 세스 클라먼은 다소 거만해arrogant야 한다고 조언했다.

조급함과 여유

저자는 실수를 피하려면 간단한 원칙을 사용하라고 조언한다. 간단한 원칙을 사용하지 못하는 이유는 돈을 빨리 벌고 싶어 하는 조급함 때문이다. 돈을 빨리 벌고 싶기에 원칙을 바꾼다. 돈을 빨리 벌고 싶기에 이해하기도 어려운 고성장, 고수익 기업을 찾기에 바쁘다. 테마주에 투자하고 시장의 변동성을 예측하려 한다.

이해되는 측면도 있다. 높은 주택 가격 때문에 많은 우리나라 투자자는 주거 안정 문제를 해결하지 못한 채 주식 투자에 나선다. 투자 목적은 대체로 노후 자금 마련이 아니다. 비교적 길지 않은 기간 내에 쓸 수도 있는 자금이다. 당면한 주택 구매 문제와 높아지는 전세보증금을 마련하기 위해 조급한 생각이 드는 것도 당연하다.

어쩔 수 없다. 아무리 조급해도 그런 마음을 버리기 위해 노력해야 한다. 복리의 마법은 원래 천천히 작용하는 것이다. 스스로 길게 보고 마음의 여유가 있어야 간단한 원칙을 지킬 수 있다. 결과적으로는 돈도 더 빨리 벌게 될 것이다.

집중과 분산

저자는 초과수익을 위해 집중투자를 권하면서도 정도가 지나치지 않도록 조심할 것을 권한다. 사실 집중투자의 기회는 많지 않다. 우리나라에서 저평가는 일상이다. 상속세라는 엄청난 중력이 작용하는 계왕성에서는 성장도, 이익도, 자산도 가격에 미치는 영향이 크지 않다.

가치와 가격의 괴리가 오랜 기간 계속될 수밖에 없는 환경이므로 단순히 내재가치와 가격의 차이가 크다는 이유만으로 집중투자를 하는 것은 신중했으면 좋겠다. 저평가된 주식은 많다. 많이 보이지 않는다면 공부가 부족한 탓이다. 오히려 저평가된 주식이 많은 환경을 장점으로 생각하고 쉽게 분산투자할 기회로 이용하면 좋다. 분산투자한 채 기다리다 보면 진정으로 집중투자를 할 기회가 보일 것이다. 그때 집중투자를 하면 된다.

보이지 않는 수익

주식은 우리나라에서 가장 세무적으로 유리한 자산이다. 2023년부터 양도소득세 전면 과세를 하기는 하지만 적어도 그전까지는 상당한 양도소득을 올려도 세금이 부과되지 않는다. 소득공제를 고려하면 2023년 이후로도 세무적으로 유리한 자산일 가능성이 크다.

물론 후진적인 지배구조를 내버려 두고 있고, 이 때문에 지배주주가 부담했어야 할 상속세가 비지배주주에게 전가되고 있는 게 사실이지만, 어쨌든 직접 부과되는 세금은 없으므로 세무적으로 유리한 편인 건 사실이다. 지금의 후진적인 지배구조도 개선될 것이다.

특히 주택에 많은 세금이 부과되고 있기에 상대적으로 유리한 주식의 세후 수익률은 빛난다. 낮아진 금리와 주가 덕분에, 다른 나라와 비교해 적다는 배당금조차 은행 예금금리 수준을 훌쩍 넘는다. 동학개미가 출현하고 주식예탁금이 갈수록 늘어가는 배경이다.

저자는 장기적인 세후 수익을 목표로 하라고 하지만, 장기적인 시각을 갖는 게 쉬운 일은 아니다. 장기적인 수익은 먼 훗날에야 눈에 띄는 것이다. 원금이 크지 않을 투자 초기에는 수익을 올려도 절대적인 수익금이 크지 않을 수 있다. 그리고 우리나라의 강도 높은 업무 환경 탓에 시간을 내 투자 공부를 하기는 더욱 어렵다. 가치투자에 들이는 노력에 비해 얻는 보상이 크지 않다고 느끼는 이유다.

하지만 그렇게 어렵고 소수만 실천할 수 있기에 가치투자를 하면 돈을 버는 것이다. 옮긴이 서문에서 가치투자를 위해 공부해야 할 범위가 넓다고 설명했다. 경제, 경영은 물론이거니와 법률, 심리, 지리, 역사, 생물, 물리, 문학 등도 공부해야 하며, 이 공부는 커리큘럼도 없다고 이야기했다.

이런 조언이 얼마나 도움 될지는 걱정이지만 당장 금전적인 보상이 적더라도 세상을 좀 더 깊이 있게 알고, 자본가로서 공부를 하는 무형의 가치 역시 보이지 않는 수익으로 생각해주면 좋겠다. 그런 무형의 가치로 투자 초기 들이는 노력에 비해 적을 금전적인 보상이 어느 정도 상쇄되었으면 좋겠다. 그렇게 공부하며 투자를 계속하다 보면 분명 투자 초기 크지 않았을 원금도 많이 불어나 있을 것이다. 투자를 시작하기 잘했다고 느끼게 될 것이다.

THE ACQUIRER'S MULTIPLE

특별 부록 2 한국 시장 철저 검증

초과수익,
어렵지 않다!

· 강환국 ·

《주식시장을 더 이기는 마법의 멀티플》 본문을 보면 재미있는 내용이 있다. 그린블랫의 마법 공식보다 저자 자신이 만든 '마법의 멀티플'이 더 수익이 높다는 주장이다. 저자가 거창하게 이름 지은 마법의 멀티플은 사실 1980년대부터 널리 알려진 'EV/EBIT' 지표이다.

놀라운 점은 그린블랫의 마법 공식도 이 EV/EBIT 지표를 사용한다는 것이다. 그린블랫은 ROC(자본수익률)라는 퀄리티 지표와 밸류 지표인 EV/EBIT 지표를 같이 사용하는데, 두 지표의 순위를 계산한 후 평균 순위가 높은 기업을 매수하는 것이 바로 그의 유명한 마법 공식이다. 이를 바꿔 말하면 "수익성이 높고 저평가되어 있는", 또는 저자가 말하는 "훌륭한 기업을 적절한 가격"에 사는 전략이다.

반면 저자는 두 개 지표 중 EV/EBIT 지표 하나만 사용하면 두 개 지표를 사용하는 마법 공식보다 더 높은 수익을 낼 수 있다고 주장한다. 보통 EV/EBIT 지표가 낮은 기업만 고르면 매우 저평가된 기업을 매수하게 된다. 즉, 저자는 "보통 기업을 터무니없이 싼 값에 사는 것이 훌륭한 기업을 적절한 가격에 사는 것보다 유리하다"라고 주장을 하고 미국 백테스트 결과로 이를 뒷받침한다.

한국에서는 어떤 결과가 나올까? 퀀트킹(cafe.naver.com/quantking)의 소프트웨어로 백테스트를 진행했다.

백테스트 결과

우선, 마법 공식의 복리 수익과 최대 손실을 계산해보자. 2006~2020년 저자와 비슷하게 퀼리티 지표와 밸류 지표의 각 순위를 매긴 다음 평균 순위가 가장 높은 30개 기업을 매수해서 1년 보유한 후 종목을 교체하는 전략을 사용한다.

그린블랫은 퀼리티 지표는 ROC, 밸류 지표는 EV/EBIT를 사용했으나, 여기서는 더 다양한 지표를 사용한다. 퀼리티 지표는 가장 보편적인 ROE, ROA 지표를, 밸류 지표는 EV/EBITDA 지표와 가장 보편적인 PER, PBR 지표를 사용했다(ROC 지표는 'FnGuide'에서 관련 지표를 다운받아서 직접 계산해야 한다. 여기선 ROE, ROA 지표로 대체했다. EV/EBITDA*는 그린블랫과 칼라일이 애용하는 EV/EBIT과 매우 흡사한 지표다).

① 한국형 마법 공식(한국에 있는 모든 주식, 2006~2020년)

퀼리티 지표	밸류 지표	복리 수익(%)	최대하락률(%)
ROE	EV/EBITDA	13.2	58.5
ROE	PER	14.2	60.0
ROE	PBR	15.2	57.6
ROA	EV/EBITDA	9.9	54.5
ROA	PER	11.8	58.6

* 'EBITDA'는 'EBIT'에 감가상각비와 무형자산상각비를 더한 것이다.

ROA	PBR	13.6	52.3
	KOSPI	3.6	51.6

② 한국 밸류 지표(한국에 있는 모든 주식, 2006~2020년)

밸류 지표	복리 수익(%)	최대하락률(%)
EV/EBITDA	16.3	48.1
PER	19.5	59.5
PBR	18.5	52.6
KOSPI	3.6	51.6

　퀄리티 지표와 밸류 지표 각 1개를 사용하는 마법 공식이다. 14년간 KOSPI의 복리 수익률은 3.6%에 불과했으나 6개의 마법 공식은 꽤 준수한 결과를 냈다. 특히 고ROE, 저PBR 주식을 사는 전략이 괜찮았는데, 복리 15.2% 정도의 수익을 달성했다. 각 전략의 최대 손실은 KOSPI보다 조금 더 높은 수준이다.

　마법 공식의 수익은 그냥 EV/EBITDA, PER 또는 PBR이 우수한 기업, 즉 초저평가된 기업들의 수익보다 낮다. 특히 저PER 주식들만 꾸준히 사 모았다면 거의 복리 20%를 벌 수 있었다는 점이 놀랍다.

　그러면 저자가 했던 것처럼 시가총액을 제한해보자.

③ 한국형 마법 공식(한국 시가총액 상위 50%, 2006~2020년)

퀄리티 지표	밸류 지표	복리 수익(%)	최대하락률(%)
ROE	EV/EBITDA	8.8	56.3
ROE	PER	8.1	62.4
ROE	PBR	12.4	57.4
ROA	EV/EBITDA	8.6	52
ROA	PER	6.3	58.4
ROA	PBR	10.7	54.1
KOSPI		3.6	51.6

소형주를 빼고 시가총액 상위 50%에만 마법 공식을 적용해보니 KOSPI보다는 수익이 높지만 6개의 마법 공식의 수익이 꽤 줄어든 것을 볼 수 있다. 6개 중 4개 전략의 복리 수익은 한 자릿수로 떨어졌다.

④ 한국 밸류 지표(한국 시가총액 상위 50%, 2006~2020년)

밸류 지표	복리 수익(%)	최대하락률(%)
EV/EBITDA	11.9	52.5
PER	11.5	60.9
PBR	11.9	53.1
KOSPI	3.6	51.6

EV/EBITDA, PER 또는 PBR이 우수한 기업, 즉 초저평가된 기업은 소형주를 제하더라도 두 자릿수의 복리 수익을 유지하는 것을 볼 수 있다.

⑤ 한국형 마법 공식(한국 시가총액 상위 20%, 2006~2020년)

퀄리티 지표	밸류 지표	복리 수익(%)	최대하락률(%)
ROE	EV/EBITDA	2.7	59.6
ROE	PER	3.4	60.9
ROE	PBR	7.6	60.1
ROA	EV/EBITDA	5.1	55.2
ROA	PER	5.8	55.6
ROA	PBR	7.9	54.0
KOSPI		3.6	51.6

시가총액 상위 20%, 즉 대형주에 마법 공식을 사용해보니 KOSPI보다는 수익이 높지만 6개 마법 공식의 수익이 다시 한번 크게 줄어들었다. KOSPI 복리 수익도 이 구간에 겨우 3.6%에 불과했는데 두 개의 전략은 그보다도 수익이 낮다. 그래도 나머지 4개 전략의 수익은 KOSPI를 능가했으므로 마법 공식이 대형주에서 통하지 않는다고 볼 수는 없다.

⑥ 한국 밸류 지표(한국 시가총액 상위 20%, 2006~2020년)

밸류 지표	복리 수익(%)	최대하락률(%)
EV/EBITDA	6.2	48.1
PER	8.1	57.8
PBR	6.9	53.0
KOSPI	3.6	51.6

대형주 초저평가 기업은 수익이 많이 하락했으나 그래도 KOSPI의 수익보다는 월등히 높다.

아래에 다시 한번 요약한다.

한국에서도 단순 밸류 지표가 마법 공식을 이긴다

주식 구분	마법 공식 평균 복리 수익(%)	밸류 지표 평균 복리 수익(%)
모든 주식	13.0	18.1
시가총액 상위 50%	9.1	11.8
시가총액 상위 20%	5.4	7.1
KOSPI	3.6	

시가총액과 상관없이 6개 마법 공식의 평균 수익이 3대 밸류 지표의 평균 수익을 넘어선 적은 한 번도 없다. 한국에서도 최근 14년 동안에는 "보통 기업을 터무니없이 싼 값에 사는 것이 훌륭한 기업을 적절한 가격에 사는 것보다 유리하다"라는 가설이 맞았다.

어떤 지표가 유리한가?

저자는 밸류 지표 중 EV/EBIT 지표를 밀고 있고, 실제로 미국에서는 1963년부터 지금까지 EV/EBIT 지표가 우수한 기업의 주식이 PER, PBR 등 기타 밸류 지표가 우수한 주식보다 좀 더 수익률이 높다는 연구 결과가 있다.

그런데 한국을 보면 꼭 그렇다고 볼 수는 없다. 모든 주식, 대형주에는 PER 지표가 좋은 주식들의 수익이 더 높았고, 시가총액 상위 50% 주식을 보면 EV/EBITDA, PER, PBR 각 지표가 우수한 주식의 복리 수익이 거의 비슷했다.

그러나 이것은 2006~2020년이라는 특정 구간의 과거 결과이지, 미래에도 이 수익률이 지속될 것이라고 가정할 수는 없다. 미국에서도 1963~2017년이라는 긴 구간에서는 EV/EBIT가 가장 우수한 지표였으나, 5~10년 구간으로 나눠 보면 PBR 등 다른 지표가 우수한 주식이 더 주목받는 경우도 있었다.

따라서 주식을 사기 전 EV/EBIT, PER, PBR, PCR, PSR 등 모든 밸류 지표를 고려할 것을 추천한다.

소형주 전략의 수익이 월등히 높다

앞에서 '모든 주식'에서 '시가총액 상위 50%'로, 그 뒤 '시가총액 상위 20%'로 소형주를 제외하고 대형주로 가면 갈수록 마법공식과 밸류 지표의 수익이 떨어지는 것을 볼 수 있었다. 밸류 지표가 좋다는 것은 두 가지 의미가 있다. 예를 들어 어떤 기업의 PER

이 5밖에 안 된다면 이렇게 해석된다.

1. 정말 기업이 수익 대비 저평가되어 있을 가능성도 있고
2. 다른 이유가 있어서 일시적으로 PER이 낮을 가능성도 있다. 예를 들면 기업의 수익이 줄어든다는 것이 사실이든지, 기업이 속한 산업군이 비전이 없을 수 있다.

소형주의 경우는 전자, 대형주의 경우는 후자의 가능성이 높다. 대형주는 보는 눈이 많다. 별다른 이유 없이 PER이 5밖에 안 되면 누군가 "저 대형주는 저평가되었다!"라고 외칠 가능성이 높다. 그러면 그 주식은 재평가되어서 PER이 오른다. 그런데 계속 그 대형주의 PER이 낮은 상태에 머문다면 그 기업에 이상이 있을 가능성이 높다. 소형주는 관심 있는 사람도 별로 없고 개인은 밸류 지표에 관심 없는 경우가 많으니 PER이 낮다면 정말 저평가되어 있을 가능성이 상대적으로 높다.

최종 결론: 소형주 중 밸류 지표가 좋은 주식을 사면 초과수익을 내는 것은 별로 어렵지 않다.

주식시장을 더 이기는
마법의 멀티플

초판 1쇄   2021년 1월 26일
    2쇄   2021년 5월 20일

지은이   토비아스 칼라일
옮긴이   이건·심혜섭

펴낸곳   에프엔미디어
펴낸이   김기호
편집   김광현, 양은희
마케팅   박강희
디자인   최우영

신고   2016년 1월 26일 제2018-000082호
주소   서울시 용산구 한강대로 109, 601호
전화   02-322-9792
팩스   0505-116-0606
이메일   fnmedia@fnmedia.co.kr
블로그   https://blog.naver.com/bookdd
ISBN   979-11-88754-35-9 (03320)